社会工作实习

The Social Work Practicum: A Guide and Workbook for Students

[美] Cynthia L. Garthwait 著
吕静淑 何其多 王 笛 译
沈 黎 审校

華東理工大學出版社
EAST CHINA UNIVERSITY OF SCIENCE AND TECHNOLOGY PRESS
·上海·

图书在版编目(CIP)数据

社会工作实习/[美] Cynthia L. Garthwait 著;
吕静淑,何其多,王笛译;沈黎审校.—上
海:华东理工大学出版社,2015.11
(社会工作流派译库.第二期)
ISBN 978-7-5628-4412-9

Ⅰ.①社…　Ⅱ.①Cynthia…　②吕…　③何…　④王…　⑤沈…　Ⅲ.
①社会工作-实习　Ⅳ.①C916-45

中国版本图书馆 CIP 数据核字(2015)第 242339 号

著作权合同登记号:"图字:09-2015-372 号"

社会工作流派译库(第二期)
社会工作实习
The Social Work Practicum: A Guide and Workbook for Students

著　　者:[美] Cynthia L. Garthwait
译　　者:吕静淑　何其多　王　笛
审　　校:沈　黎
项目负责:刘　军
责任编辑:高　虹
责任校对:金慧娟
整体设计:袁银昌设计工作室

出版发行:华东理工大学出版社有限公司
地　　址:上海市梅陇路 130 号　200237
电　　话:(021)64250306(营销部)　(021)64253797(编辑室)
网　　址:press.ecust.edu.cn
印　　刷:上海中华商务联合印刷有限公司
开　　本:710 mm×1000 mm　1/16
印　　张:21.25
字　　数:375 千字
版　　次:2015 年 11 月第 1 版
印　　次:2015 年 11 月第 1 次
书　　号:ISBN 978-7-5628-4412-9
定　　价:86.00 元

联系我们:电子邮箱　press@ecust.edu.cn
　　　　　官方微博　e.weibo.com/ecustpress
　　　　　天猫旗舰店　http://hdlgdxcbs.tmall.com

社会工作流派译库

总序

这是我们与华东理工大学出版社合作的第二套译著丛书。本世纪初，我们所推出的18种一套上海市重点图书“社会工作名著译丛”获得了学术界的热烈反响和高度认同。本套译库与以往不同的是，更加聚焦于介绍西方社会工作的理论流派，但又不局限于理论流派的译介。西方的社会工作历经一百多年的发展，已经形成了诸多视角、理论、模式与方法。知识转移与全球共享是当代社会工作发展的一个重要特点。熟知并批判性地借鉴西方社会工作理论，对于建构兼具国际规范与中国特色的社会工作理论、制度、实务模式，无不具有重要的理论意义和实践意义。唯其如此，中国社会工作学界方有可能参与全球专业知识库的建构，以推动国际社会的公平与正义。

需要强调的是，中国社会工作的制度设计与发展经验具有本土的特点，不能简单地照搬西方的理论框架去加以解释。这就要求我们，在学习借鉴西方社会工作专业知识的同时，应警惕本国专业共同体因理论的“不自觉”“不自信”而在全球知识界处于失语状态。因此，必须立足和扎根于我国社会体制改革、新社会组织、新社会服务和现代社会工作制度建构的实践，积极进行中国社会工作的理论建构与知识创新。唯其如此，中国的社会工作学界才有能力提升在全球的话语权，从而为全球社会工作贡献中国的力量。

衷心希望本套译库能为中国社会工作的发展提供新的知识支持，以进一步推动国内的社会工作理论研究与知识建构。须知，没有系统强劲的社会工作理论的科学支撑，就不可能有系统强劲的社会工作发展实践。

本套译库的出版得到了国家出版基金的大力资助，为此我的感谢与感激之情难以言表！这里，我要向所有参与翻译本套译库的同仁表示感谢，因为他们的奉献体现了社工学人的专业精神！感谢华东理工大学出版社，因为他们始终对我们充分信任及对社会工作学科建设鼎力支持！我还要特别感谢何雪松教授，因为他持之以恒的追求、坚持和奉献，我们才有了本套译库的中文版！

是为序。

华东理工大学中国社会工作研究中心

徐永祥

序言

实习是社会工作教育的核心所在，因此无论对社会工作专业的本科生还是研究生而言，实习教育都是不可或缺的环节。然而“实习”一词——顾名思义是在课堂外发生的事情——本身便暗示着在社工教育的理论和经验之间可能会存在偏差。本书看到了这种偏差，并为此搭建起一座精心设计的桥梁。

要将课堂学习和专业实习成功地结合起来，这既具有挑战性，又十分必要。在实习中，社工专业的学生将会承担不同的职责，服务不同的群体，并与各种机构合作。而作为一名指导者，如何帮助学生将基本的知识、技能和价值整合运用到他们全然不相同的实习经验中，同样十分具有挑战性。然而，这样的整合对于实习学生的专业发展、实习中所服务的对象，以及学生未来职业生涯都是十分关键的。

我们需要教授学生学会善于将概念整合地运用于实务中，而这一能力最佳的学习场所便是专业的实习场域。但这并不是说，当学生完成课堂教育后被放进实习场域里，这种整合与运用的能力就会被培养出来，事情并没有那么简单。相反，学生在其实习的历程中需要清晰而全面的指导。而本书正是为了满足这一迫切需要应运而生的。

通过本书，作者 Garthwait 教授有意为学生提供了一种共通的经验，旨在帮助学生们去探索如何将知识、技巧和价值进行整合并运用于实习经验中。本书结合了实践和理论知识，所以对学生（和实务工作者）而言，它既是一本很好的实习指导书，同时也可以此书为例，了解如何对待或处理社会工作教学中这两个不同的部分。

本书展现了Garthwait教授对于社会工作教育所一贯秉持的以学生为本的教育理念，也展示了她作为一位教育者和临床社工的丰富经验。书中精心设计的练习可以帮助学生更加了解自己，并能培养学生在社会工作实务中真正所需的各项技巧。本书做到了理论与实践的完美结合，既提供了丰富的内容，又赋能学生，让其在当下和未来都能成为自己经验的执笔人。

得益于过往的经验，本书第六版在延续了以往几个版本的优点之外，也因学生的变化及社会工作专业的变迁而进行了内容更新。例如，围绕美国社会工作教育委员会(Council on Social Work Education)所提出的社会工作核心能力(EPAS Core Competencies)，本书设计和增加了许多新的内容，以便帮助学生将课堂学习的内容整合到实践场域中。随着每一次版本的更新，本书已经成为实习学生、机构督导和学校督导的学习“利器”。

本书适用于社会工作的本科生和研究生教育，它能够带领读者将课堂和实习联结起来。此外，本书也提供了将课堂教学和实践教学结合在一起的工具，并创造了一个学生自主学习、灵活运用概念，以及全面整合社会工作知识的机会。

博士，注册临床社工，蒙大拿大学副教授

Mary-Ann Sontag Bowman

前言

I 社会工作教育者都很清楚，专业实习是一个在真实的社会工作环境下，观察学生将理论与实践结合起来的绝佳机会。而你们这些准备接受实习挑战的社工学生们，很快便会发现课堂中学到的专业视角、理论、模式都会在实际生活中真实出现。在实习中，你将会把你所学的理论知识带入实践场域，在真实的环境里为真实的服务对象提供服务。与此同时，你会发现伦理议题不再只是假设，它能帮助你实现从学生向专业社工的角色转变。

本书围绕实习的核心目标而编写，旨在帮助你将理论与实际联结起来，并塑造你在实习各个阶段的能力。为了这个目的，全书每一章都会聚焦在一个与社会工作实习及社会工作实务相关的主题上。此外，每一章都建立在前一章的基础之上，并列出一些固定的板块内容：基本概念与背景资料、重点指引与提示、作业演练活动、整合课堂学习和实习经历的图表，以及额外的建议学习活动等。

基于学校的实习研讨以及机构督导和学校督导的指导，本书将提供大量有价值的资料来帮助你理解以下议题：(1) 理论与实践是如何联结的；(2) 批判性思考在专业实践中是何等重要；(3) 广泛的能力和具体的实践行为如何成为你职业素养的一部分；(4) 不断进行着的专业发展并不会随着实习结束而结束，相反，实习的结束却是专业发展新阶段的开始。

这个世界需要像你们这样敢于担当、富有爱心而且能干的专业人士，因此我期盼你们能充分利用这本书，从即将拥有的实际经验中收获满满。

致谢

原著第六版献给 Gary、Nathan 和 Benjamin，他们一直支持我对学生和服务对象的委身与承诺。这本书中所包含的知识，来源于我在社会工作实践及教学中所获得的宝贵经验。服务对象和案主系统教会我如何以他们的视角看待社会问题，看待作为改变促进者（Change Agent）的社工，看待这个社会如何运行。社会工作的本科生和研究生们教会了我热情、委身以及对于天职的呼召。我在蒙大拿大学社会工作学院的同事们对我帮助颇多，他们在我从教生涯中为我提供了专业的视角和支持。同时我也要感谢 Kristin Jobe、Integra，总编 Ashley Dodge，编辑经理 Carly Czech，编辑助理 Nicole Suddeth，以及培生公司的作品项目经理 Liz Napolitano。

目录

第一章

社会工作实习导论

本章大纲

- 本章预览
- 基本概念与背景资料
- 如何使用本书
- 本书结构
- 作业演练活动：学生实习优势的自我评估
- 作业演练活动：我们该如何学习？
- 建议学习活动
- 参考文献
- 本章回顾

一、本章预览

作为全书的导论，本章将向读者阐述有关社会工作实习的基本概念。实习是一个独特的学习过程，它向你提供了一个机会去检验自己掌握了多少课堂知识，学习将专业所需的知识和技巧加以融会贯通，并体会如何把社会工作的专业价值运用于实务中。本章还提供给学生实习优势的自我评估工具（Student Self-Assessment of Practicum Strengths Tool），它可以帮助你去识别自己的优势，并将其用于你的实习中；而实习结束后，你还能对自己进行后测。

恭喜你进入激动人心的实习历程，也为你能够走到这一步而喝彩。你已经在专业教育的阶段中达到一定标准，并为专业实践做好了准备，因为学校已经同意你开始进入专业实习的阶段。实习提供了一个独特的机会，让你能够将课堂中所学到的内容加以运用，从而拓展你的专业知识，发展你的助人技巧，磨砺你的专业价值。将自己的角色从学生转变为一名专业社工的时刻到了。

二、基本概念与背景资料

无论是对社会工作本科生还是研究生而言，实习都将是他们在正式的社会工作教育中，最为有用、最为重要且最强有力的学习经验。通过实习，课堂中所讨论的概念、原则、理论和模式开始变得栩栩如生。同时，学生与真实的服务对象一同工作，并有机会去尝试和拓展以往在角色扮演和模拟中所演练过的助人技巧。此外，实习的过程也是学生不断进行自我知觉的过程，这可以帮助大家更好地洞察自己的优势和劣势，明白其个人价值、态度、生活经历等对他们开展实务工作的影响。实习是一个将课堂理论与社工实务进行整合的阶段，更是学生将其自身价值和原则融入专业生涯的时刻。

美国社会工作教育委员会(Council on Social Work Education, CSWE)在其 2008 年版的"教育政策与学术标准"(Educational Policies and Academic Standards, EPAS)文件中，列出的教育政策 2.3 有如下要求：

> 在社会工作中，具有标志性的教育方式便是实习教育。实习教育的意图在于将课堂上所学的理论性和概念性知识能够与真实的实务场域加以联结。课堂教育和实习教育是两个相互关联的教育环节。对于社会工作教育而言，在整个课程中两者具有同等重要的地位；对于如何发展专业实务所具备的必要能力，两者发挥着各自的作用。为了能够协助学生在实习过程中提升能力，实习教育应当被精心设计、用心督导、协调到位，并认真评估(p8)。

对许多学生而言，实习应当是一种正向且充满意义的学习经验，但也有部分学生无法从实习中满足他们的期待。我们相信如果学生能够获得适当的指导，了解并运用各种学习机会，那么每位学生都能提升其实习经验的质量。此外，如果能够为学生提供一种检验和分析其实习境遇的工具，并将其过去在课堂中所学的知识加以整合，则会令他们受益良多。当然，一些深具意义的学习经验，也往往会来自我们实习中所遇到的挫折和非预期事件。

为了确保自己的实习是一个正向的学习历程，并且能尽量减少负面体验，你需要记住以下几点：

- 澄清自己的专业目标，同时牢记你的学校和机构对你的实习也有它们的目标。
- 与你的机构督导和学校督导保持良好的专业关系，并向机构的其他同仁努力学习。

- 为了保证学习的效果，需要对实习做好规划；但同时也应当对未预期的学习经验保持开放性。在这两者之间，保持一定的平衡。

三、如何使用本书

本书的设计，是为了给学生的专业实习提供一个结构性的指引。如果你能够在实习中以深思熟虑的方式来使用这本书，它可以协助你将实习机构提供给你的学习经验发挥至最大的功效。换句话说，如果不努力，那本书就不会起到应有的作用。因此，我们希望学生们能够真正委身，并乐于将时间投入到学习的过程中去。

四、本书结构

虽然本书以传统的数字顺序来排列，但这并不意味着你必须一章接着一章，照顺序来阅读本书。相反，我们的建议是你可以同时完成几章的课堂作业活动，以便你能够获得一些基本概念。随后，我们期待你能在不同章节间反复阅读。当你在实习中有了体验，你可以重新把某些章节再阅读几遍，此时你会有新的视角来审视不同的议题。当然，本书也可以用不同的章节顺序进行阅读，你可以根据学校对于实习的结构和大纲要求来调整你的阅读顺序。

每章的开头都会有“本章预览”，这部分会对本章内容加以概述，并告诉我们本章内容和重点的重要性之所在。同时，它还阐述了本章与前后章节之间的关联性。随后，一个很大的篇幅是“基本概念与背景资料”，这部分阐述了与本章主题相关的概念与原则。这部分所提及的概念和定义并非用来取代教科书或指定阅读文献的叙述，而是通过对一些核心概念的回顾，帮助学生们顺利进入下一阶段。我们希望在“基本概念与背景资料”中所讨论的诸多概念能够激发你进行创造性的思考，并就自己的实习过程提出有意义的问题。在随后的“重点指引与提示”部分，我们会提供一些通用性的建议和指引，有时还包括一些具体的对该做或不该做的事情的提醒，旨在鼓励并促进你能够紧扣本章的目标或特定议题。

在大部分的章节里，我们会安排几页“作业演练活动”。我们会邀请你参与具有批判性思考的活动，并回答一些问题。这些活动会帮助你将知识、技巧和价值整合到社会工作实务所需的专业能力中。

还有一个部分是“建议学习活动”，我们列出了一些特定的任务和活动，旨在给同学们提供额外的学习机会和经验，同时还包括了一些额外的想法、鼓励的言语，以及在实习中需要注意的特别事项等。

本书每章都有“本章回顾”部分。其中第五章至第十九章还包含了“实务练习”，它们在形式和内容上都类似于美国的社工执业证书考试。

在每章的结尾都列有“参考文献”，即一些与该章主题相关的参考书目和文章。这些参考资料可以提供更多的信息，并帮助你对本章议题有深入探究。此外，通过翻阅你以前课堂上使用过的教科书和阅读资料，也会帮助你理解专业社工是如何在其自身原有知识和技巧的基础上不断前进与成长的。

五、作业演练活动：学生实习优势的自我评估

学生实习优势的自我评估						
能力的范畴	实习的优势					
	实习前的测量			实习后的测量		
	有	进步中	没有	有	进步中	没有
态度						
1. 能够同理、关怀和关心服务对象						
2. 个人的价值、信念和观点能够符合机构的使命						
3. 个人的价值、信念和观点能够符合社会工作伦理守则的要求						
4. 对于追求社会正义有所承诺						
5. 尊重服务对象和社群的多元化						
6. 对服务对象和同事保持无批评的态度						

(续表)

能力的范畴	实习的优势					
	实习前的测量			实习后的测量		
	有	进步中	没有	有	进步中	没有
学习动机						
7. 对于新的学习体验持开放的态度						
8. 乐于承担新的责任						
9. 乐于建立自我知觉和专业能力						
10. 对实习投入足够的时间和精力						
11. 对于社会工作专业具有使命感						
12. 乐于接受督导						
一般性工作技巧						
13. 写作技巧(报告、信函、专业记录、使用科技工具等)						
14. 能够快速处理信息,理解新概念,学习新技巧						
15. 能够快速阅读,迅速掌握概念,能从文字中把握重点						
16. 能够有效组织、计划、管理时间						
17. 能够在规定期限内完成任务,并学会在压力下工作						
18. 能够有毅力地坚持完成任务						
社会工作技巧						
19. 能够聆听、理解和认真思考不同的看法、视角及观点						
20. 语言沟通能力						
21. 在压力情境下,能够做出深思熟虑且合乎伦理的抉择						
22. 在与服务对象和同事的专业关系中,表现出果断和自信						
23. 能够识别服务对象的需求,并制订适宜的服务计划						
24. 能够创造性地、有效地解决问题						
知识						
25. 具备自我知觉,知道自己的个人价值、信念和经历对自己的工作及与他人相处有何影响						
26. 了解与机构相关的法律、制度、规定、政策等						
27. 具备与机构所使用的预估工具、方法和技术等相关的知识						

(续表)

能力的范畴	实习的优势					
	实习前的测量			实习后的测量		
	有	进步中	没有	有	进步中	没有
28. 具备与机构所使用的理论及介入方法等相关的知识						
29. 理解计划性的改变历程(The Process of Planned Change)						
30. 了解实习机构所在社区的背景情况						
先前与实习有关的经验						
31. 曾在类似的机构实习或见习过						
32. 曾服务过类似的服务对象或案主系统						
33. 有将理论运用于实务的经验						
34. 有和专业团队一起工作的经验						
35. 接受过实习中所需专业技巧的训练						

社会工作者用优势视角(Strengths Perspective)来看待服务对象，通过发挥案主的优势来帮助他们解决问题、提升社会功能。你也可以将这样的视角运用于自己的学习和专业成长过程中，你应该善用自身的专业优势和财富，为提升自己的专业技巧添砖加瓦。以下的练习可以帮助你将优势视角运用在自己身上。

1. 基于以上的自评量表，列出你有哪些最显著的优势可以带到实习中去。

____

____

____

2. 你还有哪些优势可以带到实习中去，但上述的自评量表却没有涉及?

____

____

____

3. 你如何确保自己的学习经验将建立在自己的优势之上?

____

____

____

4. 对于实习而言，你认为自己最大的弱势是什么?

____

六、作业演练活动：我们该如何学习？

社会工作实习是一个独特的学习机会，通过在真实的场域中服务真实的服务对象，你能够将课堂知识与技巧转换成专业能力，并为今后的专业实践做好准备。如果你能够觉察自己是如何学习的，那将有助于增长你的经验。

学习是一种改变的历程，有时它充满刺激和兴奋，而有时它会带来困难和伤痛。基本上，我们在学习的时候，也是我们在冒某些风险的时刻：例如，当我们以不同的方式去思考时，当我们换一个视角去看待我们原本熟悉的事物时，当我们尝试一些新的做法时，又甚至当我们面质我们的偏见、摒弃我们曾经所深信的事情时。对学习的改变保持一个开放的态度，会给我们带来未曾预料的洞察和未曾期待的成长。让我们学习面对自己的踌躇，迈步踏进专业领域，敢于冒险、挑战自我、超越自身现在的能力，乐于接受督导和反馈，这样我们的学习经验才会不断丰富。这种全新的学习历程将会激励和鼓舞你，但它也可能给你带来些许不安，而这正是学习所需要付出的代价。

当学习关系到我们自己——我们的偏见、歧视及情绪——这些学习经验将会格外具有挑战性。然而，这样才能使我们从那些限制个人成长和效用发挥的态度及行为中跳出来。正是因为服务对象值得享有最高品质的服务，所以，社会工作专业应当致力于识别实务所需的能力，发展最佳的实务标准，并依循证据为本进行实践的原则推动服务的有效性。

回答下列关于你学习风格和学习目标的问题，并预先思考你可以如何拓展和丰富自己的学习经验。你的实习一定会开拓你的思维，所以请敞开心扉，接受挑战，这样你才不会错失这个重要的学习机会。

1. 在获取知识和发展社会工作实务技巧时，你希望自己的学习经验是怎样的？

2. 在获取知识和发展社会工作实务技巧时，哪些部分是你最兴奋和热衷的？

____

____

____

3. 在你即将开始社会工作实习之际，最令你担心和害怕的是什么？

____

____

____

4. 以你对自己以及学习方式的了解，你觉得怎样的协助、指导或架构能够帮助你减少抗拒，能够让你在面对焦虑时，可以放松地进行学习（例如：示范、躲避、阅读服务对象记录、观看录像）？

____

____

____

5. 如果你有学习障碍，你会要求你的实习机构提供哪些适当的协助？

____

____

____

七、建议学习活动

- 浏览本书的各个章节，熟悉各章主题，思考它们是如何被组织起来的。尝试去理解章节之间的关联性，因为在设计之初，它们是互为基础的。
- 当你在机构实习的时候，带上本书，并且尝试回答“作业演练活动”中所有的问题。
- 阅读你在课堂上使用过的教科书，以便你能将课堂学习和实务经验融会贯通。

八、参考文献

Alle-Corliss, Lupe, and Randy Alle-Corliss. Advanced Practice in

Human Service Agencies. 2nd ed. Boston: Brooks/Cole, 2006.

Barker, Robert. The Social Work Dictionary. 5th ed. Washington, DC: NASW Press, 2003.

Berg-Weger, Marla, and Julie Birkenmaier. The Practicum Companion for Social Work: Integrating Class and Field Work. 3rd ed. Boston: Allyn and Bacon, 2011.

Commission on Accreditation. Handbook of Accreditation Standards and Procedures, Educational Policies and Accreditation Standards. Alexandria, VA: Council on Social Work Education, 2008.

Grobman, Linda May, ed. The Field Placement Survival Guide: What You Need to Knowto Get the Most from Your Social Work Practicum. 2nd ed. Harrisburg, PA: White Hat Communications, 2011.

Mizrahi, Terry, and Larry Davis. The Encyclopedia of Social Work. 20th ed. Washington, DC: NASW Press and Oxford University Press, 2010.

Rogers, Gayla, Donald Collins, Constance Barlow, and Richard Grinnell. Guide to the Social Work Practicum. Itasca, IL: Brooks/Cole, 2000.

Royse, David, Surjit Singh Dhooper, and Elizabeth Rompf. Field Instruction. 6th ed. White Plains, NY: Longman, 2010.

Sheafor, Bradford, and Charles Horejsi. Techniques and Guidelines for Social Work Practice. 9th ed. Boston: Allyn and Bacon, 2012.

Sweitzer, H. Frederick, and Mary A. King. The Successful Internship: Transformation and Empowerment in Experiential Learning. 3rd ed. Florence, KY: Cengage Learning, 2009.

九、本章回顾

完成本章中“学生实习优势的自我评估”，从态度、学习动机、能力和技巧、知识与经验四个部分入手，辨识并列出你希望获得的优势。

第二章

学校、机构与学生对实习的期待

本章大纲

- 本章预览
- 基本概念与背景资料
- 重点指引与提示
- 作业演练活动：澄清期待
- 作业演练活动：横跨社工生涯的技巧建立
- 建议学习活动
- 参考文献
- 本章回顾

一、本章预览

本章的内容可以帮助你了解与实习有关的三个部分，即学生本身、机构和学校。这三者对于实习的期待既相似却又各具独特性。本章提供的参考架构将帮助你在实习过程中学习相关的社会工作技巧。最后，本章还会对学生成长为实务工作者的专业发展历程加以描述。

如何让社会工作实习成为一种有质量的学习经验，关键在于对期待的澄清。你对实习的真正期待是什么？机构对你的期待是什么？学校对你和实习机构的期待又是什么？界定并澄清期待可以确保实习经验的平稳性与正向性，反之则可能会引发问题。本章的目的便在于促使彼此的期待得以澄清。

二、基本概念与背景资料

很快你就会明白，在你的实习中蕴含了很多的期待。无论是服务对象还是专业人员，他们都有许多想法和经验，并扮演着各自的角色，这些都会影响你的学习。在你的学习过程中，能对你产生影响的包括你自己、学校、实习机构以及你的服务对象。这样的情境和真实的社会工作实务场景很相似，因此，对于此时仍是学生的你而言，去了解这些群体的不同期待将会对你的学习有所裨益。

关于实习的目标，你可以在学校的实习手册、正式的社会工作课程说明，以及关于社会工作教育的文件中看到。在实习过程中，任何一方都应当遵守美国社会工作专业人员协会(National Association of Social Workers, NASW)的伦理守则，以及美国社会工作教育委员会(CSWE)所核准的对社会工作课程的期待。表 2.1 将列出相关人员对社会工作实习的期待。

表 2.1　相关人员对社会工作实习的期待

作为学生,你在实习过程中将会面临许多困境。你已经花了很长时间来学习,准备着能够与机构中真正的案主一起工作。毫无疑问,你也期望这段经历有助于你成为一名专业的社会工作者。以下将清晰地列出与实习有关的人士对你的期待,因为他们在实习中有不同的立场,所以他们对你的角色期待可分为主要角色期待和次要角色期待						
学生的期待	主要角色	次要角色	学生的准备	实习的组织工作	督　导	评　估
针对实习经验	学习并整合理论与实务	为服务对象及案主系统提供服务	课程学习的内容与过去的经验,机构督导的实习说明	机构督导布置实习任务,学校设定学习目标	机构督导:每日实习任务的督导;学校督导:整合理论与实务	机构督导:给予持续不断的评估;学校督导:给出实习成绩
在实习过程中,机构与机构督导仍有许多的任务。一方面,他们依然要服务身处困境的服务对象;另一方面,他们也期待你能够合乎伦理、秉持专业、卓有成效地为这些服务对象提供服务						
机构的期待	主要角色	次要角色	学生的准备	实习的组织工作	督　导	评　估
针对学生实习	对服务对象及案主系统提供服务	督导实习学生	机构督导的实习说明	机构督导布置实习任务	机构督导:每日实习任务的督导;学校督导:提供督导训练	机构督导给予持续性以及最终的实习评估
学校的社会工作系致力于课程体系的开发、学习过程的设计,并与机构建立合作伙伴关系;学校期待你能够通过实习,将课堂所学与实习所学加以整合						
学校的期待	主要角色	次要角色	学生的准备	实习的组织工作	督　导	评　估
针对学生实习	学习并整合理论与实务	为服务对象及案主系统提供服务	课程学习的内容与过去的经验,机构督导的实习说明	学校设定学习目标	学校督导:整合理论与实务	给出实习成绩

（续表）

即便你的服务对象还不知道即将为他们提供服务的是实习生，他们依然会期待可以从你和机构处获得专业的服务。所以，请做好准备，在充分的督导之下，心怀尊重、合乎伦理地为服务对象提供服务，并满足他们的需要						
服务对象与案主系统的期待	主要角色	次要角色	学生的准备	实习的组织工作	督　导	评　估
针对所接受的服务	由具备能力的社工及实习生提供服务	可以接受来自实习生的服务	意识不到服务是由学生提供的	布置给实习生的实习任务能够达到服务对象的要求与目标	由专业社工进行持续的督导	由服务对象界定何为有效能的专业服务

事实上，这是一个从学生转变为社会工作者的学习过程。此时，必须要考虑缺乏经验与技巧的你，对服务对象以及服务质量可能造成的影响。虽然你只是一个学生，但仍需要为服务对象提供大量的服务；因此，当工作上的期待超出你所具备的知识与技巧时，你应该向机构督导寻求建议，或是回顾你在课堂上所学的知识，列出所有你曾经学习过的理论和练习过的相关技巧。此外，还有一点必须要意识到的就是，虽然实习社工往往只是辅助的角色，但是对大多数的服务对象而言，一旦你提供了服务，他们就会将你视为专业人士，并与你合作，他们会信任你以及你的知识与技巧。

三、重点指引与提示

以下三个要素将决定你实习的总体质量：

- 学习动机，包括你的职业生涯目标，你对实习愿意投入的努力程度、自我开放度，以及选择将社会工作作为你职业生涯的意愿。
- 学习能力，包括你的优势、限制、学习风格、过去的经验、学术能力，以及整合理论与实务的能力。
- 学习机会，包括你愿意在专业实习中付出足够的时间、排除生活中其他干扰因素的能力、在机构中有实践的机会，以及学校督导与机构督导的指导。

实务工作者需要发展许多技巧以应对工作过程中所扮演的各种角色，提升各个层面的实务能力，同时还要能够基于不同的视角、理论和模式设计出合适的介入策略。虽然你还没有被期待要拥有全部这些技巧，但是你将在实习中，透过督导与教学的过程，学会这些所需的技巧(如图 2.1 中所列)。该图呈现了技巧建立的过程，包括课堂的教导与学习、技巧的演练、对他人技巧示范的观察、在督导的指导下发展技巧、对自己表现的反思、成功地展现技巧、持续发展技巧，以及高级技巧层次等。其实，不仅是实习生能够通过这样的过程来学习技巧，每当专业社工需要学习新技巧时，他们也会通过相似的过程进行学习。

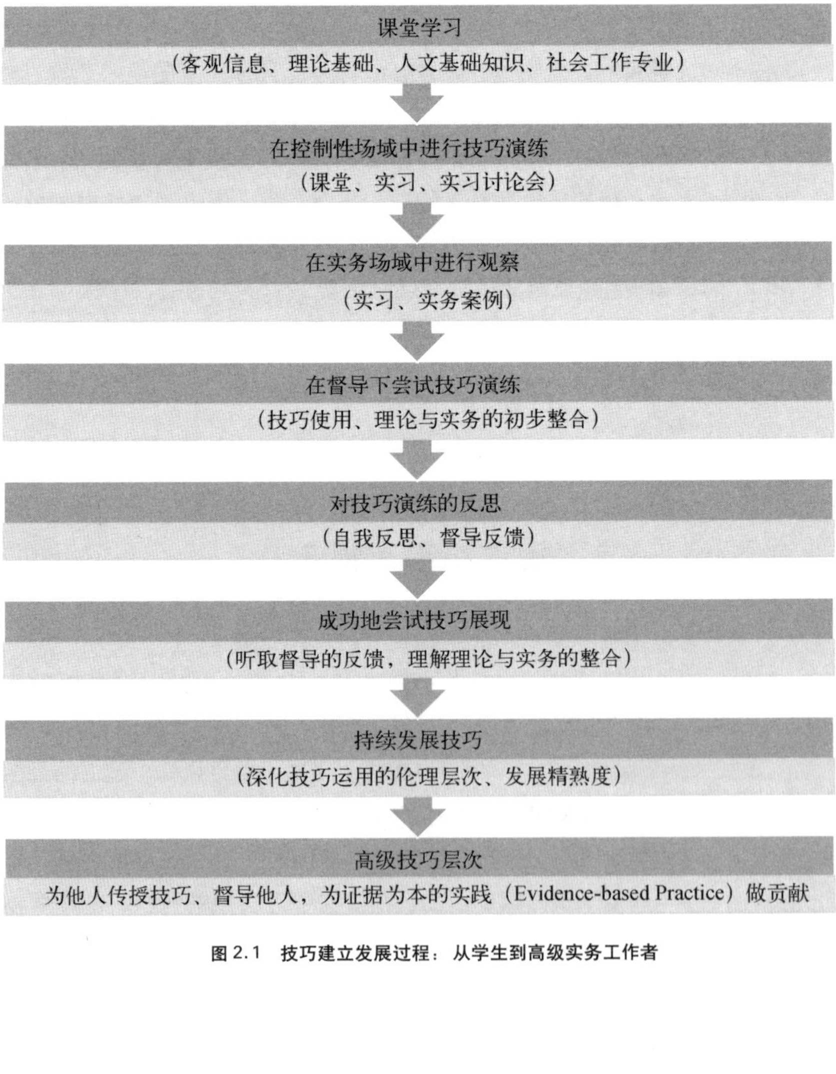

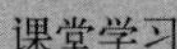

图 2.1　技巧建立发展过程：从学生到高级实务工作者

四、作业演练活动：澄清期待

1. 你将在实习机构内进行数百小时的专业实习，在这个过程中，你对下列各个部分有什么期待？

技巧

______

知识

______

能力

______

价值观

______

通才经验（Generalist experiences）

______

特定经验（Specialized experiences）

______

工作准备

______

2. 你愿意在实习中投入多少精力，将决定你可以从中收获多少。列出你将在实习期间承诺愿意努力的事项。

______

______

3. 你对实习讨论会、你自己、实习机构和学校有哪些期待？你可以做些什么来达到这些目标？

______

______

4. 假设你是实习机构中的服务对象，你对为你提供服务的社会工作者有何期待？你对实习生又会有什么期待？

______

______

五、作业演练活动：横跨社工生涯的技巧建立

检验下表并思考每一个阶段社会工作实务技巧的专业层次，想一想，从社会工作学生到资深社工的不同时期，各维度的技巧是如何建立的。

横跨社工生涯的技巧建立

技巧建立的维度	实务的层次			
	社会工作本科生	社会工作硕士生	刚入职的新社工	资深社工
技巧使用与实务行为的经验层次	首次尝试使用技巧	在先前经验的基础上使用技巧	在有督导的情况下，独立使用技巧	在进阶的实务工作中独立使用技巧，并且可以教授他人
专业发展的学习环境	在课堂和实习中进行学习	在课堂、实习以及先前的经验中进行学习	在机构实务中进行专业发展	在机构实务及领导角色中进行专业发展
专业发展的价值基础	辨识个人价值与专业价值，并进行学习	能深入理解和运用专业价值	对专业价值持续的检验、发展以及运用	对专业价值的进阶发展与运用，并且可以教授他人专业价值
专业发展的理论基础	对基础性/解释性理论及实务理论有所理解，并尝试运用	对基础性/解释性理论及实务理论有所理解、省思和运用	对基础性/解释性理论及实务理论加以运用，并能够测量实务理论的有效性	对基础性/解释性理论及实务理论加以运用，并能够测量实务理论的有效性，能建构理论
专业发展的评估	机构督导和学校督导对其进行评估，也鼓励自我评估	机构督导和学校督导对其进行评估，也鼓励自我评估	机构督导的评估及自我评估	自我评估、同侪评估，并有能力对他人进行评估

六、建议学习活动

- 阅读学校的实习手册，特别留意其中对于实习生期待的描述。
- 询问实习机构的督导，机构对实习生是否有明确的职位说明。如果有，请仔细阅读，以了解实习机构对实习生的期待。
- 仔细阅读那些用来评估你实习表现的评估表格及具体标准，这样你就会知道实习机构以及学校对你实习表现的期待。
- 与先前在该机构实习过的学长聊聊，询问一下在各方对实习的期待方面，他们有什么忠告和建议，并向他们请教如何在实习机构中获

得学习机会与经验。

- 仔细聆听实习讨论会中其他同学的发言，听听他们所关心的内容是否与你相同？你可以从他们身上学到什么？你可以和他们分享什么来协助他们学习？

七、参考文献

Baird, Brian. The Internship, Practicum, and Field Placement Handbook: A Guide for the Helping Professions. 6th ed. Upper Saddle River, NJ: Prentice Hall, 2011.

Birkenmaier, Julie A., and Marla Berg-Weger. The Practicum Companion for Social Work: Integrating Class and Field Work. 3rd ed. Boston: Allyn and Bacon, 2011.

Bogo, Marion, and Elaine Vayda. The Practice of Field Instruction in Social Work. 2nd ed. New York: Columbia University Press, 1998.

Commission on Accreditation. Educational Policies and Accreditation Standards. Alexandria, VA: Council on Social Work Education, 2008.

Doel, Mark, Steven Shardlow, and Paul Johnson. Contemporary Field Social Work: Integrating Field and Classroom Experience. Los Angeles: Sage Publications, 2011.

Grobman, Linda May, ed. More Days in the Lives of Social Workers: 35 "Real-Life" Stories of Advocacy, Outreach, and Other Intriguing Roles in Social Work Practice. Harrisburg, PA: White Hat Communications, 2005.

National Association of Social Workers. Code of Ethics. Washington, DC: NASW Press, 1999.

Sheafor, Bradford, and Charles Horejsi. Techniques and Guidelines for Social Work Practice. 9th ed. Boston: Allyn and Bacon, 2012.

八、本章回顾

学生、机构以及学校对实习都会有所期待，尽管这些期待有时会重复或相似，但因为各自本质的不同，他们的期待都有一定的独特性。这就好比在服务的初始，服务对象和社工的期待会有多大程度的不同？你又能从这样的对比中学到什么？

第三章

制订学习计划

本章大纲

- 本章预览
- 基本概念与背景资料
  - 为制订学习计划做准备
  - 通才视角与学习计划
- 重点指引与提示
- 作业演练活动：制订学习计划
- 建议学习活动
- 参考文献
- 本章回顾

一、本章预览

本章为制订实习的学习计划提供了一个框架，旨在帮助大家理解如何建构学习计划和强化综合性的学习经验。本章中，我们列出了一系列通才取向的能力要求，并特别强调由美国社会工作教育委员会(CSWE)所提出的社会工作核心能力，它们能够帮助你制订一份模板化的实习计划。最后，本章解释了将理论与实务加以整合的过程，而这也是实习的基本目标。

一份周详的学习计划往往能带来良好的实习体验与效果。在很大程度上，一次良好的实习经历往往提前经过细心的构思与描绘。此外，你可能还会获得一些出乎意料却非常有价值的经验。总的来说，如果你设计了一份清晰的学习计划，将会大大提高成功的概率；同时也有助于你抓住参与学习的机会。在实习过程中，你也会面临一些挑战，甚至会有消极的体验，虽然你可能希望避免这些消极的学习经历，但它们或许会成为你最好的老师。

二、基本概念与背景资料

当你开始进入实习阶段时，你就应该列出你想要的学习成果，并依此确认及安排各种活动和经历；这样的做法非常重要，因为它能够帮助你达成目标。所谓学习目的(Learning Goal)，是对你学习内容的一种宽泛性描述，它通常很难被测量。学习目的通常会用这类词汇来描述：学会、理解、探究、熟悉、分析、整合等。

学习目标(Learning Objective)，也被称为学习活动，它是指你在实习过程中期待能够掌握的知识和拥有的能力，一般是可以被测量的。学习目标通常可以用这类词汇来描述：安排、编制、执行、界定、演示、讨论、撰写和获得等。这些活动可能包括进行预估、旁听员工会议、参观机构、设计并实施服务计划、撰写报告或项目申请书、带领小组、进行培训、参与社区委员会，以及提供法庭证词等。

学习成效(Learning Outcomes)或者能力素质(Competencies)，是在你提升整体专业能力时，得到、达成、熟悉或者精通的东西。成效可能被描述为以下需要获得的能力：整合理论和实务、运用社区资源、在不同层级开展社会工作实务、扮演好社工的角色、评估机构项目的成效、影响社会政策，以及参与专业的发展等。

评估技术(Assessment Techniques)，也叫测量工具，是我们用来测量学习效果的途径。这些技术包括督导同你的会谈、督导对你的观察、观看你的服务录像、审核你的书面文件、案主的反馈，以及前后测评等。

当你制订实习计划时，一定要留意哪些经历可以帮助你获得被广泛认可的专业能力。美国社会工作教育委员会提出的核心能力为制订学习计划提供了很好的指引，同时还有在本章即将提到的通才社会工作能力(Generalist Social Work Competencies)的指标。

学习计划应当融合三种不同的教育目的与期待，包括：学校社会工作课程的目标、实习机构和机构督导的目标，以及学生的目标。这些目标大致可分为三类：知识、技巧和价值观，这些都有助于社会工作者的能力提升。

社会工作的知识(Knowledge)包括专业术语、事实、原则、概念、视角以及理论。毫无疑问，你已经花了许多时间来学习有关个人、家庭、社区、研究和社会政策等内容。当你进入实习阶段，你将开始学习如何将这些知识运用于真实的情境中。

社会工作的技巧(Skills)就是实务工作中的各种行为，是社会工作者用来协助服务对象改善其社会功能的技巧与程序。通常而言，技巧的学习来自观察和模仿实务工作者的行为。你或许已经从教科书上学到有关技巧方面的知识了，但我们无法仅仅通过阅读来掌握相关技巧。你的实习经历将会给你提供学习并掌握社会工作技巧的机会。

价值观(Value)指的是一种个人强烈的喜好，它影响着人们的选择、决策和行动，且根深蒂固地融合在个人的信念与承诺之中。价值观决定了个人认为什么是重要的、有价值的、正确的或错误的。社会工作的价值观(如服务、社会正义、正直)是可以通过学习或捕捉他人的想法得来的，但价值观是否可以通过旁人以系统或严谨的方式传授，则令人质疑。基本上，我们的价值观源自内心深处看待这个世界的方式。毫无疑问，在实习过程中你会更清楚地了解自身的价值观，你也会发现自己的价值观会与他人的价值观产生冲突，包括你的服务对象。

为了便于讨论和分析，我们可以将社会工作知识、技巧和价值观分开说明，但在实务工作中，它们是相互交织的。例如，某个人的技巧通常反映了他所拥有的知识和价值观。同样，除非通过行动表现出来，否则仅仅具备社会工作的知识和价值观是没有什么用处的。最后，除非所提供的服务是在伦理价值观的引导之下，否则知识和技巧也可以用来伤害或操纵服务对象。

(一) 为制订学习计划做准备

在本书的附录里有一个关于如何撰写学习计划的表格供大家参考。这个范例的格式与内容可根据各个学校不同的社会工作教育培养方案进行修订。这份学习契约(Learning Agreement)在左边第一栏中列出了学习目的(通才能力指标)；第二栏列出了各种学习目标(活动)，同时，机构督导和学生还可以根据实习机构的具体要求，选择在此增加一些额外的目标；第三栏填写完成各项学习目标的时间节点；第四栏填写学习成效(实务行为)；第五栏描述了评估学生达到通才能力程度的方法与标准。

(二) 通才视角与学习计划

社会工作本科课程和社会工作硕士一年级的课程都是建立在通才社会工作实务(Generalist Social Work Practice)概念之上的。因此，实习被预期能够反映出较为广泛的经验，旨在为通才实践做准备。

通才视角(Generalist Perspective)是一种检视与思考社会工作实务过程

和活动的方式。它是一组引导计划性改变过程(Planned Change Process)的想法与原则，这些原则适用于社会工作实务的各个层面，适用于各种不同的工作情境，也适用于你所扮演的不同的社会工作角色。通才取向的社会工作者的重要特性之一就是，他们乐于且有能力根据服务对象及案主系统的需要和情况进行调整，而不是要求服务对象去适应专业或机构的方法。通才取向的社会工作者会和服务对象一同对其问题进行详尽的预估，并且对服务对象的问题该被如何定义、概念化和解决进行全方位的思考，进而才去选择合适的介入方法。通才取向的社会工作者会准备好一系列的干预方法和程序，而不仅限于某一理论或模型。

请记住通才视角的定义，表 3.1 列举了社会工作实务通才能力(Generalist Competencies for Social Work Practice)的架构。该表格罗列了七个维度的能力指标，并为每一项社会工作通才能力提供了理论阐述及一系列特定的实践行为。

表 3.1　社会工作实务的通才能力

通才能力	能力的理论阐述	相关的实践行为
通才能力 1 通才社会工作者能够基于服务对象/案主系统的需要和资源，在不同层次(微观、中观和宏观)开展服务，提升服务对象的社会功能，促进社会变迁	通才社会工作者需要在不同的层次提供服务，既是由社会问题本质的复杂性所决定的，更是因为社会功能、社会变迁、社会正义等需要通过不同层次的干预才能实现	**微观实务行为** 直接助人技巧、沟通技巧、关系的建立、会谈 **中观实务行为** 协调、带领团体、倡导、教育、咨询、调解 **宏观实务行为** 规划、社区发展、项目管理、研究、社会政策的形成、行政
通才能力 2 通才社会工作者能够扮演好各种专业角色，以促进社会正义、增强社会功能和推动社会变迁。通才社会工作者在某一情境中可能扮演着几种不同的角色，可以根据需要做好角色转换	通才社会工作者扮演着各种不同的专业角色，是由于服务对象/案主系统的需求与资源的多样性所决定的，同时也是为了在不同的实务层次上促进社会正义、增强社会功能和推动社会变迁。他们能理解不同专业角色之间的联系，懂得扮演好角色的重要性，并能够根据需要来选择角色	社会工作角色的选择是由服务对象或情境的需要、待解决问题的概念化，以及改变的目标而决定的 在实务的不同层次扮演专业角色，其中既有在某一实务层次扮演的具体角色，也有在实务的各个层次均能使用的角色

(续表)

通才能力	能力的理论阐述	相关的实践行为
通才能力 3 通才社会工作者能够使用各种视角、概念化的架构及范式来指导实务工作,包括优势视角、生态系统视角、多样性视角等	通才社会工作者知道服务对象、团体、组织、社区和社会系统不能被孤立地理解,并明白这些系统间的相互作用对于开展有效的干预是非常关键的	结合各种专业视角,将其纳入助人过程的各个阶段。 运用专业视角来确认服务对象社会功能提升的程度,并增进服务对象与社会系统之间的相互融合
通才能力 4 通才社会工作者能够使用各种解释性理论来指导实务,包括社会系统理论、人类发展理论、团体理论、组织理论、社区发展理论、社会运动理论和社会发展理论等	通才社会工作者需要了解个体、家庭、社会系统、团体、组织和社会的成长与发展,以便知晓案主所面临的社会情境,提供有效的干预措施	将解释性理论纳入计划性改变过程(Planned Change Process)的各个阶段中去,包括接案、预估、计划、介入、评估等
通才能力 5 通才社会工作者能够运用各种实务理论和模式来指导实践,以满足案主需求、提供资源,包括任务中心个案工作、危机干预、案主中心的个案工作、赋能模式、家庭系统模式、互助模式、结构模式(Structural Model)、组织发展模式、社区组织模式、社会变迁模式等	通才社会工作者运用实务理论和模式设计对个体进行干预,这些干预是以经验为基础的,扎根于最佳的实践、运用得当的方法、富有创造力并且符合情境需要。这些理论和模式提供给实务工作者十八般武艺,让他们避免囿于单一的方法,从而为有效的干预提供可以融合各种方法的机会	基于案主的需要和资源,将实务理论和模式纳入干预的各个层面。创造性地整合实务理论和模式,以解决服务对象和案主系统面临的各种社会问题
通才能力 6 通才社会工作者能够与案主系统建立良好的伙伴关系,在计划性改变过程(Planned Change Process)的各个阶段(接案、预估、计划、介入、评估)和不同层次开展社会工作服务	通才社会工作者运用计划性改变过程(Planned Change Process)来提升社会功能和推动社会变迁,因为良好的预估是计划的基础,进而才能执行,并最终对先前设定的目标进行评估	接案、建立专业关系、预估服务对象的问题与优势、设计合理的干预计划、实施有效的干预计划、测量效果
通才能力 7 通才社会工作者能够以美国社会工作专业人员协会(NASW)的伦理守则为指导,将社会工作价值观纳入干预的各个环节中,并能在此过程中进行伦理抉择、解决伦理困境	通才社会工作者理解个人和专业的价值与伦理,应当以行为守则、服务对象的选择、社区发展、社会态度、社会问题的定义、社会政策的发展以及研究为基础	将社会工作的价值观和服务对象的价值观纳入干预的各个环节中 运用美国社会工作专业人员协会(NASW)的伦理守则,来进行伦理抉择、解决伦理困境

美国社会工作教育委员会(CSWE)制定的“教育政策与认证标准(The Education Policy and Accreditation Standards)”也定义了社会工作者应具备的能力：

1. 能够认定自己是一名专业的社会工作者，并能够依此来规范自己的行为。

2. 能够运用社会工作伦理原则来指导专业实践。

3. 能够运用批判性思考方式来表达和沟通各种专业判断。

4. 在实务工作中包容多样性与差异性。

5. 推动人权与社会经济的正义。

6. 参与研究为本的实务工作(Research-informed Practice)及实务为本的研究工作(Practice-informed Research)。

7. 能够运用人类行为与社会环境的相关知识。

8. 能够参与和政策相关的实务工作，推动社会和经济福利，提供有效的社会工作服务。

9. 能够对影响实务工作的各种情境给予回应。

10. 对个人、家庭、团体、组织、社区提供服务，包括接案、预估、介入和评估。

将表3.1所列的通才能力架构与美国社会工作教育委员会(CSWE)的“教育政策与认证标准”结合起来，它们能够为你的实习提供指引。所以，确认你能够从哪些途径获得这些能力是至关重要的。在本书中，所有的能力会被整合，以不同的方式贯穿于全书之中，并告诉你如何在实习的过程中以不同的方式掌握这些能力。你应该阅读有关这些核心能力的文献，并将它们整合到你个人的专业能力中去。此外，在本书附录中的学习契约书和实习评估表中，你会再次看到这些通才能力。

三、重点指引与提示

当你根据通才能力和社会工作专业核心能力来准备你的学习计划时，将它们融入你的学习经验中会帮助你更好地发展这些能力。你的学习契约书应该由你、机构督导和学校督导共同协商制订。因为他们知道，你若想成为一名有能力的通才社会工作者，必须要学习哪些东西。学习契约书会是一份相当实用的文件，如果在学习中产生了额外的实习需求或出现了新的学习机会时，我们都可以调整学习契约书的内容。你的实习计划必须有一些令人振奋的东西，并且能够让你有信心去获取和拓展自己的知识与技巧。同时，它也必须合乎实际情况，符合你的实习场域、能力、过去的经验和时间限制方面的状况。

每个人都有其独特的学习方法或学习风格。因此，当你在制订实习计划时，应考虑你个人所偏好的学习方式。例如，如果对你而言亲身实践是最好的学习方式的话，那你就会倾向于利用各种机会直接参与某项活动。或者你最佳的学习方式可能是先去观察他人，然后自己去实施。因此，当我们在采取行动之前，或许应该先了解这项工作背后的理论和原理。由于没有任何一种学习模式能够有效地运用在所有的情境中，所以，我们或许可以使用学习风格测试卷或评估工具，来帮助我们了解最适合自己的学习方式(例如，可以参考 Kolb 于 1981 年发表的相关文献)。你应该尽量让机构督导知晓你的学习风格，这样有助于机构督导给你安排工作任务或交付责任，同时也能了解并决定你在某些经验上的学习是否已准备妥当。

如果你有某种学习障碍或类似的状况，若是没有相应的协助就会影响你的学习或表现，那你就应该向你的机构督导及学校督导告知这个情况。在制订实习计划时，这些情况必须被考虑进去。如果你认为自己有某种学习障碍，那可以去咨询一下相关的专业人士，他能够协助你评估该障碍的性质，并告诉你哪些辅助措施可以帮助你克服学习上的障碍。你的学校里可能也设有身心障碍学生服务中心，那里会有专业人士来提供帮助，或许会为你的实习提供适当的配套措施及指导。

总之，将那些能够帮助我们整合理论与实务的经验与活动纳入实习计划中。在实习期间，我们应该灵活运用课堂上所学到的概念和观点，因为你被期待能够将课堂上所学到的东西与实习中遇到的现实生活经验结合起来。我们应该知道我们所做的决策和对干预策略的选择，背后都有支撑的信念、价值观和理论。我们应该开放自己，通过社会工作实务与项目，从不同的信念角度去理解人类与社会系统是如何、何时、为何发生改变的。

尽管你在实习过程中的学习经验和你所在的特定机构的实习有关，但你要明白，你所学到的知识和技巧也可以被运用到其他的社会工作领域。除了保证你的实习经验有一定的广度外，你也要对自己感兴趣的领域进行深入探索。如此，当你转换到其他服务领域的时候，你就能够做好准备，并且让自己更加投入到感兴趣的领域中去。

当我们在描述预期的学习成果时，应该能够反映在未来可供监督和测量进展的方法。然而，我们也要了解某些重要的学习成果是难以量化和测量的，例如，发展对社会工作价值的认同、自我觉察和自信方面的成长、对于不同视角和理论的运用等。当然，我们应该尽可能精确地描述所预期的学习成果，但也要记住不是所有东西都可以被测量的。即使是以一般的或并非完美的方式来描述预期的学习成果，或者展示出如何难以测量，这也比完全不加以陈述要好得多。当你试图测量你的学习成果时，这就好比你的案主在试图展现自己的成长一样困难。不过，相信你在为了发展和测量做出努力时，也会有助于提高你对案主努力的敏感度。

如果你的学校要求你完成一项专业的作品集或提交一份专业报告，以此作为实习经历的一部分，那么你应该将作品集或专业报告的重点相应地列在你的实习计划书中。因为作品集可以展现你在不同领域中所学到的知识和技巧，而实习正好为你提供了这样一种理想的机会，让你能够展现自己是如何将课堂所学与实际情境加以整合的。如果你的学校要求你提交有关实习的总结报告、活动报告或口头报告，那你也应该将此列入你的实习计划书中，因为完成这些作业也可以展现你的专业能力。

当你完成实习计划的构思和撰写，并且得到机构督导和学校督导的认可之后，你就可以依此计划进行实习了。在实习的过程中，要经常对实习计划进行检查和反思，如果有必要，可以对实习计划进行修改和调整。但是不应该仅仅因为一些困难，就想要放弃某部分实习计划，你应该尽可能地让自己获得各种有助于你达成学习目标的经验。在寻求有意义的学习经验的过程中，我们必须对自己充满信心。如果有时候机构不太愿意你接触某些部分的服务，你可以和学校督导进行沟通，由他来帮助你协调。此外，要留意在实习期间可能会出现未预期的学习经验，你需要将它们整合在你的实习计划之内。有时候，你可能会被要求执行某项任务和承担某项责任，但你对此并未做好准备。这时，你可能会感到焦虑、恐惧和窘迫，这也是可以理解的正常反应。但是，即便你觉得自己没有做好准备，你仍然要有意愿去完成任务和承担责任。如果你要一直等到对自己充满信心、不会犯错时才去执行某项任务，那你可能会失去许多学习新事物的好机会。

当你在制订实习计划时，应该同时仔细思考个人未来的五年规划。例如，假设你是一名社会工作专业的本科生，如果你希望以后继续攻读硕士，那么你在实习过程中应该做出怎样的努力，以应对未来的硕士学习，或者提高你考上研究生的概率？如果你希望在大学毕业后直接进入职场，那你在实习计划中又应该如何规划内容，为你今后找工作而做准备？如果你希望在某个地方开展社会工作实务，或是在某个专业领域中开展服务，你需要哪些资格证书？如果你是一名社会工作专业的硕士研究生，为了精进未来更高阶的社会工作实务，你该如何设定你的实习目标呢？

在实习过程中，我们可能会接触到一些令我们感到惊讶或者沮丧的事情。例如，我们可能会发觉并非所有的服务对象都有改变的动机，有些服务对象可能很难令我们喜欢或接纳，有些服务对象可能无法获得他们所需要的服务等。我们可能会发现服务对象、机构或社会的改变是缓慢的，社会问题远比我们想象的还要复杂，在政治上我们需要有艺术和技巧，并非所有的专业人士都是称职和合乎伦理的，等等。对于如此种种，学校督导老师会协助我们去洞察此类现象，所以务必和他们分享你的这些经验与观察所得。

除了制订学习计划之外，你还可以考虑撰写专业日志。这项练习可以在很多方面帮助到你。一本专业日志可以记录你在学习上的进步，展示你在专业领域的成长；你可以在日志里表达自己的疑惑与问题，而无须和你的督导分享，同时也能让你有机会对自己的实习进行个人内在化的思考。很多学生都说这种做法非常实用，因为这也是一份成长的记录，鼓励我们在专业道路上不断前行。

如果我们在实习过程中所获得的学习经验在预期之外，或在原本的计划中未曾提及，你无须对此感到惊讶。你可能由于实习机构缺少预算而被转到另一个机构或服务领域；又或许你的机构督导即将离职，而你必须适应接替者的工作风格。虽然这样的经验令我们感到有些挫败，但它们却是十分重要的学习机会。这些挫折的历练，将会使我们以更具弹性和更加开放的心态来迎接新的挑战。你也同样能够从机构及其社会工作者身上学到他们是如何面对变化、压力、经费削减或政策转变等问题的，并学习他们如何将困难转化为机遇。

四、作业演练活动：制订学习计划

回答下列问题将有助于你确认想要取得的学习成果，通过制订学习计划，以引导和强化你实习的经验。请诚实地回答以下问题，并尽可能精准具体。

1. 询问你的督导，对于在机构实习的社会工作专业的学生来说，哪些知识和技巧是最重要的，并把它们写下来。

______

______

______

2. 阅读你们学校对社会工作专业的教育目标，并把它们写下来。这里面可能会包含对你实习的各项要求。

______

______

______

3. 研读学校的实习评估表，看看你的学习契约书和评估之间有多大的关联度。同时写下你有哪些困惑。

______

______

______

4. 在实习的过程中，你会尝试使用哪些解释性的理论（例如，解释人类发展和行为的理论，如家庭系统、团体动力、组织发展、社区发展、社会发展等）？翻阅第十六章“计划性改变历程（Planned Changed Process）”中有关解释性理论的定义。

______

____

____

5. 在实习过程中，你会尝试使用哪些实务理论和模式(例如，对实施干预提供指导的理论)，来帮助你满足服务对象和案主系统的需求？翻阅第十六章“计划性改变历程(Planned Changed Process)”中有关实务理论与模式的讨论。

____

____

____

6. 重新回顾你的实习契约书，对比你在实习过程中的学习需要和服务对象在接受服务过程中的需要，你能看到两者之间有什么相同之处吗？

____

____

____

7. 以下这些词语描述了学习的不同层次，请思考这些词语的不同含义。

理解(Understand)______________ 比较(Compare)______________

运用(Utilize)______________ 整合(Integrate)______________

综合(Synthesize)______________ 评论(Critique)______________

五、建议学习活动

- 查阅学校的实习手册，以及各种与实习课程有关的说明，以了解实习的特定学习目的和目标。
- 与其他同学组成团队进行头脑风暴，讨论在实习机构可以通过哪些任务、活动和项目，来帮助我们拓展学习机会、丰富实习经验。
- 如果你的实习机构无法提供你需要的实习经验，则请求机构督导协助，安排你每周在其他机构实习数小时，以此来获取你所需要的经验。
- 阅读学校的实习评估表格或评分工具，更好地了解在实习期间你需要学习的东西，以及如何展示你所学到的知识和技巧。

- 如果你已经有了一个确定的职业生涯目标，例如，获得药物成瘾治疗师证书、学校社会工作者证书、社会工作师资格证书，或继续攻读硕士等。列出达成此目标所需的能力，并探讨你的实习经验与达成此目标之间有何关系。
- 询问实习机构的社会工作者，当他们刚开始工作时，他们掌握哪些知识以及能够做些什么，并以此作为你实习时的学习方向。
- 当你在实习过程中感到失望时，请和你的机构督导进行讨论。千万不要延迟或逃避这一讨论，不要让这些负面感受在你心里积聚。

六、参考文献

Baird, Brian. The Internship, Practicum, and Field Placement Handbook: A Guide for the Helping Professions. 5th ed. Upper Saddle River, NJ: Prentice Hall, 2011.

Commission on Accreditation. Educational Policy and Accreditation Standards. Alexandria, VA: Council on Social Work Education, 2008.

Kolb, David. Learning-Style Inventory. Boston: McBer and Company Training Resources Group, 1981.

Kolb, David. Experiential Learning: Experience as the Source of Learning and Development. Upper Saddle River, NJ: Prentice Hall, 1984.

Sheafor, Bradford, and Charles Horejsi. Techniques and Guidelines for Social Work Practice. 9th ed. Boston: Allyn and Bacon, 2012.

University of Montana School of Social Work. BSW Competency Catalogue, 2008.

七、本章回顾

尽管你可能在以后的职业发展中聚焦在某一专业领域，但你仍旧需要为通才取向的社会工作实务做好准备。请翻阅第十三章“专业社会工作”中有关通才能力的说明。你如何确保自己的学习经验能够帮助你成为一名通才社会工作者？

第四章

实习的开始阶段

本章大纲

- 本章预览
- 基本概念与背景资料
- 重点指引与提示
- 作业演练活动：实务行为的自我测评
- 作业演练活动：督导的平行过程
- 建议学习活动
- 参考文献
- 本章回顾

一、本章预览

本章将告诉你一个良好的开端对实习而言多么重要，所以，我们会在这里向你提供一些建议和指引，以帮助你能够有一个好的开始。我们会讨论当实习生在被督导的时候，可能会包含哪些正向和负向的反馈，这些反馈就和服务对象被社工观察和评估类似。此外，我们还会提供一个测量工具，帮助你来识别有哪些因素会影响你熟练地将理论整合与运用到正式的生活情境中去。最后，我们还会讨论如何来检测自己专业技巧与实务行为的成长。

在前面的章节里，我们已经帮助你去思考，在实习中其他人会对你有什么期待以及你自己对实习又有什么期待。同时，我们也讨论了制订学习目标及确认学习任务的重要性，因为它们可以协助你达到你所期待的实习成果。在本章中，我们将聚焦于实习最初几周常会遇到的问题及该注意的事项。

开始从事实习就像开始做一份新的工作一样，既令人兴奋又充满疑惑。由于有太多的人要认识、有太多的事情要学习，因此，最初的几周你会感到有些不知所措。进入一个你不熟悉的组织就像面对一个新的文化环境一样，你将会面对一套新的规范、规则、惯例。你可能会对自己的知识和技巧感到焦虑，也不知道自己是否能够胜任实习工作。然而，过完这几周，当你开始对这一切渐渐熟悉后，你就会感到比较自在舒适。本章会告诉你在开始阶段可以采取的明确步骤，以使你的实习能够有个好的开端。

二、基本概念与背景资料

实习开始的主要任务就是尝试建立各种工作模式。如果在开始的几天或一周里，机构的实习督导和其他工作人员都对你有正面评价，那机构督导就会认为你值得信任。反之，机构督导则会质疑你的能力与责任感，而不愿意将有意义的工作交给你。为了使你的实习有个良好的开始，你最好事先了解机构的督导和其他工作人员，以知晓他们对实习生来机构实习有哪些想法和感受。以下，我们列出机构督导对实习生可能持有的想法：

- 很高兴能有实习学生来机构，我们机构人力不足，工作又多，希望实习生来了能帮助我们分担一些工作上的压力。
- 我非常期待实习生来这里，因为实习生通常有很大的热忱，并且他们往往能为机构的工作带来一些新的观点。
- 希望这个实习生能够顺利完成实习。我记得过去有个学生因为自己缺乏安全感又不太成熟，所以状况就不太好。
- 我怀疑自己是否有足够的时间来妥善地督导实习生。希望这个学生能快速进入状态，因为我比较忙，可能无法给予太多的督导。
- 我担心实习生会在工作与责任上超越界限，因为我实在不喜欢帮别人收拾烂摊子。
- 我希望这个实习生已经做好准备面对现实。
- 我喜欢有实习生在这里，因为他们的问题总是鼓励我去批判性地思考我做了什么以及我为什么要这么做。

实习生普遍对实习中面临的挑战存在矛盾的反应和情绪。例如，实习生会因为能向督导学习而感到兴奋，但同时也会因为被观察和评估而感到焦虑。这是正常的反应，这就和服务对象在进入与社会工作者专业关系时的体验一样。体察你自己对于督导的反应，无论是正面的还是负面的，这都会帮助你更好地同理服务对象。本章作业演练活动部分会给你提供一个工具，来帮助你辨识这些矛盾的反应，并将你的反应和服务对象的反应进行比较。

实习生需要将自己学习的焦点从学校教育(Education)转换到机构训练(Training)。学校社工老师所教的通常是能够被运用在不同情境中的普遍性知识、理论和原则。与之不同的是，机构中的行政主管和督导们通常所关注的是训练，这些训练的重点是针对机构特定的规章制度、服务程序、实务技巧的学习。专业教育(Professional Education)鼓励互相讨论与辩论，并针对某个问题与情境能够思考并提出各种不同的评量及回应方法。这同社会工作专业的使命与目标相关联，并注重学习的成效。与之不同的是，专业训练(Professional Training)所教导的重点则是针对某个问题与情境给出既定标准或标准回应。这同机构及其使命有关，它更强调工作成效而不仅仅是学习本身。因为专业训练主要是要求实习生执行机构特定的目标、政策、程序等，而非对其进行挑战和辩论。祈盼你能够整合从学校习得的普遍性知识和机构所提供的专业训练。

所有社会服务机构都有其自身的办公室文化(Office Culture)。所谓办公室文化是指基于机构的历史、价值、服务的理论基础、士气、政策和服务程序、员工互动等所形成的日常运作方式。希望你所在的机构其办公室文化是正向且乐观的，因为这会让你看到一个组织最好的一面，并且让你看到一个健康、充满学习氛围及运作良好的机构是如何运行的。

不过，如同所有的组织一样，社会服务机构也有所谓的政治局面(Political Dimension)。例如，机构主管有时候不得不做一些困难且不受欢迎的决定，因此他必须运用权力或权威来完成机构的目标。在机构的日常工作中，有些冲突和权力斗争是不可避免的，实习生们往往很快就会感受到机构的政治气氛。在面对机构的政治冲突时，你必须小心谨慎，因为你选择站在冲突的哪一方会影响你的实习状况。

所谓办公室政治(Office Politics)是指由某些因素而引起的权力斗争，这些因素包括：组织内部不同派系间的冲突、个人野心、追求更大的权力、谋求某个职位等。组织规模越大，其内部的政治运作就会越复杂。即便办公室政治普遍存在且无法避免，但如果你身陷这些权力冲突之中，那学习机会的大门或许会因此而关闭，有些机构的工作人员也可能会因此打消对实习生的支持。通常，机构组织的规模越大，政治运作越复杂，办公室中的流言也就越多。机构中常会有谣言、八卦、疑云等，且涉及不同的官僚层级，当机构处于不确定性、存在冲突的状态或短时间内发生巨变的时候，这些情况最容易发生。如果你被卷入了机构的流言中，那就会陷入另一个圈套。

三、重点指引与提示

第一印象通常对个人以及专业关系有着重要的影响。因此，给你实习机构的督导及同事留下良好的第一印象至关重要。在这一点上好好努力，将可以让你的实习有个好的开始。

正如我们先前所提到的，有很多理由会让机构督导敢于给实习生指派具有挑战性的工作任务。要让机构督导能够给实习生指派具有挑战性的任务，你必须首先获得他的信任，让他相信你能够胜任这项工作，且不会犯下重大的错误。通常，机构督导做出这样的决定是基于他对实习生日常表现的观察(例如，他会看到你日常细微的表现)。因此，作为实习生你应该注意自己的行为举止，好好表现，以便使机构督导相信你能够对工作认真负责。例如，你应当尽力有下列学习表现和工作表现：

1. 学习表现

- 展现你对学习的热情，并乐于将知识运用到机构工作中去。
- 让你的机构督导知道你过去所从事的相关工作或志愿服务经历，好让他对你的能力有更多了解。
- 展现你积极主动承担责任与各项工作的意愿。
- 认真对待每项工作任务，无论它看起来是多么不起眼或不重要。
- 让你的机构督导知道你正在做什么、为什么这么做，以及你接下来有何计划。
- 当你遇到任何不同寻常或出乎意料的问题或困难时，特别是那些可能涉及法律层面或可能造成公共影响的问题，应该立即向你的机构督导咨询。
- 成为一个好的聆听者，无论是在督导会议还是在员工会议中，认真聆听机构督导和其他工作人员的讲话。
- 展现你有能力接受他人对你在工作、技巧、态度等方面的建设性批判。
- 时常提问，以表现出你乐于学习和了解实习机构的工作内容、规章制度和服务程序，但是要避免以挑战或批评的口吻进行质问。

- 主动承接机构工作人员似乎不太感兴趣的工作。
- 在机构中向其他人友善地提出建议。
- 展现能够与不同类型的人建立良好人际关系的能力。

2. 工作表现

- 按照机构规定的格式，用心准备所有的信件、报告和服务记录，并在规定时限内完成。
- 做任何事都应具有时间观念，无论是开会或约定的会面，都要准时出席，在机构里需要保持饱满的工作状态。
- 如果你必须更改你的工作日程，或者发现你可能无法按时完成工作，此时应当立即联络你的机构督导，并做好相应的预案。
- 针对你所参加的任何会议，包括和机构督导进行的讨论会或机构的员工会议，都要事先做好充分准备。
- 让相关人员知道你已经详读了机构的工作手册或其他相关资料，因此你已很熟悉实习机构的宗旨、服务项目、规章制度和工作流程等。
- 在接受新的工作或任务时，应当在督导开始向你布置任务的时候就力求弄清楚。如果你对哪一部分不太清楚，就应该立即询问，不要不懂装懂。
- 保持你的办公桌和工作环境干净、整洁、有序。
- 注意你的仪表，穿戴合适的衣着去实习机构。
- 不要介入和传播与机构及他人有关的八卦，不要议论其他的同学、机构工作人员、服务对象或社区中的其他机构。
- 特别留意要保护服务对象的隐私权，并注意机构服务记录的保密性。

当你进入机构实习时，你需要了解在机构中正式和非正式的组织结构与功能。每个机构都有其正式的政策、规章制度、组织架构、指令层级等，这些都描绘了机构是如何运作的，这不仅说明了每个人的职责，也为工作人员提供了书面的工作指引。此外，机构还有着非正式的运作机制，这些通常和正式的组织架构及规章制度有着很大差异。你可能会发现某些员工的正式职位与实际的工作内容并不相符，工作人员也未必会向自己的上司寻求指导，规章制度在某些情况下总会有例外存在。

当你面对办公室政治的时候，你必须审慎思考如何回应，以便保证你的实习能够顺利进行并避免得罪他人。由于办公室政治相当复杂，因此我们很难提供处理这种情境的特定原则。我们只能提出一些基本的原则供你参考：

- 在实习最初的一两周，留心观察机构中不同的工作人员是如何互动、操纵和行使其权力和影响力的。
- 对于办公室中的层级与权威关系，以及隐含在各种职务之间的层级命令和权力关系等保持谨慎与敏锐的态度。遵循层级命令行事，对于那些会造成混乱或让你的实习陷入困境的权力关系尽量做到置之不理。
- 不要太快下结论究竟谁是机构中最重要或最受尊敬的人，或谁最有权力与影响力。权力关系往往比其表面看起来的要复杂和微妙。因此，你的第一印象有可能是错误的。
- 与机构中受大家尊重、被主管器重的专业人员，以及支援性工作人员保持良好的关系。此外，工作年限较长的员工通常也拥有更大的权力。
- 请注意不要和以下这些人为伍：在机构中被认为是抱怨连篇、我行我素、制造麻烦、暗箭伤人及对机构缺乏忠诚度的人。

每一个机构都有一些不成文的规定。没有人会事先告诉你这些规定，通常是你询问或者违反了这些不成文的规定之后，才会发现原来有这样的规定。例如，你可能在员工会议上吃东西或喝饮料，或者你迟交了某份报告(而其他类型的报告可以被迟交)等。想要了解机构有哪些不成文的规定，最好的方法就是观察机构中其他工作人员是如何行事的，必要时可以询问他们为什么要这么做。

要记得世上没有所谓愚蠢的问题，你的机构督导也期待你有问题就去询问，特别是在实习一开始的时候，不过督导们也期待你能够记住他曾给出的答案。所以，把这些答案记录下来，免得你再次提出同样的问题。你的机构督导也料到你会在实习的过程中犯一些错误，但他更期待你能够从这些错误中吸取教训，不再重蹈覆辙。

最后，最重要的是学习如何能够把学术内容和实习经历整合起来。当实习生们兴奋地将课堂中所学到的东西运用到现实情境中去时，他们会发现情况并不像理论上或课堂演练时那么简单有效。但即便如此，我们也不能轻易认为理论不适用，因为在现实情境中，有许许多多的因素会影响理论的运用。真实的社会工作实务远比课堂案例复杂得多，因此，我们要去学习有哪些因素可能会影响社工的介入及服务成效。现实生活往往乱成一团，人们不是按照线性的方式发生改变的，从社工介入伊始便存在许多未知的部分，而每一位服务对象和案主系统都是独特的。表 4.1 讨论了将理论整合和运用到实务工作时，有哪些重要因素会对此产生影响。

表 4.1　影响将理论整合和运用到实务工作中的重要因素

服务对象的特征	社工的特征	情境的特征
服务对象的动机 ● 热忱的程度 ● 自愿/非自愿 ● 对服务介入的参与程度 ● 希望感的程度	**社会工作者的知识** ● 对服务对象境遇的理解程度 ● 资源意识 ● 对解释性理论（Explanatory Theories）的理解 ● 对实务理论和模型的理解	**时机** ● 太早 ● 太晚 ● 受干扰的生活环境 ● 候补名单
服务对象的能力 ● 认知理解力 ● 应对技巧 ● 自信程度 ● 自我效能感	**社会工作者的技巧** ● 计划性改变（Planned Change）的技巧 ● 各层面的实务能力 ● 证据为本实践的运用 ● 具有全面的技巧	**社会支持** ● 家庭支持 ● 朋友支持 ● 非正式资源 ● 正式资源
服务对象的多样性 ● 对于寻求和接受帮助的态度 ● 服务对象的价值观和信仰 ● 文化差异 ● 不同的生活经历	**社会工作者的价值观** ● 以服务对象为中心 ● 增能和优势视角 ● 调和个人和机构的价值 ● 调和个人和专业的价值	**社会政策与服务项目** ● 可及性 ● 资格标准 ● 有效程度 ● 文化能力
与社工合作的经验 ● 积极/消极 ● 自愿/非自愿 ● 有效性 ● 合作关系	**实务经验** ● 入门级水平/高级水平 ● 实践智慧 ● 经验的深度与广度 ● 专业成长	**社会环境** ● 社区资源 ● 制度支持 ● 经济环境 ● 政治环境

四、作业演练活动：实务行为的自我测评

说明：实习生和督导可以使用下列工具来批判性地分析学生社会工作技巧的持续发展状况。微观、中观和宏观的技巧都可以使用这个工具来进行自我测评。

这个工具展示了学生从第一次尝试使用某个技巧到对其完全熟练掌握

的整个历程。这个阶段包括：准备阶段→尝试阶段→反思和调整阶段→熟练掌握阶段。

这个工具也可以帮助学生在以下的专业领域中进行自我测评：

- 发展社会工作技巧所需要的知识
- 社会工作技巧与干预计划之间的关系
- 自我的运用
- 实习成效及专业成长的自我评估

学生________________

督导________________

微观技巧测评________________

中观技巧测评________________

宏观技巧测评________________

自我测评的专业领域				
技巧发展阶段	发展技巧所需要的知识	技巧与干预计划之间的关系	自我的运用	实习成效及专业成长的自我评估
前期准备阶段	课堂上学习的哪些内容可以帮助你发展这些技巧？ 这个技巧可以在什么样的社会工作角色上使用？ 机构中有哪些政策规章和服务程序会指导这些技巧的使用？ 当我不知道做什么的时候我该怎么办？	可以运用哪些解释性理论？ 可以运用哪些实务理论和模式？ 是否涉及伦理议题？ 该技巧如何帮助干预计划达成目标？	我准备好了吗？ 在发展专业技巧的过程中，我有哪些专业天赋？ 我的经验不足会影响结果吗？	我该怎么知道我做得如何？ 当我犯错误时，我的服务对象会告诉我吗？ 我们机构是如何评估社工工作的有效性的？ 有什么证据表明，我所使用的技巧能够帮助到我的服务对象？
初次尝试阶段	我是否依循机构政策规章和服务程序？ 我的服务对象是否期待我的能力与专业社工一致？ 有多少课堂知识是我记得且可以运用的？ 我的服务对象对此有哪些知识？	服务对象的行为告诉了我什么？ 有什么是我的服务对象没有说却是很重要的？ 我和服务对象在一个频率上吗？ 这项干预计划适合我的服务对象吗？	我的服务对象会告诉我，我经验不足吗？ 我可以在会谈过程中调整我的方法吗？ 我可以相信我的判断吗？ 对于干预计划的选择，服务对象可以有何参与？	在服务对象身上进行“实践”，这是合适的吗？ 服务对象的反应告诉了我什么？ 我的预备工作有发挥作用吗？ 我的直觉告诉了我什么？

(续表)

技巧发展阶段	发展技巧所需要的知识	技巧与干预计划之间的关系	自我的运用	实习成效及专业成长的自我评估
反思和调整阶段	我怎样才能把问题回答得更好? 我知道的足够多吗? 我该如何学习更多知识以便我做得更好? 谁能在下一次的准备中帮助我?	我可以做些什么不同的事情? 我的服务对象看起来有改变的动力吗? 我的表现符合干预计划吗? 干预计划或目标是否需要改变?	下次我该如何更好地使用我的技巧? 在帮助服务对象的时候,我的自信心增加了吗? 我如何做会表现得更顺畅? 我能否专注于服务对象的议题,而不是我自己的议题?	我如何帮助我的服务对象成功? 我如何评估自己的专业成长? 我的服务对象是如何定义成功的? 我该如何调整技巧与实务模式的运用,以满足服务对象的需要?
熟练掌握阶段	在面对更具挑战性的情境时,我需要知道些什么? 我的同事和督导能教我些什么? 获得反馈的最佳途径是什么? 我该如何持续接受继续教育?	这个技巧可以用在不同的服务对象身上吗? 我该如何为服务对象量身定做干预计划? 在使用我的专业技巧时,服务对象的责任有哪些? 面对非自愿或没有动机的服务对象时,我该如何使用技巧?	我是否意识到我有哪些偏见和刻板印象? 在会谈过程中,我该如何调整我和服务对象的互动呢? 在专业上我有哪些天赋? 我怎样才能变得更加开放地去学习和评估?	我能从自我评估中学到什么? 我从我的服务对象身上学到了什么? 在不同的社会工作实务层次上,我需要什么样的能力? 我该如何向他人传授社会工作技巧?

五、作业演练活动:督导的平行过程

平行过程(Parallel Process)指的是,社会工作学生处于督导的过程,如同服务对象处于被服务的过程之中。

在下面的表格中,第一列是督导的不同维度,而第二列至第五列是你对此的回应与情绪。我们比较一下社工学生对督导的回应与服务对象对社工的回应这两者之间的相同之处,这就是所谓的平行过程。在实习的过程中,常用这个表格来提醒自己:社工学生被督导的过程,和服务对象与社工合作的过程,这两者之间真的很相像。

对干预和督导的回应				
干预和督导的维度	服务对象对干预的积极回应	学生对督导的积极回应	服务对象对干预的消极回应	学生对督导的消极回应
配合度	期待有良好的配合	期待有良好的配合	担心配合不佳	担心配合不佳
建立工作关系	乐于进入专业关系	很兴奋进入专业关系	不愿意分享个人信息	不愿意表现出自己经验及知识匮乏
需求评估	安心地面对需求评估	乐意学习需求被评估	担心受到评判	担心受到评判
优势确认	很高兴自己的优势被看见	很高兴自己的优势被看见	担心被期待过多	担心被期待过多
目标设定	期望设定目标	期望设定目标	没有社工的投入不愿意设定目标	没有督导的投入不愿意设定目标
计划实施	坦然面对计划开始执行	坦然面对计划开始执行	对于自己是否有能力圆满完成计划很担心	对于自己是否有能力圆满完成计划很担心
表现测评	很高兴有短期且合理的目标	很高兴有短期且合理的目标	对于被观察感到很不自然	对于被观察感到很不自然
困难处理	在执行计划时很高兴能得到社工的帮助去解决难题	在执行计划时很高兴能得到督导的帮助去解决难题	对于困境和非预期事件的发生感到沮丧	对于困境和非预期事件的发生感到沮丧
面对支持	感谢他人的支持和鼓励	感谢他人的支持和鼓励	希望过程能够快点	希望过程能够快点
面对错误	从错误中吸取教训	从错误中吸取教训	对错误感到羞愧和担心	对错误感到羞愧和担心
面对权力	尊重社工	尊重督导	担心社工的权力会影响到自己的个人生活	担心督导的权力会影响到自己的专业工作
绩效评估	明白建设性评估的价值	明白建设性评估的价值	对可能带来的负面评价感到焦虑或愤怒	对可能带来的负面评价感到焦虑或愤怒
面对建议	希望从社工处得到积极建议	希望从督导处得到积极建议	对社工否定的劝告感到担心	对督导否定的劝告感到担心
结束关系	准备好解除专业关系	准备好解除督导关系	对终止关系情感复杂	对终止关系情感复杂

六、建议学习活动

- 阅读机构手册并浏览机构网页，以了解机构的政策规章及服务程序。

- 让督导向你介绍机构的其他同仁，以便你能够从不同的人身上学习，观察他们的专业方法和技巧。
- 旁听可参与的员工会议或小组会议，并观察机构员工间的互动。
- 找一个方法来记录和更新你的日程，记录你的各种工作、会议和其他活动。
- 围绕机构的大楼走一圈，了解应急设施的位置在哪里，包括紧急出口、火灾警报器、消防设施等。

七、参考文献

Baird, Brian. The Internship, Practicum, and Field Placement Handbook: A Guide for the Helping Professions. 6th ed. Upper Saddle River, NJ: Prentice Hall, 2011.

Dolgoff, Ralph. An Introduction to Supervisory Practice in Human Services. Boston: Allyn and Bacon, 2005.

Healy, Karen. Social Work Theories in Context: Creating Frameworks for Practice. New York: Palgrave Macmillan, 2005.

Royse, David, Surjit Singh Dhooper, and Elizabeth Lewis Rompf. Field Instruction: A Guide for Social Work Students. 6th ed. Boston: Allyn and Bacon, 2012.

Sweitzer, Frederic H., and Mary A. King. The Successful Internship: Transformation and Empowerment in Experiential Learning. 3rd ed. Pacific Grove, CA: Brooks Cole, 2009.

八、本章回顾

服务对象、社工及实务情境的特征，这三者是如何互动并影响着理论与实务，进而导致干预成功的？

第五章

如何向督导学习

本章大纲

- 本章预览
- 基本概念与背景资料
- 重点指引与提示
- 作业演练活动：运用督导以协助学习
- 建议学习活动
- 参考文献
- 本章回顾

一、本章预览

本章将讨论专业督导的本质、功能与情境等内容，包括督导活动的不同风格、视角和取向。本章还会展现督导是如何帮助学生整合理论与实务，以及如何督导学生的专业成长。我们还会从学生和督导的双重视角出发，去检视社会工作实习的不同阶段及对督导的建议。此外，本章还会讨论常见的机构督导的形式与风格。

实习的质量通常与实习生和督导之间所建立的师生关系的质量密切相关。向一位技巧娴熟又充满爱心的督导学习，可以使你的实习经验更加充实，同时也为员工之间的正向互动提供了榜样。正如每一位学生和服务对象一样，每一位督导也有其自身的优势与局限。你应当试图了解你的督导的优势，并且善用其优势来强化你的实习。

二、基本概念与背景资料

为了了解实习中的督导并善用督导关系，我们有必要先去探究督导在机构内的目的与功能。督导一词的英文是 Supervision，其拉丁文字源的含义是“审视”和“监管”；但在现代的督导实务中已经很少强调“监督”的含义，而是强调督导者应该具备完成工作职责所需的各种技能。督导者是一位领导者、传道者和授业者。

在一个社会服务机构里，很少有比督导这一职位更具有挑战性的了。这是一份需要敏锐、技巧、常识、委身、幽默和智慧的工作。督导者是介于一线社工和高层主管之间的协调和沟通管道。他们通常代表机构与其他机构和社区进行交流互动。此外，他们常常面临许多具有挑战性的任务，例如回应服务对象对机构项目或机构员工的不满等。督导的工作众多，服务对象、机构员工、捐款人及行政主管都对督导有着很高的期待；而督导实习生只是他们诸多工作职责中的一项。

虽然督导身上承担着众多期待，但这也是一项能够令自己有成就感的工作，特别是当我们理解并体会督导的教育功能时。看到社工新人或实习生不断学习与成长，这将是一种令人满意和鼓舞的经历。这也是为什么许多机构中的督导已经相当忙碌了，但他们仍愿意选择来担任社会工作实习生的督导工作。希望你的机构督导对专业有很强的责任感，并且乐于给你传授社会工作实务的技巧。

Kadushin 和 Harkness(2002)将机构中的督导功能分为三种类型：行政功能、支持功能、教育功能。督导的行政功能(Administrative Function)包括招募、选择和安置新员工，布置和协调各项工作任务，监督和评价员工的表现，促进组织内上下沟通的顺畅，为员工争取权益，在员工和行政主管之间担任缓冲器，代表机构面向社会大众，推动机构必要的改革。

督导的教育功能(Educational Function)关注的重点在于为新员工和老员工提供正式或非正式的训练。本质上而言，督导应当确保员工接受必要的训练，以便他们能够在各自的岗位上表现出色。此外，督导还有责任去检视和确认训练需求，并提供持续的在职训练。

督导的支持功能(Supportive Function)则强调督导应当维护员工士气、培养团队合作、推动员工对机构使命和目标的认同、给予员工支持与鼓励，并处理员工之间的冲突及遇到的挫折。支持功能至关重要，因为在社会服务机构里工作压力和职业倦怠是普遍现象。督导必须致力于创造一个能够为服务对象提供高品质服务的工作环境，并且给予那些时常感到沮丧和缺乏感动的员工以支持。

在实习的过程中，你的机构督导会发挥这三种不同功能。他会留意你在机构中的工作表现是否恰当，是否符合机构的规章制度与服务程序；他也会察觉你的担忧与不安，并理解你除了实习的任务之外，还有其他的个人责任；他还会竭尽所能来促进你的学习，但归根结底，他主要的责任仍在于机构和服务对象。

督导有不同的类型，每一种类型的督导都有其特定的目标，并发挥着重要的作用。每种类型的督导都有其对应的需求和情境，建议你能够开放自己，去尝试接受不同的督导类型。通常，你会接受以下不同类型的督导：

- 个别督导(Individual Supervision)：机构督导与实习生定期面谈。
- 团体督导(Group Supervision)：机构督导与一群学生进行面谈。
- 同辈督导(Peer Supervision)：一小群社工参与讨论，并为学生以及彼此之间提供指导与建议。
- 正式的个案研讨会(Formal Case Presentations)：由一位或多位社工介绍他们自己特定的案例，并邀请与会者提供指导和建议。
- 临时性督导(Ad-hoc Supervision)：非计划性的督导，通常时间较短，根据实习生的需要来讨论特定的议题。
- 虚拟督导(Virtual Supervision)：以电脑、电子邮件或者互联网为基础的督导。
- 角色扮演(Role Playing)：学生通过扮演服务对象或者社工的角色来演练技巧。
- 示范(Modeling)：在督导或者真实干预的过程中阐述技巧的运用。

当社工扮演了实习生的机构督导角色时，他就必须承担一些特定的伦理义务(Ethical Obligations)。督导有责任保证被督导者所提供服务的质量，在伦理上，他们应当具备担任督导所需的知识和技巧。他们被期待运用有效且适宜的方法来评估被督导者的表现，并帮助他们学习知识和技巧。他们必须谨慎地处理督导关系，维持专业界限，并避免复杂且具有破坏性的双重关系。

毫无疑问，你的机构督导会谨守这些伦理责任，因此你可以期待机构督导能以合乎伦理和专业的态度来处理督导关系。有时候，机构督导的某些行为也会促使学校督导和实习主任重新评估这位机构督导是否适合担任学生的督导。例如，机构督导没有时间督导学生，以至于学生很难找到机构督导；机构督导缺乏内在的兴趣督导学生，以至于几乎不去教育和监督学生等。希望你不要遇到一位不称职或不合乎伦理的督导，但这种情况还真有可能发生。如果你的机构督导表现出这样的行为或态度，你可以咨询你的学校督导或实习主任，来决定可以采取什么举措确保你能够获得保证质量的督导。

社会工作者在担任机构督导的时候，还有许多法律义务（Legal Obligations）。这些责任建立在转承责任（Vicarious Liability）的原则上，这意味着一位督导需要对被督导者的行为负责，不管是好的还是坏的。机构督导的角色是训练者、指导者和督导者，因此他必须尽力去帮助被督导者避免渎职（采取违法或是错误的行动）、失职（采取有伤害性或是错误的行动）或懈怠（未能尽责行事）。此外，督导者与实习生都应当持守相应的照顾标准（所提供的处遇或介入的类型、层次或具体形态，对某一服务对象的特定情境具有针对性与适用性）和实务标准（基于合理性原则而提出的专业期待，即一位理性而审慎的专业人士在类似情境下可能采取的行动）。

不同的督导有着不同的风格和工作方式，这些都将深深影响学生在机构的实习经历。这些风格和工作方式并没有好坏之分或孰优孰劣。哪种风格更有效，这与工作内容和性质有关，也与被督导者的学习程度及过去经验有关。表 5.1 解释了不同风格的督导取向，实习生们需要对此了解并适应。

表 5.1　不同督导的维度与取向

过程取向	取　向	任务/结果取向
快速完成工作任务	工作节奏	有条不紊地完成工作任务
保持权威和权力	权威与权力	分享权力，并赋权他人
独立决策	决策方式	共同决策
书面契约	实习契约的形式	口头与书面契约
关注细节，以期达成目标	对细节的关注程度	关注整体性，把细节留给他人
细致监督，防止实习生出错	监督与指导	强调自主性，假定实习生会成功
将个人生活和专业活动进行切分	工作关系	相信个人生活对专业活动有影响
只有在必要的时候进行授权	工作授权	很乐意向实习生授权
将实习生的专业发展视为自己的工作责任	专业发展	为实习生提供安全和激励性的专业发展机会

三、重点指引与提示

学习运用督导是学生实习成功的关键所在。因为社会工作本身充满了挑战，且有时有不小的压力，而我们的工作会直接影响服务对象的生活，所以需要机构督导的指导、引领、支持和反馈。社会工作者运用督导来帮助他们解决困难境遇，并获得对工作表现的反馈和支持。学会运用督导以促进专业发展是你实习中的一项重要工作。

你应当以有目的和负责任的方式去运用督导。建议督导会谈每周定期举行，这样你就不会为了每次都要安排合适的时间而烦恼。在与机构督导进行督导会谈之前，你应该做好准备，并且不能期待讨论中都由机构督导一个人讲话。你应该带着自己的问题、观察及期待获得的反馈进入督导会谈，好好利用这个时间来检视自己的工作表现并探索新的观点。

如果你能有意识地善用督导，你就会有意识地去增强专业技巧和能力。这也是为什么在社会工作教学计划设计与执行的时候，学校和实习机构会如此密切合作。它们双方都了解专业发展的阶段，因此希望通过实习，让资深的社工来带领学生尝试整合理论与实务，并学习专业技巧。对于督导和实习生而言，在督导会谈中讨论以下问题是双方的责任。这样可以帮助实习生进入一个反思性的过程，以获取专业技巧和实务行为。实习生如果能够积极投入督导关系，那他将会获得更多有关实务及有关自己的知识。

你和你的机构督导会在督导会议中讨论许多议题，我们可以将之划分为两大类型的督导内容。第一类督导内容是针对你正在做的事情和你对服务对象进行的干预，以下将会列出和服务介入有关的问题；第二类督导内容是针对实习生个人的专业发展，我们同样也会对此列出一系列的问题。

1. 关于干预的讨论

- 在实务情境中，社会工作者被期待扮演何种专业角色？
- 在对服务对象进行干预时，是什么决定了我们该从哪个实务层次入手？
- 有哪些解释性理论可以帮助我们去解释个体、家庭、团体、组织、社区和社会的发展历程？

- 有哪些解释性理论可以帮助我们去解释一个社会问题发生的原因？
- 有哪些实务理论和模式可以帮助我们制订干预计划？
- 干预计划在满足服务对象需要的过程中，还存在哪些影响因素？
- 实践智慧(Practice Wisdom)在干预过程中扮演了什么角色？
- 直觉在干预过程中扮演了什么角色？
- 社会工作研究在干预过程中扮演了什么角色？
- 社工该具备哪些文化能力，以帮助形形色色的服务对象？
- 你能够从错误中学到什么？
- 书本知识该如何运用于现实生活场景？

2. 关于专业发展的讨论

- 实习生在实习过程中该如何学习基本技巧和高级技巧？
- 实习生该如何善用自己的学习风格来获得专业成长？
- 在职业发展历程中，社工是如何运用督导的？
- 有哪些专业技巧和实务行为是可以运用在不同层次的实务工作上的？
- 对于解决社会问题而言，为什么通才技巧(Generalist Skills)是如此重要？
- 服务对象能够教会我们什么？
- 什么可以用来测量我们的专业发展？
- 有哪些技巧和实务行为可以被使用在不同的实务场域中？
- 对于社会工作本科生和研究生而言，你的工作表现被期望达到什么层次？
- 一位社会工作者何时能够做好准备去督导其他人？

在进行督导会谈的时候，你可以带着这些问题，和你的机构督导进行专业对话。善用督导对你助益无穷，既能使你有机会对干预措施进行讨论，又能帮助你获得专业成长。持续地使用督导和给予他人督导，这是社会工作实务中的一项重要元素。希望你的督导能够对你提出有针对性、细致和有思考性的问题，以深入了解及监督你的实习工作。督导们通过询问这些问题来为你提供支持，并确保服务对象都能得到良好的服务。督导者会帮助你分析你的工作表现，探究一项干预为何得以成功，并发展你的批判性思维技巧。针对你所从事的具体案例，以下所罗列的问题可以帮助你深入反思并不断成长。我们依据助人历程的阶段对这些问题进行排列。

督导扮演着提供指导和给予反馈的双重角色，如果你能够在实习过程中打开自己并接受督导，就会增加你的成功机会。面对机构督导对你工作表现的评估，你可能会感到焦虑。但这正是机构督导的责任，学校邀请他们来指导你的学习，并给你提供建设性的意见，借此来帮助你更好地认识自己，更好地掌握知识和技巧。为了协助你不断发展你的知识和技巧，机构督导会对你的工作表现进行持续的评估。在你实习的各个阶段，你会获得机构督导对你的反馈、建议和建设性意见，让你在专业上不断成长。如果情况不是如此，你则需要和你的机构督导进行讨论，并请求他对你的工作表现提出持续的评论。你的督导提出的问题，可能和表 5.2 所罗列的问题类似。

表 5.2 基于计划性改变过程(Planned Change Process)而设计的督导问题
接案阶段
服务对象是自愿的还是非自愿的? 在服务过程中,你运用了什么技巧来与服务对象建立关系? 服务对象的问题是什么? 服务对象的改变动机有多大?
预估阶段
你收集到了哪些信息? 你是如何对其进行解释的? 你认为服务对象的问题是什么? 他有哪些优势? 你设定的服务目的与服务目标是什么? 你制订的干预计划是什么?
实施阶段
在实施干预计划的过程中,服务对象的角色和责任是什么? 在实施干预计划的过程中,你的角色和责任是什么? 有哪些解释性理论可以说明干预计划? 有哪些实务理论和模式可以指引干预计划?
评估阶段
你是如何监测服务目的与服务目标的达成的? 在什么程度上服务计划的目的与目标算是达成了? 在进行成效评估时,你采用了什么评估方法和测量工具? 你是如何进行结案的?

你的机构督导将会在期末的时候对你的学习和实习表现进行综合评价，这会成为你实习总成绩的一部分。这个综合评价来自机构督导和社工对你工作表现的直接观察、你自己对学习和实习表现的口头陈述与书面陈述、服务对象对你的反馈，以及在社区中与你共事过的其他社工们对你的观察。

随着实习的开始，你逐渐承担新的责任，你或许会害怕自己犯下严重错误或在某些情况下伤害到服务对象。有这样的担心很正常。事实上，如果你没有这些忧虑，你的督导反而会对你表示担忧；因为这意味着你可能过于自负，或是你还不太明白自己所处情境的严重性。不要为表达你的害怕而感到犹豫。你的机构督导会协助你来处理这些问题，并帮助你做好准备面对任务。请专心于知识，其实大部分新手实习生遇到的困境，不在于做了什么而伤害到服务对象，而在于过于谨小慎微而不敢尝试。

面对你的差错和疏漏，机构督导不仅仅将之视为错误，更将之视为你在失败中得到的学习和成长，这让你能够更好地面对未来充满挑战的情境。希望通过机构督导给你的建设性反馈意见，你能够学会如何观察、评论、评价、指导和确认你自己的实务工作。这不仅让你看到督导的价值，更让你看到对工作进行持续自我测评的价值。

督导是一个互动的过程，很多时候它就类似于社工与服务对象之间的助人关系与助人历程(Shulman, 1992)。为了帮助你改善你的实习表现，你的机构督导会使用很多技巧，这些技巧与社工在面对服务对象时所使用的助人技巧十分相似。例如，给予指导和支持，提供反馈，辨识优势，在必要的时候进行面质等。仔细观察督导是如何在你身上使用这些技巧的，因为这会有助于你将这些技巧运用于服务对象身上。面对教导和反馈保持开放的姿态，这样会帮助你更好地成长。然而，督导并不提供心理咨询与心理治疗。如果你需要就自己的个人问题或与实习有关的问题进行心理咨询时，请寻求其他专业人士的帮助，而不是让你的机构督导来为你提供心理辅导。

在实习的过程中，实习生会经历几个不同的阶段，包括开始阶段、探索和技巧建立阶段、具备能力阶段。在实习的每个阶段，机构督导都会为你提供特定类型的协助，以帮助你成为一位专业人士。当你正式迈入实习场域时，请留意表 5.3 所描述的实习阶段的转换。

表5.3 实习的阶段：学生和督导的体验		
	学　生	督　导
开始阶段	**反应** 激动、兴奋、焦虑、不确定、不知所措、困惑、做好准备、充满动力、自信、担心犯错误、对于要被观察而感到踌躇	**反应** 有教学热情、期盼学生有能力、尝试抽出时间来督导学生
	责任 参与机构介绍和训练、熟悉机构的员工和服务项目、参加机构会议、拜访其他机构、制订学习计划	**责任** 提供机构介绍和训练、提供指引、给予鼓励、协助学生选择学习活动、支持最初实践行为的尝试、识别学生的能力和不足
探索和技巧建立阶段	**反应** 焦虑减少、更具现实感、有动力、自信提升、乐于被观察、由于成功而动力更足、从错误中学习	**反应** 有信心给予学生更多的自主性、了解学生优势和不足以及对督导的需求
	责任 承担责任、执行学习计划、发展专业的知识与技巧、整合理论与实务、能够接触到机构的各项工作、在实务的不同层面获得经验、扮演不同的社会工作角色、识别优势、确认不足	**责任** 监督学习任务的完成情况、提供指导性和纠正性的反馈、帮助积累经验、协助学生整合理论与实务、帮助学生承担更多挑战性的任务
具备能力阶段	**反应** 在技巧上自信增强、增强洞察力、提高自我认知、对专业职位有动力	**反应** 对学生作为初阶的实务工作者充满信心、肯定学生的能力
	责任 识别自己的专业发展需要、完成了实习的大部分内容、较少需要督导和指导、独立识别任务、能够整合理论与实务、熟练技巧的运用	**责任** 帮助学生熟练技巧、给学生布置更多的实习任务、期望学生独立自主的表现、帮助学生将学习经验运用到其他领域与人群

许多实习生在进入实习时往往期待他们的机构督导是一位真正的良师益友。如果真的如此的话，那对实习生而言将是一段不错的经历。好的督导将成为学生的榜样，能指引和鼓舞学生去追求更高层次的能力。但由于种种原因，这样的情况未必会实现。即使你的机构督导不能成为一位真正的良师益友，但他依旧可以有效地教导你需要知道的事情，但如果你需要一位生命导师，或许你要到机构以外的地方去寻找。

有时，督导关系也会发生冲突。例如，你也许会认为你的机构督导没有给你足够的督导时间，也不够关心你的学习需求；你也许会觉得你的机构督导控制性太强或者结构性太差；或许你们彼此之间有着截然不同的人格特质；或许你和你的机构督导在性别、肤色、种族、年龄等方面存在差异，这或多或少也会影响你们之间的关系。如果你们之间有冲突，请把它讲出来，不要回避问题或躲避督导。在实习中，你被期待找到解决这些问题的方法。如果你和机构督导之间的问题无法处理，那就应该咨询你的学校督导。

你要警惕不要和机构督导发展出双重关系。他是你的督导，而不是你的朋友或心理咨询师。虽然学生和督导关系中会有一些友谊的成分，但是当机构督导必须给予反馈，而学生需要接受时，这种关系就可能成为一个问题。在你的实习期间，如果你有个人问题，你不应该要求和期待你的机构督导为你提供心理咨询。如果你真的需要这样的服务，请通过其他方式来寻求帮助。

四、作业演练活动：运用督导以协助学习

1. 你的机构督导是否也在机构内督导其他工作人员？如果是的话，他督导的工作人员有哪些？

____

____

2. 谁督导你的机构督导？

____

____

3. 你的机构督导之前是否督导过其他社会工作实习生？如果是的话，他曾经督导过多少名学生？

____

____

4. 你的机构督导是否接受过有关社会工作督导的培训？

____

____

5. 你的机构督导是否参加过由学校主办的实习督导培训及实习说

明会？

6. 你的机构督导是否因为具备一些特定的知识、经验和技巧而出名？你该如何从他身上学会这些东西？

7. 你希望你的机构督导能够在你实习的哪些部分给予反馈？

8. 在你实习的哪些部分，你格外害怕从你的机构督导那里获得反馈？这些感受告诉你什么？

9. 对于你的实习，有哪部分使你感到担忧吗？有什么正向的方法来应对这种担忧呢？

10. 通常而言，面对个人的学习和成长，人们会躲避他们最需要的经验。你是否在躲避某些实习的相关经验？如果是的话，你又该如何获得这些经验？

11. 你是否可以从机构的其他社工身上进行观察并获得他们的督导？

12. 在你的实习过程中，你可以获得以下哪些实习经验？想办法尽可能参加这些不同形式的督导活动。

________在你和服务对象结束会谈后，找你的机构督导讨论可能的决策与行动。

________和你的机构督导讨论，你的干预是否和特定的视角、理论与模式相吻合。

________通过观察他人来学习你想学的技巧和技术。

________通过角色扮演和模拟的方式来演练你想要学习的技术、技巧和方法。

________采用头脑风暴的方法来讨论某一问题的不同处理方法。

________观看或收听资深社工与服务对象会谈的录影。

________阅读并讨论与你想要学习的技巧有关的文献。

________回顾和讨论其他社工所做的案例或书面的服务记录。

五、建议学习活动

- 在同辈督导的会议中，报告你正在介入的一个案例，并寻求其他社工的建议。
- 在可能和适当的情况下，与机构内不同的社工、督导、行政主管一同工作，以帮助你观察不同的督导风格。
- 询问你的机构督导，机构是如何为自己的员工提供支持的，例如通过员工协助计划(EAP)或继续教育等。
- 阅读 Sheafor 和 Horejsi(2012)所著书上有关“提供和接受督导”(438—441)及“发展自我意识”(427—429)的章节内容。

六、参考文献

Aasheim, Lisa. Practical Clinical Supervision for Counselors: An Experiential Guide. New York: Springer Publishing Company, 2011.

Baird, Brian N. The Internship, Practicum, and Field Placement Handbook: A Guide for the Helping Professions. 6th ed. Upper Saddle River, NJ: Prentice Hall, 2011.

Coulshed, Veronica, Audrey Mullender, David N. Jones, and Neil Thompson. Management in Social Work. 3rd ed. New York: Palgrave Macmillan, 2006.

Dessler, Gary. Supervision and Leadership in a Changing World. Upper

Saddle River, NJ: Prentice Hall, 2012.

Dolgoff, Ralph. An Introduction to Supervisory Practice in Human Services. Boston: Allyn and Bacon, 2005.

Hawkins, Peter, and Robin Shohet. Supervising in the Helping Professions. New York: Open University Press, 2006.

Hayes, Robert, Gerald Corey, and Patricia Mouton. Clinical Supervision in the Helping Professions: A Practical Guide. Pacific Grove, CA: Brooks/Cole, 2003.

Kadushin, Alfred, and Daniel Harkness. Supervision in Social Work. 4th ed. New York: Columbia University Press, 2002.

National Association of Social Workers. Code of Ethics. Washington, DC: NASW Press, 1999.

Pecora, Peter, David Cherin, Emily Bruce, and Trainidad de Jesus Arguello. Strategic Supervision: A Brief Guide for Managing Social Service Organizations. Los Angeles: Sage Publications, 2010.

Sheafor, Bradford, and Charles Horejsi. Techniques and Guidelines in Social Work Practice. 9th ed. Boston: Allyn and Bacon, 2012.

Shohet, Robin, and Peter Hawkins. Supervision in the Helping Professions. 3rd ed. Columbus, OH: Mayfield Publishing, 2007.

Shulman, Lawrence. Interactional Supervision. 3rd ed. Washington, DC: NASW Press, 1992.

Weinbach, Robert. The Social Worker as Manager: A Practical Guide to Success. 6th ed. Boston: Allyn and Bacon, 2011.

Weisman, Daniel. Professional Writing for Social Work Practice. New York: Springer Publishing Company, 2012.

七、本章回顾

实务练习

1. 在美国，除了各州对社会工作督导有职业标准的要求之外，________

对督导还有额外的要求？

A．大学

B．美国社会工作专业人员协会（NASW）的伦理守则

C．工会

D．服务对象权益倡导机构

2．以下哪些情况，督导必须被告知？

A．社工发现不法行为

B．服务对象的抱怨

C．治疗结果

D．同事的拖拉作风

3．由于督导者和被督导者之间的关系过于密切，所以他们有可能产生双重关系。关于双重关系，社工应该知道：

A．这是不可取的行为

B．这是违法的行为

C．这是被鼓励的行为

D．美国社会工作专业人员协会（NASW）的伦理守则中没有涉及该议题

4．督导最基本的伦理责任是针对：

A．被督导者

B．社会

C．捐助方

D．服务对象

5．督导应当对被督导者的行为负责，这是因为：

A．民事侵权法（Tort Law）

B．转承责任（Vicarious Liability）

C．专业责任

D．粗心大意

6．对员工的工作表现进行评估，其最重要的功能是：

A．为了满足法律对结果的要求

B．为了让捐助方满意

C．确保服务质量

D．推动被督导者的专业发展

7. 社工和督导之间的关系，与社工和服务对象之间的关系，这两者之间有何异同之处？我们该如何运用对此问题的看法，来帮助我们更好地同理服务对象对于社工介入他们生活所产生的反应？

第六章

实习中的人身安全议题

本章大纲

- 本章预览
- 基本概念与背景资料
- 重点指引与提示
  - 处理可能有暴力倾向的服务对象
  - 个人人身安全
  - 处理家访时的潜在危险
  - 处理多人间的激烈争执
  - 机构处理有暴力倾向服务对象的程序
- 作业演练活动：降低伤害风险
- 建议学习活动
- 参考文献
- 本章回顾

一、本章预览

本章将讨论社会工作实务中的潜在危险，并探究如何通过辨识实务中常出现的危险类型与来源，来确保实习生的人身安全。因为，我们对实习中的潜在危险越熟悉，对机构的相应政策和程序越清楚，就越能保护我们的实习生与服务对象。如果实习生能够提高警惕，并采取预防性的措施，就能降低被伤害的风险。我们应该教导实习生在面对暴力威胁、暴力升级和暴力发生后，应该采取哪些步骤与行动。

服务对象的问题往往令人焦虑并非常个人化，有时，社会工作者会发现自己的情感负载过多，这也会增加社工与服务对象受到伤害的潜在风险。尽管社会工作者将自己视为助人者，并期待大多数时候服务对象能够合作，但有时候他们也必须去面对愤怒、暴躁和具有威胁性的服务对象。针对社会工作者的暴力事件在不断增加，可能的原因包括服务对象对于社会服务系统的失望，服务经费的削减，社会中犯罪、药物滥用、暴力事件的增加，以及部分服务对象的反权威反社会态度。考虑到潜在危险的存在以及加诸于社会工作者的暴力事件，社会工作实习生有必要知道如何规避风险，以及当遇到危险时该如何处理。

除了特定情境和特定实务工作会让社工遭受身体伤害之外，长期暴露在与工作有关的危险情境下，也容易让社工产生许多负面的情绪和结果，如焦虑、士气低落、职业倦怠、家庭压力和人员跳槽等。作为社会工作实习生，你必须意识到你可能面对的危险，同时也必须演练特定的预防措施来降低你身受危险的可能性。除此以外，你必须知道，当你身处险境的时候你该采取哪些步骤与行动，而不应该傻傻地认为你不会遇到危险，或者没有经过特定训练和指导就去处理这类情境。

二、基本概念与背景资料

通常而言，社会工作者可能会遭受伤害的来源如下：

- 服务对象感到愤怒，或觉得受到机构及其员工的不公正对待。
- 服务对象由于酒精成瘾或药物成瘾这样的高风险因素，而需要特别治疗。
- 具有强烈反抗权威心态的服务对象。
- 具有不太稳定的精神健康状况，例如幻觉、怀疑、冲动控制障碍等，特别是有部分人还终止定期服药。
- 服务对象的生活面临巨大压力，并且他们相信自己已经找不到生命的出路。
- 服务对象有暴力行为与暴力史，喜欢通过暴力来解决问题，并且有机会接触到武器。
- 社会工作者发现服务对象正在参与非法行动。
- 服务对象有着长期的自我虐待史。
- 服务对象孤立无援，且没有有效的社会支持。
- 有犯罪意图和倾向的服务对象，经常出现在机构附近或社工外出办事的途中。
- 在医院和其他健康照顾机构，或在家访服务对象时，可能会遇到生化物感染或有毒物品伤害。

此外，在某些类型的社会服务机构中，社工受到危险的可能性会更大，例如：儿童保护机构、矫正机构、司法精神病院、游民安置机构，以及为那些具有攻击性和易冲动的青少年提供服务的机构等。这些机构原本就具有潜在的危险性，因为其中有许多服务对象都有暴力倾向。但其实，社会工作者在任何实务情境中，都有可能遭遇来自服务对象的威胁，因为服务对象与社会工作者之间的互动常常会遇到情绪起伏的状况；即使服务对象并没有施暴史或高危险行为，在某些情况下，他仍可能会给社工带来威胁。

某些社会工作实务的内容与服务处理的方法，也会使得社会工作者面临较高的风险。这些活动包括：针对儿童虐待案件的初次调查，强制将受虐儿童带离原生家庭，为家庭暴力受害者提供保护服务，对帮派青少年的外展服务，为有暴力倾向的青少年提供服务，为药物滥用和酒精成瘾的服务对象提供服务，强制转移服务对象，某特定类型脑部受伤或心智迟缓的服务对象进行行为复健，监督犯罪矫正机构中的服务对象等。在这些情境下，社会工作者的某些行为或行动，常常会被服务对象认为是具有威胁性和强制性的。这会导致服务对象产生激动情绪与防卫姿态，因而会倾向使用暴力来回应。与那些有潜在危险性的服务对象一起工作，社工常常会面临非常巨大的挑战，包括如何保持人道、开放、接纳服务对象；与此同时，我们也必须对于可能遭遇的危险与攻击保持警惕。非常重要的是，我们不应该假设每一位服务对象都具有威胁性，但我们必须知道有哪些服务对象较有可能产生威胁。

社会工作者经常会遇到来自服务对象的口头谩骂，由于大部分情况下并没有导致身体的暴力袭击，所以社工们容易掉以轻心。他们可能会把口头危险看作是工作的一部分，错误地认为服务对象只是在吓唬人，从而放松警惕。还有一些社工错误地认为自己接受过基本的助人技巧训练，所以相信自己一定可以通过会谈处理这样的情境。这些过度自信的社工往往低估了危害的严重性，并错误地认为自己并不需要参加有关如何面对危险情境的训练。如果你是在医院或者其他健康照顾机构中实习，你必须留意工作环境中可能的各种生物化学伤害，你需要接受相关的训练，知道如何保护自己免受病毒的感染及有害生化物质的影响，例如接触过人体体液的卫生纸、衣物、床单、枕头等。在某些特殊情况下，你需要戴好口罩和手套后，再和服务对象进行会谈。这样既能保护你免受病毒感染，也能保护易受伤害的病患。此外，实习生有时也会收到来自服务对象的恐吓电话或电子邮件，因此在机构里你需要接受相应的训练，这样才能保护你自己、你的同事及服务对象。

三、重点指引与提示

我们需要记住的是，如果我们能够对情绪高涨的过程及如何采取处理行动有所了解，那么大部分针对社工的暴力行径是可以预防的。大部分所谓危险的人际情境都是由双方的紧张程度不断升级而造成的，且随着时间的流逝，这种紧张会愈加严重。我们必须去理解这种紧张程度不断升级的过程、服务对象在每个阶段中的需要与感受，以及我们对此可以采取哪些行动与干预措施，以降低紧张的程度与风险的可能性。

通常而言，我们越早介入，就越容易预防紧张程度的升级与服务对象的情绪失控。其实，采用暴力行为的服务对象，他们除了愤怒之外，往往还有很多其他的情绪。在这种情况下，他们往往会感到恐惧、被论断、被威胁、孤独、无助、委屈、被误解、绝望、挫败、想要复仇。理解人们在格外沮丧时五味杂陈的心情，可能会促使你理解他们的想法并对减少潜在危险的情况有所帮助。

面对所有潜在的暴力情境，我们都可以将其划分为三个阶段：预防阶段、处理暴力威胁阶段、处理暴力行为阶段。庆幸的是，这样的情况通常可以被预防、缓和及解决，真实的暴力行为不一定会真正发生。如果情况不是如此，那社工就必须被告知面对暴力发生时，他们该做好哪些准备。表 6.1 阐述了社会工作者在不同的机构和情境中，该如何保护自己。

表 6.1　处理潜在的暴力情境

暴力情境的发展阶段	服务对象的情绪与行为	社 工 的 措 施
情绪升级与预防阶段	表现出情绪激动，但仍旧在其控制范围之内 语言宣泄或出奇的平静 行为在服务对象控制范围之内	识别服务对象表象背后的情绪，如恐惧和受伤 给予同理，并运用积极聆听让服务对象感到被重视 尝试减缓紧张程度，平缓情绪，处理议题

（续表）

暴力情境的发展阶段	服务对象的情绪与行为	社工的措施
处理暴力威胁阶段	开始情绪升级，并有非理性想法，不再在服务对象控制范围之内 进行语言攻击，恐吓，并威胁要采取暴力 如果情绪无法平缓或其需求无法满足，行为便会开始不在服务对象控制范围之内	继续试图建立友善的关系，将焦点从服务对象的情绪转移到他的行为之上 设定言行举止的限度，并持续评估危险的程度 提供服务对象可能的解决方案或其他选择，而非使用暴力，并设计逃离的计划
处理暴力行为阶段	威胁的举动，实施身体上的暴力行为 行为不断失去控制，暴力程度开始升级 使用武器或拳脚来攻击社工	如果安全无法得到保障，离开机构或进行逃离 打电话给机构其他人员、安保部门或司法部门 运用自我防卫措施，制订安全计划，进行逃离

（一）处理可能有暴力倾向的服务对象

针对潜在危险，我们提供了以下一系列的指引，以帮助你识别可能的危机情境，预防和处理危险情境，并解决出现的暴力情境。

- 我们需要记住，过去的行为可能是未来行为最佳的预测因素。在你和不认识的但具有潜在危险的服务对象见面前，先阅读一下机构过去的服务记录，或与当地的警察局联络询问服务对象的信息，这有助于你研判可能受到伤害的风险。
- 当你为有潜在危险的服务对象提供服务时，尽量去除你办公室里所有可能成为武器的工具，包括剪刀、订书机、镇纸和其他小型但坚硬的物品。
- 在与有潜在危险的服务对象进行会谈时，将办公室的门保持半开状态。
- 在你和有潜在危险的服务对象进行会谈前，先告知其他工作人员，并商议好求救信号。在办公室内安排座位时，让你的位置更靠近门。用桌子或者其他障碍物将你和服务对象分隔开。
- 避免与服务对象在办公室单独见面。假如必须要有这样的会面，将其他办公室的灯打开，让服务对象觉得随时可能会有其他人进来。
- 当你和一位情绪愤怒的服务对象面谈时，在确保自身安全的情况下，尽可能保护服务对象的隐私。

- 确保所有的安全保护程序及措施都运作正常，如呼叫系统、求助信号的设定等，以便危急关头可以呼叫同事们。
- 当服务对象可能有酗酒或药物滥用的状况，即便你与他十分熟悉，你仍然要非常小心，因为这样的服务对象的行为无法预料。
- 对那些涉及违法活动的人要保持警惕，例如他们正在制作或贩卖毒品，此时，你的出现或你看到他们的所作所为会被视为一种威胁；这时，为了保护自己、防止你报案，他们可能会伤害你。
- 在控制和激发威胁行为的过程中，社工的态度都扮演着重要的角色；因此，社工应当保持一个正向、非批评的态度对待服务对象。
- 尽量不要分享个人信息，包括电话号码、家庭住址等，特别要留意社交媒体的使用，因为这会让你陷入危险境遇。

（二）个人人身安全

- 服务对象之所以使用威胁或暴力，通常是因为他们觉得其他的沟通方式无效，因此使用能够促进良好沟通的技巧，协助服务对象用语言来表达他们的感受与想法。
- 增强结构和减少刺激，都可以协助服务对象保持平静并增强自我控制。
- 通常情况下，我们遭受到服务对象的攻击，大都是因为他们感到害怕或是受到威胁。因此，你可以用语言和行动来表达同理心，减缓服务对象的恐惧。
- 以姓名称呼对方。不要与愤怒的人争辩或是给予批评。避免做任何让对方认为你在取笑或侮辱他的事情。
- 相信你的直觉。其实在你内心深处有能够发现危险的潜意识机制，这个机制的反应通常比理性思考要来得快。如果你感到害怕，你就应该假定自己已经处于危险状况之中，即使你不太清楚自己为何会如此害怕。
- 不要在愤怒的人面前采取站立的姿势，因为站立的姿势会让对方感到权威感和受威胁。
- 当服务对象在心理上或者身体上感受到被陷害或控制的时候，他很有可能会发动攻击。因此在可行的状态下，让服务对象有选择的机会，允许他们离开，而不是规定他们一定要继续留在这里。

- 应当对产生暴力攻击的前奏信号有所警觉，如呼吸急促、咬牙切齿、瞳孔放大、鼻孔冒气、说话声音加大、拳头紧握、逼人的颤动等。
- 让愤怒者能够宣泄情绪，通常，大多数愤怒的人在发泄或谩骂两三分钟后就会平静下来。也有人会被自己的话刺激到，越说越气。如果是这种情况的话，那说明危险程度在提升。
- 千万不要触碰愤怒的人，特别是当他们受到药物滥用的影响，也不要进入他们的个人空间。这时候，应当至少和他们保持 4 英尺(约 1.2 米)以上的距离。
- 愤怒或危险的人通常会攻击看起来比较柔弱或不太有自信的人。因此，你要表现出镇定、自信，但又不傲慢。
- 假如对方持枪或用其他武器威胁你，你应该向他保证自己完全没有伤害他的意思，并且慢慢往后退。不要去尝试让对方放下武器，那是警察和保安的任务。

(三) 处理家访时的潜在危险

- 在事先没有和他人讨论或者没有制订降低危险的计划之前，不要前往可能会有危机的地方(服务对象的家里)。当需要寻求同事或警察的协助时，不要犹豫。
- 当你到服务对象家中拜访时，你应该事先向机构告知你的计划和行程，并适时打电话给机构报平安。同时，记得随身带好求助工具(例如手机、紧急呼叫器、对讲机等)。
- 在任何情况下，前往有潜在危险的服务对象家中进行家访时，必须有两位社工一同前往。
- 除非有充足的理由无须提前通知服务对象，否则在家访前，请事先联络对方。
- 除非必须进行家访，否则应该考虑在一个中立的环境下与服务对象见面。
- 在家访时，最好不要马上进入服务对象的家中，你应该先花几分钟观察周围的情况，以判断是否有危险。听听是否有施暴的声音，观察是否有失控的行为。考虑一下是否需要有人守候在附近，以备不时之需。

- 事先观察好紧急逃生路线。
- 需要警惕的是，枪支通常都被放在卧室里，而厨房里会有刀具或其他可攻击人的器具。如果对方准备去拿武器，请立刻离开现场。
- 请注意离开房间的服务对象很可能会携带武器再回来。
- 不要坐在太软且塌陷的椅子或沙发上，这会让你不容易起身。请选择坐在比较坚硬且可移动的椅子上，因为必要时可以用它来阻挡威胁者。
- 将你的车子停在方便你可以最快离开的位置上。
- 将你的车子保持在良好的工作状态下并加满油，这样不至于让自己困在危险或孤立的地方。
- 学习有关毒品以及毒品制造器具的相关知识，以便在进入这样的环境时，可以很快地识别出其中的危险。
- 在家访前尽可能了解这个家里还住着哪些人，包括这些人是否有反权威的心态、暴力史或与服务机构打交道的经验等。
- 如果你觉得自己被跟踪了，请立刻前往警察局、消防队或者其他公共场所。当你确认有人在跟踪你，千万不要直接回家。
- 如果你要前往可能会有危险的地方，尽可能穿着适合奔跑的鞋子和衣服。不要戴长的耳环和项链，因为它们容易被拉扯而让你受伤，同时也会阻碍你奔跑。
- 可以考虑随身携带自卫工具，例如辣椒喷雾之类的，并在家访前学会如何使用。
- 事先做好撤退计划，包括离开的借口等。

（四）处理多人间的激烈争执

- 当有两个或两个以上的人发生严重冲突，而你必须加以干预时，最好一开始能吸引他们的注意力。你可以使用任何小的动作，如吹口哨、大声拍手、大声呼叫、奇怪的要求（例如，我需要一杯水），或者其他能够引起他们注意的策略。
- 要求冲突双方先坐下来。如果他们不愿意坐下来，那你仍然保持站立的姿势。
- 在不伤及你人身安全的情况下，可以将争执双方分开。当他们能够冷静下来，并能控制自己的时候再将双方聚在一起。

- 如果可能的话，应当和你的同事一同来处理危机状况。
- 如果冲突双方都持有武器互相威胁，或者他们已经采取较为严重的身体暴力时，请不要亲身介入。

(五) 机构处理有暴力倾向服务对象的程序

- 机构应该保持等候室和办公室的干净整洁，创造一个温馨的环境。脏乱差的环境不仅会向服务对象传递不尊重的信息，而且比较容易引发敌意。
- 机构提供的服务应当及时，尽可能不要使用候补名单，并且尽量缩短服务资格裁定或接受服务的等候时间。
- 对于社工可能遭遇的危险(例如，炸弹威胁、人质危机等)，机构应该发展出一套政策和作业程序，帮助大家能够评估风险并恰当回应。并且，这些程序应当被定期修改，并经常演习。
- 机构应当为员工及实习生提供有关个人安全及机构相应处理程序的培训，这些培训应当定期举行或持续更新，以便能够加入最新的信息，并对其进行演练。
- 机构应该发展出一套有关何时及如何向警方求助的程序，并与当地司法部门签署书面协议。
- 机构应该在等候室及其他明显的地方张贴公告，告知禁止携带酒精、毒品及武器进入机构内；若有发生威胁、暴力行为或携带武器的情况，将会立即移交法办。
- 机构应该确保大楼外部以及停车场都有良好的照明设备。
- 机构应该为有潜在暴力倾向的服务对象设立特定的办公室或会谈室，这个房间应当很容易被大家观察到。
- 机构可以在服务对象的记录上用特殊颜色或其他标记标明服务对象有施暴记录。
- 当社工受到威胁或是需要帮助时，机构应当有相关暗号，并且应该委派专人负责应对暴力事件。
- 机构应该在办公室内安装各种安全防范设施，包括在办公区域内安装紧急呼叫按钮、设立代表紧急状况的暗号等。
- 机构行政主管应该鼓励员工举报威胁或暴力事件，研究显示有太多这样的事件都没有被通报。

- 机构应该将所有可能会遭遇到的威胁和暴力事件汇编成手册，方便工作人员能够辨识哪些个人或情境代表着某种特定的危险。
- 对于真实发生的暴力事件，机构应当对其进行检视，并检验机构的相关机制是否能发挥功效保护工作人员，有什么地方还需要改进。
- 机构应该对那些伤害社工及其家属的服务对象提出司法诉讼。
- 当工作人员受到伤害时，机构应该提供适当的心理辅导、情绪支持、休假等，以减小暴力事件对工作人员及其家属的负面影响。
- 发生暴力事件后，机构应当举办支持小组，为所有员工(无论其是否介入暴力事件)提供支持。

四、作业演练活动：降低伤害风险

1. 对于预防暴力事件的发生，你的学校给你提供过哪些培训？

____

____

2. 针对预防和处理具有威胁性与暴力倾向的服务对象与情境，你的机构给你提供过哪些培训？

____

____

3. 在你的实习中，你会遇到哪些具有高风险性的服务对象或情境？你将如何做好自我准备以应对这些状况？

____

____

4. 在你的实习机构里有哪些规章制度和程序，来确保机构员工和服务对象的人身安全并能降低风险？

____

____

5. 在你的实习机构里，是否有员工遭受过服务对象的威胁或伤害？如果有的话，请描述一下事件是如何发生的。

____

6. 机构有哪些政策或环境容易导致服务对象产生挫败感？如果有的话，你建议机构应该如何进行修正？

7. 当有紧急状况发生的时候，你的实习机构和司法机关是否有正式的书面协议？

8. 有哪些服务对象或情境会让你感到害怕？如果有的话，你会如何处理你的担心与害怕？

9. 针对威胁和暴力事件，你的实习机构是否有一套紧急事件通报系统来进行通报和记录？

10. 当机构的工作人员受到威胁或因暴力受到身心伤害时，你的机构会提供哪些服务(例如心理辅导或支持团体等)？

五、建议学习活动

- 邀请辖区内的警察就如何在机构内或机构周围降低危险提供专业建议。
- 拜访一些有经验的社会工作者，就如何降低个人遭遇危险寻求建议。
- 就本章所描述的潜在暴力情境的发展阶段，进行角色扮演。
- 自我学习机构内可能面临的人身安全议题(如药物滥用、申请保护令等)。

- 参与机构举办的人身安全培训。
- 了解在你的实习机构中，当你或其他工作人员面临威胁或暴力事件时，你们会得到什么样的服务(如心理咨询或法律服务等)。
- 阅读 Sheafor 和 Horejsi(2012)所著书上有关“在危险情境下提升个人安全”(158—161)的章节内容。

六、参考文献

Birkenmaier, Julie, and Marla Berg-Weger. The Practicum Companion for Social Work: Integrating Class and Field Work. 3rd ed. Boston: Allyn and Bacon, 2011.

Newhill, Christina E. Client Violence in Social Work Practice: Prevention, Intervention, and Research. New York: Guilford Press, 2004.

Sheafor, Bradford, and Charles Horejsi. Techniques and Guidelines for Social Work Practice. 9th ed. Boston: Allyn and Bacon, 2012.

Weinger, Susan. Security Risk: Preventing Client Violence against Social Workers. Washington, DC: NASW Press, 2001.

七、本章回顾

实 务 练 习

1. 明确机构有关社工人身安全的相关制度，其主要目的在于：

A. 保护服务对象

B. 保护社工

C. 避免法律诉讼

D. 评估服务的有效性

2. 社会工作者如果不遵守机构有关人身安全的相关制度：

A. 如果他们受伤的话，可能无法受到法律的保护

B. 可能会受到机构的制裁

C. 违反了美国社会工作专业人员协会（NASW）的伦理守则

D. 如果他们自己购买了责任险的话，会得到保险的赔付

3. 以下关于机构和司法机关之间的协议，正确的说法是：

A. 协议的签订是基于特例的发生

B. 在员工受到威胁的事件发生前，协议就应当以正式的方式进行签署

C. 协议应当是非正式的

D. 协议应当由警察和社工个人间进行签署

4. 过早对有暴力行为的服务对象采取人身限制，可能会造成

A. 使得暴力情境得以减缓

B. 破坏社工与服务对象之间的信任

C. 使得暴力情境得到升级

D. 削弱服务的有效性

5. 对社工而言，预测服务对象暴力行为的最佳指标是

A. 患有精神疾病

B. 自己是暴力受害者

C. 社工的技巧和能力

D. 过往的行为问题

6. 机构为社工提供有关人身安全的培训

A. 当社工受到伤害时，机构可以免于被起诉

B. 能够证明机构已经在保护社工安全方面做出了努力

C. 被规定要为社工们至少提供一次这样的培训

D. 无须再投保专业行为疏失责任险

7. 针对服务对象的变化，我们可以做些什么来减缓潜在暴力的危险程度？

第七章

沟通技巧

本章大纲

- 本章预览
- 基本概念与背景资料
- 重点指引与提示
- 作业演练活动：发展沟通技巧
- 建议学习活动
- 参考文献
- 本章回顾

一、本章预览

本章关注的重点是社会工作实务中口头与书面有效沟通的重要性，即有效沟通和无效沟通会带来什么影响。我们会讨论在实务的不同层面进行沟通的目的以及如何进行沟通，包括与服务对象的沟通和与同事的沟通。我们还会就如何在机构内进行各种形式的沟通给出指引。

沟通是社会工作实务的核心所在。作为一名社会工作者，必须有能力与服务对象、同事、其他领域的专业人士(如医生、教师、律师、法官等)、机构督导和行政管理人员、领导者和决策者(如民意代表)、社区中相关职能部门的工作人员进行沟通。社工应当能够与个人进行面对面的交流，也能够与小组甚至是较大群体进行沟通。社工需要有效地运用不同的沟通方法，包括书面、口头、邮件和非语言的沟通等。社工还需要明白如何在组织内进行沟通，因为组织内的有效沟通将有助于提升服务的品质。

实习生往往会对社工需要付出大量时间来阅读和书写感到惊讶。因为文书工作会耗费社工许多时间，而有效的写作技巧将节约你在文书工作上的耗时。书面沟通有很多形式，如信件、备忘录、个案记录、会议记录、一份较长的正式报告、申请经费的项目计划书等。在社会工作的实务中，如果希望多方面地运用书面沟通方式，那就需要社工具备快速阅读和高效写作的能力。

在任何社会工作机构中，有效且有技巧的沟通都是成功的关键。大多数问题都是来自不充分、不准确或是有误解的沟通。为了能够确保各个部分和各个层级之间沟通的有效性，你有必要对不同形式的沟通有一个全面了解。此外，我们必须去发展自己的沟通技巧，也需要理解沟通过程中的伦理与法律议题。本章的主要目的即在于协助实习生们发展出基本的沟通技巧。

二、基本概念与背景资料

沟通往往被定义为个人、团体、组织与其他的个人、团体、组织之间进行信息传递和交换的过程。无论是人际间的沟通或是组织中的沟通，信息的发送者和接收者都必须在信息的发送和接收时具备一定的技巧，这样才能确保沟通的顺利开展。

人际间的沟通(Interpersonal Communication)指的是涉及个人层面、人与人之间的对话、倾听与回应。这通常是以面对面的形式发生的，但也可能是通过电话、短信、电子邮件等形式。在为服务对象提供直接服务时，往往需要进行频繁而密切的人际沟通。

组织中的沟通(Organizational Communication)指的是在一个组织中，各种层级、部门、科室，以及组织与其他组织的个人和团体之间，进行的某种非个人化的信息交换。相对于其他类型的沟通方式，组织中的沟通更倾向于正式的沟通，而且时常会以书面的方式来沟通。此外，组织内信息的本质与流向，深受权责层级与指挥体系的影响。

向下沟通(Downward Communication)指的是组织内上级对下级发布指示与命令。向上沟通(Upward Communication)则是指下级对上级的沟通，例如督导向机构主管所传递的信息。一般而言，一个组织内向下沟通会多于向上沟通，而这往往也是组织内产生问题的主要原因。因为，处于下属地位的人员往往认为他们讲的没有人会听，他们的沟通是没有价值的。水平沟通(Horizontal Communication)则是指组织内相同层级的个人或单位之间进行信息的流通与交换。

在社会服务机构中存在着各种各样的沟通网络(Communication Networks)，其间的差异与网络的集中化程度有关。在一个高度集中的沟通网络中，所有信息来自机构的中心部门或核心人物，他们控制了信息的上下流动。而对于分散式的沟通网络，其特点在于个人或组织间的信息传递无须事先通过一个特殊的管道或者是某个中心点。通常而言，如果所传递的信息属于简单的工作任务，则集中式的沟通网络（Centralized Communication Networks）较为迅速与准确；但如果沟通事项是复杂且独特的工作任务，则分散式的沟通网络（Decentralized Communication Networks）较为合适。但是在组织内，分散式的沟通网络往往不太正式，也比较倾向于在个人化的沟通中采用。无论是集中式还是分散式的沟通网络，都各有利弊，我们需要依据情况之不同来选择不同的沟通网络。

在组织内常见的一个问题是信息泛滥（Information Overload）。这指的是过多的信息、指示和报告，导致了信息的不完整或者传达不清。集中式的沟通网络和高度科层化的组织特别容易受到信息泛滥的影响，因为组织内部任何的信息都必须通过所有的层级来进行上下传递。此外，信息的泛滥还会导致信息的缺失与延迟，进而造成沟通误解的产生。

尽管现代通信技术解决了过去因为沟通缓慢而造成的某些问题，但这些科技也引发了其他新问题。因为新科技可以让我们轻易地将信息传送和复制给许多人，这就加重了信息泛滥的可能性。电子邮件的兴起，使得书面沟通超过了面对面的沟通，而这样也减少了我们观察他人非语言沟通的机会，使得我们无法准确地解读他人的信息。专业和组织常常会发展出一套专业术语（Jargon）来简化沟通。然而，这样会使得外行人，包括实习生和服务对象，难以理解他们所表达的信息。因此，你需要学习机构特定的术语、简称、专有名词等，以便能够明白机构日常运作中所说和所写的是什么。

社会工作者常常会提到沟通风格（Communication Styles），这指的是我们与服务对象和同事沟通时个人化的表达方式。这些风格往往建立在个人技巧之上，包括建立融洽关系、进行真诚沟通、获取案主信任等。尽管沟通的方式各种各样，但是沟通的目的都是一样的——与服务对象建立专业关系或是与同事建立工作关系。随着时间的推移，你会逐步形成自己的专业沟通风格，并借此为服务对象提供有效的服务。

跨文化沟通（Cross-cultural Communication）是一件极具挑战性的事情，它包括不同的种族、性别、教育水平、年龄以及其他因素。这个时候，社工往往很难确定自己是否能够真正理解与自己不同的服务对象，也不确定彼此之间的沟通是否有效。此外，我们的沟通还会受到许多其他因素的影响，如我们自己的跨文化生活经历及家族所使用的母语等。我们所使用的语言符号并没有统一的标准，这受到我们的背景与经验以及信息发送者和接收者传递信息的文化背景差异而影响。（请参看本书第十二章“多元化与文化能力”，以便你了解更多关于跨文化沟通的知识）

三、重点指引与提示

对于社会工作实务而言，良好的口语和书面沟通都是极为重要的技巧。从现在起，你就应该努力学习沟通技巧，因为在我们的整个职业生涯中都会用到它。你需要不断地去发展这些技巧，并找出有效沟通的各种方法。有效沟通有助于我们与服务对象建立专业关系。表 7.1 向你介绍了你应当发展的正向沟通技巧及其运用效果。

表 7.1　有效的人际沟通

有效的沟通技巧	对专业沟通带来的影响
积极倾听	● 促进对信息的准确理解 ● 沟通的目的在于理解
建立友好关系	● 建立有效的工作关系 ● 促进持续的专业交流
轮流交谈	● 乐于双向沟通 ● 促进信息的发送与接收
澄清表达	● 提升相互理解的可能性 ● 缩短信息理解的时间
非评判性反馈	● 增进信任与开放 ● 沟通真诚
真　诚	● 表达沟通的真实目的 ● 增进信任与开放
运用非语言沟通	● 促进语言交流 ● 促进理解
倾听言下之意	● 发现言下之意 ● 提升理解程度
使用开放式问句	● 促进倾听者的反馈 ● 促进分享

（续表）

有效的沟通技巧	对专业沟通带来的影响
语意重述	● 表达理解 ● 表达愿意去理解对方的意图
非防御性的姿态	● 减少误解 ● 促进分享
寻找共同点	● 促进深入沟通 ● 减少防备和偏见
尊　重	● 促进相互尊重的回应 ● 增进对不同观点的理解
促进对话	● 表达乐于理解的意愿 ● 促进聆听者真诚回应的意愿
寻求相互理解	● 增进更多的回应 ● 表达聆听的意愿
确认精准性	● 表达乐于理解的意愿 ● 促进沟通双方的准确性
自我觉察	● 减少误解的可能性 ● 有意识地运用自我，并增进沟通
允许足够的时间	● 减少误解的机会 ● 表达愿意去理解对方的意图
建构良好的物理环境	● 减少沟通的环境阻力 ● 提升有效沟通的可能性
语言风格匹配	● 减少语言障碍带来的误解 ● 少用术语，以增进理解
管理情绪内容	● 减少情感干扰 ● 呈现沟通的价值，而非个人议题
总　结	● 联结沟通的双方 ● 让沟通能有效结束

几乎在所有的机构里，你都能看到有效与无效、功能性与失能性的沟通模式。要去留意哪些沟通方式有效，而哪些无效；思考为何有时会发生特别难以沟通或沟通无效的状况。熟知某些沟通过程中的陷阱，以避免犯下同样的错误。表 7.2 阐述了不同类型的无效沟通技巧，并解释了这些负面技巧对专业沟通带来的影响。

表 7.2　无效的人际沟通	
无效的沟通技巧	对专业沟通带来的影响
主导对话	● 抑制相互交流 ● 表现出没有兴趣去理解对方
急于建立关系	● 没有建立关系，却以为已有信任 ● 暗示有其他动机
打断他人发言	● 表现出对发言人的不尊重 ● 抑制相互理解
信息表达不清	● 信息不清 ● 影响正确信息的接收
批评性的反馈	● 缺乏接纳 ● 打击信息传送者期望被理解的意愿
传递混乱而复杂的信息	● 让倾听者无法正确理解 ● 影响目标的达成
迷失主线	● 表现出对信息本身缺乏兴趣 ● 降低理解的程度
错误运用非语言沟通	● 没有机会进一步理解语言信息 ● 影响口语信息传递的有效性
错失言下之意	● 只理解字面意思 ● 对尚未表达的信息表现出缺乏兴趣
使用封闭式问题	● 减少进一步深入回应的机会 ● 获得局限的信息
时间仓促	● 表现出对对话没有兴趣 ● 降低相互理解的程度
不去确认精准性	● 基于假设的理解 ● 对于发送的信息表现出缺乏兴趣
伪　装	● 掩盖了真实的想法 ● 导致理解的障碍
防御性姿态	● 降低信息发送者的沟通意愿 ● 降低信息接收者聆听信息的能力
争强好胜	● 表现出沟通只是单边性的 ● 降低聆听者的沟通意愿
不够尊重	● 打断对话 ● 雷同回复
设置环境障碍	● 制造沟通的限制和障碍 ● 表现出没有意愿进行沟通

（续表）

无效的沟通技巧	对专业沟通带来的影响
过度提问	● 导致倾听者的防御姿态 ● 增加回应者的辩解
语言障碍	● 产生误解 ● 无法与倾听者建立联结
缺乏真诚	● 倾听者表现出不真诚 ● 缺少对理解的兴趣
信息泛滥	● 影响沟通效果 ● 阻碍信息的传送和接收
观察技巧匮乏	● 错失增进理解的机会 ● 降低相互理解的程度
误　解	● 影响理解 ● 降低工作目标的有效性
连续提问	● 让倾听者产生困惑 ● 缺少充分的反馈
有引导性的问句	● 胁迫倾听者 ● 对回答者进行倾向性诱导

实习生通常会对机构中的实务工作需要大量文书工作而感到吃惊，你将会学习撰写备忘录、信件、个案摘要、预估报告、治疗计划、服务报告、公关资料，以及申请经费资助的计划书。多数时候你所写的文件将用以记录重大事件或行动、为公众提供信息、劝导某些人采取行动、为法院裁决提供参考、向资助方进行汇报等。

无论是个案记录还是机构文件，任何书面形式的沟通都有其特定目的和专业标准。例如，个案记录的目的包括：记录社工的服务内容，根据社工的建议做出决策，记录服务对象的进展，为服务计划提供合理性基础，确认口头协议的内容，记录所做的决策，证明实务工作的有效性，为法院提供相应材料，符合社工注册机构的要求等。当你在进行书面沟通时，请记住下列指导原则：

- 确认你的沟通对象是谁，他们需要知道些什么，以及希望信息以什么样的方式来呈现。
- 根据机构的要求做书面文档。
- 在撰写文档之前先整理好素材，并明白可能需要修改好几次。
- 使用专业用词，但不要过度使用生涩的术语。

- 避免使用可能被认为是具有批评、贬损、偏见、紊乱、猜忌、模棱两可的用语，因为这样会被解读出其他的含义。
- 使用直接而明确的语言，而不要用模糊、不确定或枯燥的用词。
- 确保所有陈述的准确性，使用真实而客观的用词。
- 注意用词准确，确保你知道你所写的是什么意思。
- 所有的记录应当按时完成，并确保其准确性和及时性。
- 遵守机构的相关政策，知道记录中应该包含多少服务对象的个人信息。
- 了解机构有关修改个案记录的相关政策，避免任何可能被认为是弄虚作假的行为。
- 假定所有的记录都有可能被要求作为法庭的证据，所以请根据要求来书写。
- 确保记录的完整性，不要遗漏任何必要的元素。
- 要记住，当你实习结束后，仍会有人来翻阅你的记录。到那个时候，你就没有机会对你所写的记录进行解释和澄清了。
- 寻求督导老师给你建议与反馈，并将其整合到你修改的记录中去。
- 将所有外送出去的书面沟通文本都复印留底，包括信件、报告、申请资金的项目计划书等。

不同的机构对书面沟通有不同的标准和期待，所以，你应该向机构督导询问如何撰写各类书面文本，并请他对你所写的东西提出反馈意见。如果能做到这样，就能展现出你开放的、乐于接受建设性批评的学习心态。此外，这也有助于你更了解自己的长处与不足，避免无效的沟通模式。对于督导提出的反馈意见要心存感恩，因为写作技巧的改进，一方面有助于你能成功申请到经费，并发展与其他机构的联结；而另一方面，这也有助于你所写的治疗计划和个案记录能够真实反映服务对象的状况，而这对他们的生活有着巨大的影响。你作为专业人员的信誉，往往和你写作的能力密不可分。

你可能想知道，服务记录究竟要写得多详细。一个良好的原则就是：应该包括足够的细节部分，当其他人来阅读这份个案记录时，记录内容足以展现服务对象及其生命的议题；但同时也要避免出现过多无关紧要的东西。你应当确保写的每个字都在传递意义，而每一句话都朝向这个目的。也就是说，在进行记录时，所需要的信息应当充足而清晰，而无关信息应当被排除。

当我们在记录服务项目和案主系统等相关内容时，请记得要保持清晰、有逻辑性、与服务需求一致，并有说服力。除此以外，书面沟通还有许多小细节需要注意，绝对不要让书写的内容产生歧义。你对服务对象的生活和经历的描述对其而言意义重大，因为社会工作者的预估和建议往往会对服务对象的生命产生重大影响。对于机构而言，无论是服务记录、项目报告、资质文件、项目申请书，还是年度报告，这些书面资料都有着重要作用。因此，当你在实习中学习书面沟通的时候，请记住你写的东西所发挥的潜在作用。

除此之外，书面沟通还有许多与法律相关的指导原则，你需要去学习和遵守。特别是当我们开始使用电子化的个案记录系统时，我们会将大量的服务对象的个人信息导入其中，这时服务记录的保密性议题(Confidentiality of Client Records)必须加以重视。当我们在和其他机构分享服务对象的信息时，可能会出现违反保密原则的问题。你应当去学习分辨哪些信息是可以被分享的，而哪些信息应当被保密。现在，我们还会让服务对象签署知情同意书，让其授权在何种情况下我们能够将其个人信息与其他机构或专业人士进行分享。尽管为了符合给付要求，服务对象通常都会同意第三方付费部门获取其有关信息，但其实服务对象在签署知情同意书的时候未必真正知道这样做会给他带来什么影响。

服务对象有权利去查看和获得所有关于描述自己的文件，哪怕他们是非自愿的案主，他们与提供服务的机构仍然是合作关系。正因为如此，当我们在进行正式的文本记录时，应当使用真实、无批评的语言进行阐述。知情同意(Informed Consent)意味着服务对象知道他们所签署的同意书意味着什么，社会工作者有责任维护服务对象的权益，确保他们真的知道和同意。在使用电子方式进行沟通(Electronic Forms of Communication)时，包括服务对象的电子数据库、传真、语音信箱、电子邮件等，要确保有关服务对象的信息得到很好的保护和数字化加密，还要确保只有获得授权的人员才能够接触到相关信息。社工应该尊重国家、地方以及机构有关服务对象个人信息的法律法规。任何的沟通形式都会有助于我们的工作，但是如果服务对象的信息没有得到很好的保密，那将会对他们产生很大的伤害。

因此，在专业沟通中，我们需要牢记伦理元素(Ethical Components of Professional Communication)，我们有责任保护服务对象的隐私与秘密。在和服务对象的沟通过程中，我们要保护他们的尊严，对服务记录进行有效且合乎伦理的运用。

四、作业演练活动：发展沟通技巧

（一）组织沟通（书面或口头的）

1. 在你的机构中，主要的书面沟通形式有哪些（如预估报告、干预计划、服务报告、个案摘要、会议记录、新闻稿、备忘录、信件、项目申请书）？

2. 就你的实习而言，在进行书面沟通时，你的实习机构是否有具体的规章制度（如完成期限、建议格式、文件是否需要督导审阅等）？

3. 机构中的沟通问题对机构运作及服务对象会产生什么影响？

4. 在下列情境中，你观察到什么样的沟通风格、模式、优点、问题？

社工和其他专业人士参与的个案会议

社工与服务对象的会谈

与机构行政主管的会谈

与机构理事或资助方的会谈

5. 实习机构中的指挥系统和组织架构是如何影响沟通模式的？机构内的信息是如何流动的？机构的管理层和员工之间的沟通是集中式的还是分散式的？

(二) 与服务对象的人际沟通

6. 在社工与服务对象进行沟通时，你观察到哪些有效的沟通方式和技巧？你将如何学习这些技巧？

____

____

7. 在社工与服务对象进行沟通时，你观察到哪些无效的沟通方式和技巧？你将如何避免这些缺失？

____

____

8. 当你在和服务对象进行沟通时，哪些多样性的元素(如文化、生活经历、性别、所接受的特别训练)会提升或限制你的沟通技巧？

____

____

9. 重新阅读表 7.1 和表 7.2，理解有效沟通和无效沟通的差别及其后果。当你在与服务对象进行沟通时，你觉得哪些技巧对你而言特别重要？你该如何学习这些技巧？

____

____

五、建议学习活动

- 请求你的机构督导提供有关信件、备忘录、报告、个案记录的范例，包括好的和差的。仔细研读这些资料，并观察撰写风格、组织结构、遣词造句等是如何影响写作质量的。
- 找出一份自己写过的报告(3～5 页)，用一半的长度把它重写一遍。删掉不必要的词语，缩短你的句子，去除重复的内容。
- 争取机会能够在机构工作人员或社区团体面前进行口头报告。
- 请求你的机构督导帮助你发展自己的沟通风格，包括哪些技巧是你已经拥有的，哪些技巧是你需要去学习的。
- 阅读 Sheafor 和 Horejsi(2012)所著书上有关“报告和信件的撰写”(128—130)的章节内容。

••• 六、参考文献

Baird，Brian. The Internship，Practicum，and Field Placement Handbook：A Guide for the Helping Professions. 5th ed. Upper Saddle River，NJ：Prentice Hall，2011.

Falender，Carol，and Edward Shafranske. Casebook for Clinical Supervision：A Competency-Based Approach. Washington，DC：American Psychological Association，2008.

Knapp，Mark. The Sage Handbook of Interpersonal Communication. 4th ed. Thousand Oaks，CA：Sage Publications，2011.

Neuliep，James. Intercultural Communication：A Contextual Approach. Thousand Oaks，CA：Sage Publications，2011.

Sheafor，Bradford，and Charles Horejsi. Techniques and Guidelines for Social Work Practice. 9th ed. Boston：Allyn and Bacon，2012.

Sidell，Nancy，and Denise Smiley. Professional Communication Skills in Social Work. Boston：Allyn and Bacon，2008.

Sidell，Nancy. Social Work Documentation：A Guide to Strengthening Your Case Recording. Washington，DC：NASW Press，2011.

Thomas，Janet. The Ethics of Supervision and Consultation：Practical Guidance for Mental Health Professionals. Washington，DC：American Psychological Association，2010.

Thompson，Neil. Effective Communication：A Guide for the People Professions. Basingstoke：Palgrave MacMillan，2011.

••• 七、本章回顾

实 务 练 习

1. 在法庭上，社工如果无法提供有关干预的书面记录，无法说明他们的预估和服务成效

A. 无法证明他们做了什么

B. 法庭可以采纳社工的口头证词

C. 违反了联邦健康保险法案(HIPAA)的规定

D. 可以在陈述之后提供书面文件

2. 如果服务对象要求阅读和其有关的记录文件，机构

A. 必须同意服务对象的要求

B. 必须要求服务对象提出书面要求

C. 必须在 24 小时内提供复印件给服务对象

D. 无须同意服务对象的要求

3. 有效的人际沟通

A. 法律规定必须为少数族群提供有效的沟通

B. 和助人关系的品质没有关系

C. 可以通过阅读资料来学习

D. 对助人关系有正面影响

4. 服务对象何时可以放弃他们的隐私权

A. 对第三方付费部门

B. 当他们违反了机构的规章制度时

C. 当他们要求阅读与自己有关的记录时

D. 当他们付不起服务费用时

5. 当政府公共资金作为出资方时，它们会

A. 允许机构设计他们自己的记录系统

B. 运用机构的记录来影响社会政策

C. 通常会要求机构员工签署保密协议

D. 要求服务和成效能够有标准化的记录方式

6. 社会工作者有责任去理解服务对象的关切

A. 这是法律责任

B. 这是记录责任

C. 这是伦理的责任

D. 这是机构的责任

7. 机构应当制订与个案记录、信息公开、电子沟通等有关的规章制度，在社会工作价值和伦理中，有哪些部分与这些做法有关？

第八章

实习中的机构议题

本章大纲

- 本章预览
- 基本概念与背景资料
- 重点指引与提示
- 作业演练活动：机构分析
- 建议学习活动
- 参考文献
- 本章回顾

一、本章预览

本章重点关注实习中的机构议题，内容包括实习机构的类型、机构如何规划服务项目、社会服务机构的组织架构和文化等。同时，本章还罗列了机构的外在影响因素，这些环境因素影响着机构运行和组织任务，它们对于机构的高效、有序和可持续发展至关重要。此外，本章还阐述了机构对服务对象所产生的潜在的积极和消极影响。

社会工作者的日常工作与决策在很大程度上是由其所在机构的属性及目标决定的。纵观历史，社会工作是以机构处遇为基础的专业。很大一部分的社会工作者在机构工作，并且在机构背景下提供服务。基于这个现状，你必须体察并且理解所在实习机构的使命、目标、组织架构、资金来源和效益水平。

二、基本概念与背景资料

“机构”一词指的是一个经授权或批准的组织，它代表一群人的利益，行使某种特定的社会职能、对特定的社会问题做出反应。代表他人利益行动，其内容一般包括为服务对象提供支持性的服务、提升社会功能，为那些无法为自己发声的个人或群体提出倡导，为没有办法满足自己或家庭需要的服务对象提供替代性服务，策划和研发社会服务项目，开发和执行社会政策，并通过研究来提升社会工作实务。创立机构的目的通常是为了回应政府的立法，通过社会政策的实施，从而更好地解决特定社会问题。较为全面地了解你所在的机构是非常重要的，因为这可以让你在机构中的工作更有效率。

大部分的社会工作者都在社会服务机构工作。社会服务机构主要分为两类：民办非营利机构（Private Nonprofit Agencies）和公办机构（Public Agencies）。公办机构是由立法机关设立的，机构的资金源自政府税收。公办机构的目标在相关法律法规和政府规章制度中已经做出了说明。公办机构中的政府官员对机构的运行负有完全的责任，同时，机构中的职员往往是公务人员。

民办非营利机构（或者称为志愿性组织）是通过合法的注册程序设立的，其法定程序使得机构具备非营利机构的法人资格。美国国家税务局第501（c）3 号文件对公益和非营利组织做出明确界定，并给予它们非营利机构的性质地位。这一类型的机构是由其理事会领导，理事会最基本的职责在于设立机构的使命和方向、建立机构运营制度、核准预算、确保机构有足够的运营资金、维持机构和更大范围社群的联结、聘请机构的执行长（Executive Director），并定期对其进行评估。执行长的主要职责是执行理事会制定的运营制度、聘用工作人员并定期评估其工作表现、对项目做出决策、指导并监督机构的日常运营。

民办非营利机构的一个分支是带有宗教性质的或以信仰为本的机构，这类机构附属于宗教团体，或是由宗教团体进行管理（如犹太社区服务中心，Jewish Community Services；天主教社会服务处，Catholic Social Services）。另一个类别是会员制机构（如基督教女青年会，YWCA），这类机构的资金有一部分是来源于会员缴纳的会费，同时机构的会员也有权参与机构的政策制定。

相对于公办机构和民办非营利机构，另一种与之不同的是营利机构（For-profit Agencies）。营利机构是出售一系列服务的商业组织。营利机构建立之目的和运营模式是为了增加投资方和股东的经济效益。越来越多的非营利性质的医院、疗养中心和护理之家被大型商业财团购买，作为营利机构进行运营。

很多社会工作者会在不是以提供社会服务为首要任务和目的的场域中

开展工作。例如，学校或医院的首要任务是提供教育或医疗服务。在这种场域下，社会工作者必须和许多其他的专业人士一起工作(例如医生、护士、物理治疗师、教师或学校心理辅导师)，也有可能受到对社会工作了解有限的管理者的监督和管理。这些管理者所持有的专业价值观在某种程度上可能会和社工的不同。

民办非营利机构的资金来源于民间捐款、政府的合同外包或是通过提供服务使机构获得资金。有些机构自己举办筹款活动，有些是通过当地联合劝募组织获得资金。民办机构可能通过公办机构的合同外包而间接获得税收资金。无论是公办机构还是民办机构都可能成立咨询委员会，委员会可以向执行长或正式的理事会成员提出意见和建议。而就如咨询委员会的名字所显示的那样，咨询委员会没有最终决定权，也无权制定政策，它只具有提供建议和咨询的权力。咨询委员会的成员通常是由机构的服务对象组成，因为其主要的意图是建立机构制度，在提供服务的时候能征求服务对象的建议、表达服务对象的立场。

典型的社会服务机构常会有一个或多个社会服务项目。社会服务项目是经过精心设计的活动，为了达成以下目标之一：

- 预防社会问题(预防社会问题进一步恶化，例如，致力于减少虐待儿童和种族主义的项目)。
- 提升社会功能(没有明显问题存在的时候，提升服务对象的社会功能水平，如提供亲职教育或喘息服务的项目)。
- 修复社会问题(解决现存的社会问题，如虐待儿童、失业或行为偏差问题)。

社会服务机构的运营，是建立在对信念、数据、目标、视角和可预期产出的整合基础之上的。社会服务机构往往有其一套实践假设(Practice Hypotheses)，这些实践假设是关于机构的服务和项目将如何解决社会问题以及机构期待获得何种形式的产出。机构有时会明确他们所期待的产出，产出可以是短期的成果，也可以是长期的变化，甚至是在社区层面不断累积形成的成效。这些假设可以用在实践过程中的任何一个层面上，正如表8.1 中的案例所示。

表 8.1　微观、中观、宏观层面的实践假设

实践层面		实践假设
微观层面的实践	个　人	通过把年轻家长作为服务对象，可以减少疏忽儿童的事件发生
	家　庭	老年虐待事件可以通过给予照顾者支持、提供喘息服务、对老人赋能和家庭治疗得到预防
中观层面的实践	小　组	通过提供同辈群体的支持和理解，互助小组可以帮助成员有效处理成瘾问题
	组　织	通过环境检视(Environmental Scanning)、最佳实践(Best Practices)以及服务评估，服务项目可以得到改善
宏观层面的实践	社　区	社区组织必须由那些与社会问题切身相关的居民进行推动
	社会政策	社会政策的发展受到倡导团体和那些受政策影响之人员共同努力的影响

社会服务机构也可以按照他们自身的使命、目标和策略进行分类。他们通常会用一个或多个较宽泛的策略来达成他们的目标：

- 社会化：协助并鼓励人们理解、学习和遵守社会规范。
- 社会整合：鼓励并帮助人们更有效地和其他人、社会系统或他们所需要的资源进行互动，这些资源可以帮助他们更有效地发挥社会功能，并解决特定的问题。
- 社会控制：监控并限制那些在公开场合进行自我破坏的行为或危险行为。
- 社会变迁：为人们过上更好的生活，创造更多的机会。采取必要的行动，改善人们生活的环境，使得人们可以更好地生活，同时减少或抑制在社会环境中那些负面的或破坏性的力量。

机构的预算是指一段时间(通常是一至两年)内机构的预期收入和开销。机构预算受到很多因素的影响，包括公众态度、政治变革、资金分配的调整等。需要了解并引起重视的是，一个机构接受的捐赠、资助和法定分配，通常都有许多“附加条件”。换句话说，机构获得款项需要用于特定的目的，且不能挪为他用。此外，机构从特定渠道获得的资金(例如美国联合劝募总会或联邦机构)可能会要求机构遵循相关规定、管理、会计和审计手续，这些通常也会增加机构的管理成本。当机构大部分的资金只能用于指定目标的时候，机构对于项目的调整能力会受到限制，同时也会削

弱应对紧急事件和意外开支的能力。

许多社会服务机构有时也很官僚主义，特别是公办机构。官僚主义通常有以下特征：

- 在沟通交流中和任务指派中有一条清晰的指挥链（Chain of Command）。
- 一个垂直分层的组织架构包含许多部门，每个部门有指定的领导负责部门的运作，且领导者具有权威性。
- 有一套成文的规章、制度和指导原则，在工作中有需要遵循的工作流程。
- 有明确的服务对象筛选原则，以此来规范服务的提供。
- 标准化的制度和服务项目，使服务对象接受的服务具有一致性。
- 劳动分工，每位员工有特定的工作任务，并对工作任务有着清晰的描述。
- 权力和沟通渠道的集权化。
- 监管每位员工的工作。
- 强调正式的沟通，有成文的文件，并做好文档保存。
- 与商业或其他营利组织相比，有更高的工作稳定性。

一些机构发展出没那么官僚主义的组织架构，从而能够对服务对象及不断变化的环境更加负责。这些机构通常采用性别平等、合作关系和增能取向等原则；探索服务对象参与机构工作的可能性；促进与服务对象的权力共享，并在不同层面一同进行抉择；探索灵活的指导原则和工作方法；力求个性化，按照服务对象的需求做个性化的干预和服务。通常而言，这种机构更加灵活，给了社工一个没那么大压力的工作环境。不过，基于这些原则开展工作的机构通常是民办的小型机构。它们不需要官僚体制，它们希望给服务对象提供更为高效和公平的服务。

我们需要警觉一个事实，即所有组织都有正式的和非正式的组织架构。机构正式的或官方的组织架构有规范的表单、制度、工作流程手册和各种文件等。这些文件用于解释各部门的组织架构、运行方式和指挥链。非正式的组织架构有时被称为“影子架构”，它指的是员工间不同的交流网络和非正式的沟通渠道。它以不成文的方式运作，却又被所有人理解。非正式的组织架构有时被员工们戏称为“机构真正的工作方式”。只有在机构内工作过一段时间，这种非正式的组织架构才会被我们知晓。

机构的非正式组织架构允许针对服务对象，开展一些更具有灵活性和个性化的服务，并且认为对于不同需要的对象应该有不同的服务。如果有需要的话，非正式组织架构允许员工把自己的想法放到非正式沟通渠道当中，并参与到决策制定的过程中。在非正式组织架构中，员工进行着彼此坦诚却不对外公开的讨论。非正式组织架构有时也被用来形容那些不具有正式权力，但却拥有实际影响力的核心员工，他们的引导与智慧影响着机构的运作。

机构氛围(Organizational Climate)和机构文化(Organizational Culture)是另一个用来描述机构功能运作的词语。机构氛围指的是机构的“基调”，包括关系、团队合作的程度、员工士气、沟通交流以及员工之间互助的程度。机构文化指的是机构的价值观，它会影响到项目，也是提供服务的基础。

三、重点指引与提示

你的实习机构将是一个学习实验室，你将在那里培养专业的社工技巧，观察其他社工如何提供服务，了解机构的组织和架构，认识机构如何满足社会需求、解决社会问题。你将开始理解机构是如何被管理的，了解机构会遇到的普遍问题，学着如何在机构内有效地和大家一起工作。

了解你实习机构的发展历史、成立原因、成立时间，以及历经时间的推移是如何不断发展变化的。询问你的机构是怎样不断调整其最初的使命，如何改变其组织架构，并适应不断变化的社会环境和政治环境。这些将会帮助你理解机构是怎样在不断变化的环境中生存下来的，并不断努力调整和改变其工作方式，以解决变化中的社会问题，满足社会需要。

问问你的机构督导，外部力量是如何塑造或限制你所在的机构的。这些外部力量包括资金和资源的分配、社会态度、服务对象的反馈、监管部门、政治压力和最新的研究发现成果等。再问问机构督导，机构的内部力量例如员工建议、人事调整、员工忠诚度等是如何影响机构及其项目的。

机构是不断变化的。注意观察资金的变动、提升、削减是如何影响机构所提供的服务的。观察公众态度和政治压力是如何影响机构运行的方式的。在你实习期间，你的机构可能正在经历一些重要的变化，例如，机构遭遇资金危机，得到糟糕的评估结果，由于经济或政治上的压力，机构被要求对项目的关键部分进行调整。有时，你甚至有机会观察到一个新机构的诞生，也可能看到一个机构因为失去支持或没有用武之地而消亡。当你近距离观察你所在机构或社区里其他机构的运行方式时，你会更加了解社会服务机构发展的动态过程。

你的实习机构在设计服务项目和提供服务时，会使用一种或多种视角、实务理论、模式或取向。你需要去了解机构采用了什么样的理论视角以及为何选择它们。例如，你的实习机构是否采用了优势视角、生态视角或多元化视角？机构采用的是家庭系统（Family Systems）取向还是家庭维系（Family Preservation）取向进行干预？机构是在前期预防阶段还是在干预早期阶段，或是在复原阶段投入资源？机构所采用的方法是治疗性的还是矫正性的？机构雇佣的是通才取向的社工，还是在某些领域有专长的社工？机构在面对社会变迁和社会正义开展工作时，是如何自我定位的？机构提供整全式的服务（Holistic Services）还是在某个领域提供专门服务？复习一下你所学过的课程、你所读过的课本会帮助你理解为什么机构会选择这个特定的取向来界定问题和解决问题。考虑一下还有没有其他的理论取向可以采用。

逐渐熟悉实习机构的评估项目和服务的方法。探究机构是如何评估自身的服务效果、如何判断是否达成服务目标、如何测量服务对象或社区的满意度、如何知道机构的服务是否对服务对象产生影响和变化的。机构可能会使用正式或非正式的方法来进行成效评估、过程评估，或收集定性和定量的数据。询问你的机构督导，他是否认为这些方法或评估工具充分和有效；并询问督导，如果有足够的时间和资金他会推荐采用哪种较为理想的方法来进行服务评估。

机构会定期重新检视其服务效果、回顾其使命、调整其目标，并为未来做战略规划。这样做是为了机构可以一直聚焦于自身的使命和愿景，同时可以随着政治环境和经济来源的变化，调整机构任务的优先顺序，并不断寻找更好的方式来为服务对象提供服务。如果你有机会参与到一个机构重新定位自身、改善服务水平的工作过程中，那你是非常幸运的。

机构常常会通过员工营会（Staff Retreats），来回顾机构的历史和使命，确定新的途径来达成目标。机构及员工开展战略规划、明确机构的优势和劣势，同时厘清机会和威胁。高效的机构往往紧跟时代的步伐，根据需要调整机构优先考虑的事项，在过去成功经验的基础上继续调整，评估机构的服务效果并展望未来。观察你所在的机构是否存在这些特质。

服务对象如何看待你的实习机构是一件非常重要的事情。这包括服务对象如何看待机构的开放程度、服务效果、满足服务对象需求的能力等。观察你的实习机构是通过什么方式维系与服务对象的联结、如何看待服务对象对机构的反馈、如何与服务对象一起工作的，特别是在面对多元化的服务群体的时候。总之，学习型的机构会重视服务对象的参与，强调不断改进服务品质；这样的机构会让服务对象受益最多。表 8.2 描述了机构对服务对象的潜在的积极影响和消极影响。

表 8.2　机构对服务对象及其系统的影响

机构的维度	潜在的积极影响	潜在的消极影响
对使命的坚守	对使命的忠诚度增强了对服务对象的委身	偏离使命会降低对服务对象的承诺
价值基础	价值观可以提升服务对象的自决、尊严、自我价值感	价值观可以破坏服务对象的自决、尊严、自我价值感
人员配置	充足的受过专门训练的员工可以保证服务质量	人员配备不足或缺乏训练的人员会降低服务质量
资　金	充足的资金保证了服务质量和服务稳定性	资金的短缺会破坏服务的质量和持续性
非营利或营利的机构属性	非营利机构聚焦于服务的提供	营利机构聚焦于服务的提供和营利
赞　助	政府或私人的赞助会指导或引领着项目的发展	政府或私人的赞助限制或阻碍了服务的提供
服务质量	证据为本的服务能支持服务对象有正向成效	无效的服务会伤害服务对象，并导致消极的结果
灵活性	灵活性可以给服务对象提供个性化的服务	灵活性会降低标准化和服务的一致性
平等性	平等的服务能够使得机构可以公平地为服务对象提供保护并保证服务的可及性	平等的治疗服务弱化了个别化和专业判断力
资格标准	合理而清晰的标准可以促进公平	限制性且不清晰的标准会导致不公平
官僚化程度	适度的官僚体制确保了标准化和高效	过度的官僚体制降低了灵活性和人性化方法的使用

（续表）

机构的维度	潜在的积极影响	潜在的消极影响
项目和服务的评估	有效的评估会促进服务的评估和服务品质的提升	缺乏评估会降低服务和项目的品质
文化能力	文化敏感性和文化能力可以提高对多元化群体的服务效果	文化敏感性与文化能力的缺乏会降低对多元化群体的服务效果
领导力	高明而有创造力的领导者促进了机构的发展，面对不断变化的需求能应对自如	无效且迟钝的领导者无法有效应对不断变化的需求

机构的发展、繁荣和维持，提供有效的项目和服务都是需要付出努力才能达成的。在高效的机构中，领导者和员工必须不断地和机构外的实体进行合作，精确地评估机构实践过程中多样化的背景环境，并将机构视为在一个更大的互相作用的社会系统中的一员。我们通常称之为环境检视（Environmental Scanning），它包括了解并能够把对以下这些环境性因素的理解融入工作中，从而为机构的服务对象开展工作。这是非常巨大的挑战，也是所有机构需要面对的。机构要理解所有的这些环境性因素，并把这些因素整合到机构的使命和日常活动运行当中来。

- 服务对象目前的需求与预期的需求
- 目前的和预期的社会问题
- 服务对象、社区、出资方和其他机构的期待
- 服务对象、社区、出资方和其他机构的价值观
- 对资金、项目焦点和服务对象需求产生影响的政治经济因素
- 社会、文化、政治因素对于变迁的影响
- 社会、文化、政治因素对于机构现状的影响
- 服务传递中的环境障碍
- 目前和正在兴起的社会政策
- 目前和正在兴起的与机构服务相关的社会问题之社会工作研究
- 目前和正在兴起的实务模式，特别是证据为本的实践
- 在机构实践场域中正在兴起的最佳实践方式
- 社会环境中的文化变化
- 实务的专业化标准
- 与法规、注册和认证相关的外部议题

- 所提供服务的可持续性

机构为了要让自身被认为是高效、发展、与社会需求相适应、用最合适的方式来应对这些需求的，那就必须成为所谓的学习型机构(Learning Organization)。学习型机构应不断调整自身，不断致力于改善自身的工作方法和成果，根据服务对象的需求制订服务，有必要的话定期进行重新规划。对于机构而言，坚守使命、稳定有序、可持续发展极为重要但又不是易事。为了达到这一最终目的，学习型机构必须做到以下几点：

- 检视其他学习型机构，并学习他们的成功经验
- 有需要的话，对使命、愿景、目的和目标做周期性的回顾
- 对于证据为本的实践保持持续关注
- 基于项目评估的结果，发展机构的最佳实践(Best Practices)
- 发展实践智慧，并将其融入机构的制度与项目中
- 进行理论建设，不断革新，创造性的实践取向
- 辨别并发展机构的优势
- 辨别并处理机构在提供服务过程中的缺口和漏洞
- 采用未来取向，并制订机构规划
- 关注员工的继续教育、知识建构与技术发展
- 调整人员配置模式并重新规划对职务的要求和职责
- 人事管理的多样化
- 有需要的话，对机构制度和工作流程进行周期性的回顾，并加以修订
- 让服务对象参与项目的设计和评估
- 把团队建设和员工的赋能加入项目规划中
- 从事可持续的项目及活动来维持和发展机构
- 持续推动督导和领导力的发展
- 不断关注项目质量的改善

总之，你要让自己能够真正认识实习机构，以一种有效的方式把自己整合到机构中去，尽可能多地观察并参与机构的活动，学习机构内在的工作方式，把自己假想为一名督导或管理者。这个过程可以帮助你从机构中最重要的角色的角度来思考问题，思考如何从不同的实务层次出发，使服务高效且对案主负责。

四、作业演练活动：机构分析

1. 回顾本章所述的有关社会机构类型的信息，下列哪种机构类型符合你的实习机构？

________民办机构________公办机构

________非营利机构________营利机构

________宗教机构或以信仰为本的机构

________致力于预防社会问题的机构

________致力于提升社会功能的机构

________致力于修复现存问题的机构

2. 你的实习机构采用了什么实务理论和模式？（参考第十六章）

____

____

____

3. 你的实习机构主要解决什么社会问题？

____

____

____

4. 你的实习机构在设计项目的时候采用何种实践假设？

____

____

____

5. 你的实习机构是如何让服务对象参与到项目和服务中的？

____

____

____

6. 常规的机构报表需要记录哪些统计数据（例如，每个月需要服务的服务对象数量，每个月需要开案与结案的数量，服务对象的特点等）？这些数据是否包括在数据库里面，从而可以运用于数据分析和项目发展？

____

7. 机构如何判断自身服务的有效性(例如从犯罪率的角度、服务对象治疗的计划完成情况、接受服务的服务对象数量、服务对象满意度、目标实现状况、前测和后测、质量保障、目的达成或社会改变程度等)?

8. 机构的资金来源有哪些?最近的资金状况是处于资金上升状态还是资金缩减状态?是否有充足的资金?资金的多寡是如何影响机构提供的服务和服务对象的?

9. 有哪些政治因素会影响你实习机构的运行?它们是如何影响机构完成任务的能力的?

10. 机构能否达成其使命?有什么证据可以证明吗?你有什么建议来进行改善?

11. 询问你的机构督导,你所在的机构最近或以前是否经历过危机、重大变化,或有影响机构生存的威胁?

12. 如果你可以成立一个社会服务机构来解决社会问题,你最关心的问题是什么?你将如何解决这个社会问题?

五、建议学习活动

- 参加你所在机构的理事会或咨询委员会的会议，思考以下议题是如何被讨论的：使命、目标、项目和资金等。
- 了解普通市民或社会大众是怎样看待你的实习机构的。和那些对社会工作不太了解的朋友聊一聊，问问他们对你的实习机构知道些什么，听说过什么。
- 参加由美国联合劝募或其他社会福利规划组织资助的公共会议，以更好地理解你的实习机构是如何融入整体的社会福利体系的。
- 陪伴服务对象去另一间机构寻求服务，了解该机构员工对待服务对象的态度，以及他们如何回应服务对象的需求。
- 拜访与你的实习机构提供类似服务的其他机构，比较一下不同机构所使用的方法和设计的项目。
- 在学者 Sheafor 和 Horejsi(2012)的著作中，有三节的标题分别是“准备预算”(303—305)、“机构规划的过程”(245—247)、“评估机构架构”(220—221)，请仔细阅读这些内容。

六、参考文献

Austin, Michael J., Ralph P. Brody, and Thomas Packard. Managing the Challenges in Human Services Organizations. Thousand Oaks, CA: Sage Publishing, 2008.

Calley, Nancy. Program Development in the 21st Century: An Evidence-Based Approach to Design, Implementation, and Evaluation. Los Angeles: Sage Publications, 2011.

Cooperider, David, and Suresh Srivasta. Appreciative Management and Leadership. San Francisco: Jossey-Bass, 1999.

Coulshed, Veronica, Audrey Mullender, David N. Jones, and Neil Thompson. Management in Social Work. 3rd ed. New York: Palgrave Macmillan, 2006.

Dudley, James R. Social Work Evaluation: Enhancing What We Do. Chicago: Lyceum Books, 2009.

Hasenfeld, Yeheskil. Human Services as Complex Organizations. 2nd ed. Los Angeles: Sage Publications, 2010.

Kettner, Peter, Robert Moroney, and Lawrence Martin. Designing and Managing Programs: An Effectiveness -Based Approach. Los Angeles: Sage Publications, 2008.

Kirst-Ashman, Karen, and Grafton Hall. Brooks/Cole Empowerment Series: Generalist Practice with Organizations and Communities. 5th ed. Boston: Brooks/Cole, 2012.

Morales, Armando, Bradford Sheafor, and Malcolm Scott. Social Work: A Profession of Many Faces. 12th ed. Boston: Allyn and Bacon, 2010.

Moxley, David. Beyond Oversight: Developing Grassroots Nonprofit Boards for Community and Institutional Change. Washington, DC: NASW Press, 2011.

O'Connor, Mary Catherine, and F. Ellen Netting. Organization Practice: A Guide to Understanding Human Services Organizations. 2nd ed. Hoboken, NJ: John Wiley and Sons, 2009.

Rae, Ann, and Wanda Nicholas-Wolosuk. Changing Agency Policy: An Incremental Approach. Boston: Allyn and Bacon, 2003.

Sheafor, Bradford, and Charles Horejsi. Techniques and Guidelines for Social Work Practice. 9th ed. Boston: Allyn and Bacon, 2012.

Weinbach, Robert. The Social Worker as Manager: A Practical Guide to Success. 5th ed. Boston: Allyn and Bacon, 2008.

七、本章回顾

实务练习

1. 关于机构的非营利性质，被称为 501(c)3 号文件是由谁认定的？

A．由美国州政府认定

B．由美国国税局认定

C．由美国联合劝募认定

D．根据当地法令认定

2．一个致力于服务被剥削老人的机构，其目标性质属于：

A．预防社会问题

B．增强社会功能

C．促进社会融合

D．修复社会问题

3．官僚体制对机构的服务对象而言，其最主要的优点是：

A．有利于提供标准化的服务

B．有一个清晰的指挥链

C．这种结构降低了员工离职率

D．每个员工都受上级的全面监督管理

4．当机构制度和州政府法令之间发生冲突的时候：

A．以机构制度为准

B．以州政府法令为准

C．机构负责人和政府官员可以对结果进行协商

D．根据具体情况而定

5．公办机构是：

A．以政府的补助金作为资金来源

B．受州政府或联邦法令的命令和指导

C．可以是营利的也可以是非营利的

D．对立法者负责

6．政府的社会服务机构需要通过什么形式对纳税人负责？

A．公众听证会上服务对象的评价

B．数据的记录统计

C．在网上发布相关信息

D．对其使命、目的、目标的实现情况进行结果评估

7．你所在的机构采用什么实践假设来设计并完善机构项目与服务？

第九章

实习中的社区议题

本章大纲

- 本章预览
- 基本概念与背景资料
- 重点指引与提示
- 作业演练活动：培养社区工作实务技巧
- 建议学习活动
- 参考文献
- 本章回顾

一、本章预览

本章讨论的是在增强或削弱个人、家庭和群体社会功能的过程中，社区扮演了什么样的角色。本章阐述了社区的类型与功能，同时还讨论了在社区中权力和影响力的运用。此外，本章还描述了社区社会工作实践的各类目标，以及这些目标是如何与社会工作角色相对应的。社区工作中的解释性理论和实务理论/模式形成了社区工作的概念架构，我们还会讨论如何在实习中运用这些架构来开展服务。

社区是社会工作最重要的议题之一，同时也是社会工作实务最基本的对象。只有当我们身处社区之中，关系才能建立、社会功能才能加强、社会资本才能构筑、社会资产才能发展、社会观念才能形成、社会化才能发生。社区资源、社区资产、社区问题、社区服务项目等，它们既可以支持也可以破坏社区居民的社会功能。社区是一个动态的系统，社区和身处其中的个体、家庭、群体和组织发生着互动。同时，社区也和对社区有影响的更大的社会系统产生互动，包括社会政策、社会观念和社会运动等。因为社区对服务对象和社会服务机构都有着巨大的影响，所以了解社区是如何通过社区发展（Community Development）和社区组织（Community Organization）来帮助社区居民提升能力、积累财富、满足需要，就变得格外重要。

• • • 二、基本概念与背景资料

实习机构存在于社区里面，并受到所在社区的影响。因此，了解你的实习机构所处的社区是非常重要的。很显然，实习机构不会凭空存在。事实上，一个机构的使命、服务项目和运行方式等，都反映出机构所在社区的特质。这些社区的特质包括社区的价值观、政治生态、发展历史和其所面对的特殊问题等。大部分的服务对象在社区里面工作和生活，所以想要脱离社区环境、社区中各种正向和负向的情境和力量来理解服务对象是不现实的。如果你在一个以提供直接服务为主的机构工作，那你在制订服务对象预估和干预计划时，必须把服务对象和社区的互动考虑进去，同时也需要知道社区有哪些资源可供使用。

当你开始对社区进行非正式的研究之后，你就会知道居民们还有哪些需求没有被满足，同时也会了解到机构的服务体系存在什么漏洞，以便为社区居民提供更好的服务。如果我们可以收集到和社区有关的信息，如价值观、发展历史、权力架构、经济基础、人口统计资料和社区决策过程等，我们就能够识别出社区中较有权力和影响力的个人或团体，这些人既能推动社区的变迁，也能阻止社区发生破坏性的变化。

“社区”(Community)一词指的是一群人聚集在一起，或是因为地理上的临近因素，或是因为有着共同经历、利益和文化而形成的认同。社区有两种主要类型：由共同利益和身份认同组成的社区和由地缘因素而形成的社区。由共同利益和身份认同组成的社区(Community of Interest and Identification)指的是一群有着集体认同感和归属感的群体，他们有着相同的特征、共同的利益或者共同的生活经验，例如种族、语言、宗教、性取向或职业等。所以，社会工作团体、商业团体、同志团体、非洲裔美国人社区、伊斯兰社区、天主教社区和大学社区等都是由共同利益和身份认同所组成的社区。

第二种社区指的是由地缘形成的社区(Community of Place or Location)，通常由明确的地理学的边界来界定，例如街坊、郊区、城镇或者城市等。这类社区的边界可能是由法律规定的，也可能是由一条河或一条街来作为分界点。这类社区可能有正式或非正式的名字，比如伍德朗

市、南布朗克斯区、奥兰治县、黑脚印第安人保留地、大学校园、西部、仓库区等。住在这些地方的人可能也有一些认同感，但是相比由共同利益和身份认同而结成的社区，地缘性社区更多时候有着多元化的价值观、信仰和其他特性。同时，在地缘性社区中，人们常常会因为各种不同的社区议题而产生矛盾。同住在一个临近的地方，未必就一定能产生社会联结或建立某种归属感。事实上，很多服务对象都认为他们所居住的社区并没有给他们提供归属感，甚至有时候社区还会给他们的生活品质带来消极的影响。在一个地缘性的社区环境中，往往会有许多因为不同利益和认同所形成的团体。

真正了解一个社区需要花费很多的时间和精力。但是，你会发现这是非常宝贵而有趣的经验。当你开始观察和理解个人、家庭和他们所在的街坊、社区的互动时，你会愈发沉迷于此。如果你所在的实习机构关注的是微观层面的服务，那你很快会看到社区因素是如何对服务对象的生活产生积极的影响，或是产生危害。如果你的实习机构主要侧重于宏观层面的服务，那你会理解每个社区都有其个性特点，为了有效地处理社会问题并带来社会所需的改变，你必须学会理解并欣赏社区的独特性。

社会工作者和社会服务机构必须明白权力和影响力是如何在社区中运用的。权力(Power)指的是让其他人做你想要他们做的事情之能力，而影响力(Influence)指的是能够提高其他人做你想要他们做的事情之可能性。成功地发展一个新的机构服务项目、通过一项法令、调整社会政策、带来社会变迁，都取决于有技巧地运用权力和影响力。社会工作者本身可能不具有太大的权力或影响力，因此，为了促进社会变迁，社会工作者必须和那些有权力和影响力并愿意为社会服务机构或服务对象发声的个人和组织连接，并建立关系。

权力和影响力有各种不同的形式。认识并记住社区中能够呼风唤雨的人是非常重要的，这些真正有权力和影响力的人往往是看不见的领导者。许多关键的决策者都在幕后，没有正式职位，但他们却能够切实地促进社会变迁。你需要和这些人建立关系，以便让你关心的社区议题得到更多关注，并帮助你一起推动社会变迁的发生。当你在从事社区工作实务的时候，你必须和以下这些具有影响力的人保持良好关系，他们能够和你一同推动社区发展：民选的政府官员、掌管信贷的人、控制媒体和资讯的人、企业的执行长或董事、受人尊敬的宗教领袖或有德之士、某个领域知名的专家、德高望重的居民、不具有职务的草根领袖、领导者或倡议团体、能够有效进行自我倡导的服务对象或居民。

三、重点指引与提示

当我们能够洞悉实务工作的社区背景情境时，我们便能理解人们都是被他们的生活经验所塑造的，这种经验既包括积极影响，也涵盖消极影响。在人们与其他个体、小团体或组织等发生互动的时候，人们可能得到支持或受到伤害，可能得到保护或面临风险，可能获得协助或受到控制，可能得到良好的服务或受到很大压力，可能获得鼓励或者愈发气馁；而这些便建构了我们所生活的社区。这些人与环境的互动对人们的社会功能和生活品质有很深远的影响。

我们应当意识到社会服务机构所服务的对象通常来自某个特定的地缘社区，同时也可能隶属于不同的利益群体及身份团体。我们需要知道这些不同的社区对服务对象的意义是什么，对他们能够产生哪些正面或负面的影响。你的服务对象非常有可能并不认为他们所处的社区是支持性和接纳性的，社区不愿意接纳他们或提供支持。这并不奇怪，尽管社区内的居民和服务机构都乐意提供帮助，但当人们经历生活的种种压力时，常常会认为社区对他们不关心、没有回应并对他们的文化不敏感。

如果我们从来没有遇到过服务对象所经历的那种负面社区生活体验，那我们需要知道自己所处的优越地位会让我们难以理解服务对象对社区的看法。他们可能没有机会去选择居住的地方，或者他们没有社会技巧来获得或提供足够的社会支持。你的服务对象可能会因为过往生活经验而形成他们对社区和你的实习机构的态度。

当我们直接和服务对象一起工作的时候，明确他们的社会角色（例如配偶、家长或员工等），并考虑社区中有哪些特质会促成或阻碍他们实现其社会角色。当我们检视社区对个人及家庭的社会功能产生何种可能的影响时，应考虑服务对象有哪些支持和机会可以促进或阻碍其发挥社会功能。

- 充足的就业机会，可以养活自己和家人。
- 足够、安全、可以支付得起的住房。

- 在家里和在社区中可以确保自己的人身安全，得到司法机关和安全政策的保护。
- 通过在社区中与他人的互动获得支持和增能。
- 在社区中获得接纳及公平对待。
- 能够获得公共交通、教育和培训、支付得起的医疗健康服务。
- 有可以影响到服务对象生活环境和政策的政治力量。

作为社会工作学生，当我们仔细观察并参与到特定社区中，我们会发现有一些常见的共通因素在影响着社区。以下所列出的社区动力状况值得我们密切关注。

- 所有的社区及邻里都有社会支持网络和非正式的助人者。然而，需要花特别的心力来明确这些资源，并把这些资源对接给服务对象或社会工作者。
- 在社区中，不同社会服务机构所提供的服务项目可能在功能和内容上存在一定程度上的重叠或重复。有时候这种服务的重叠是没有必要且浪费的。但在大部分情况下，这种重叠对服务对象而言是有利的，并且对整个服务体系来说也是有利的。
- 社区中的不同社会服务机构之间可能存在“棘手”的问题和冲突，冲突可能来自以下几个方面：在资金上的竞争、不同机构对于社区问题的界定和解释有所差异、机构认为各自所服务区域的边界有所不同。
- 即使和社区中的其他机构相比，某机构的使命和服务并没有那么重要和有价值，但如果该机构能够获得有权势和影响力的人的支持，那机构的资金就有了保障，并且容易获得认同。
- 对某些特定服务群体或社会服务机构而言，社区所持的负面态度会成为社会服务机构对该群体提供必要服务的最大障碍。
- 和其他团体相比，有一些特定团体更加有组织性，它们更擅长为自己倡导。
- 经济上萧条的社区往往蕴含各种社会问题，这些社区很难以积极的方式来支持社区里的成员。

从事中观和宏观实务的社会工作者必须对社区有所了解，这是因为他们的工作焦点是社区本身，而不是社区中的个人。中观和宏观层面上的实务工作把社区本身视为服务对象、工作的目标、行动和服务的焦点。当社会工作者从事中观和宏观实务时，必须运用他们对于社区的知识、沟通的技巧、营造健康社区的承诺、与社区中其他人进行合作的能力。对于上述能力进行创造性地综合运用，会帮助你提升服务对象及其所在系统的功能。而这是整个社会工作的总目标和根本目的。

社会工作在社区层面的实务目标有许多，但所有的目标都是基于这样一个信念——认为社区是影响人类发展的核心机制，社区能同时发挥正面和负面的作用。社区资产可以提升社会功能，而社区问题会对社会功能带来负面的影响。社区实务的建设视角(Building Approach)秉持这样一个信念——强大的社区可以提升社会功能——所以建设视角旨在辨识和强化社区资产。而社区实务的阻碍视角(Blocking Approach)则秉持这样一个信念——减少社区问题能够提升社会功能——故阻碍视角旨在辨识并解决社区的问题和服务漏洞。这两种视角并不互斥，事实上，社区实务工作者同时使用着这两个视角。表9.1描述了社区社会工作的实务目标。

表9.1 社区社会工作的实务目标

建设性目标(增加社区资产)	阻碍性目标(解决社区问题)
支持个人和家庭的社会功能	解决那些会危害或降低个体和家庭社会功能的问题
辨识并强化社区资产	辨识并解决社区问题和服务漏洞
建立社会资本	处理阻碍建立社会资本的障碍
通过对个人和团体的增能来辨识和达成目标	处理阻碍居民和相关团体社区融合的障碍
创造条件发展社区，从而促进社区的整体发展或局部发展	解决阻碍社区发展过程中的社区问题
和社区组织一起处理特定的社区问题	处理影响社区问题解决的整体状况
通过建立联盟、工作网络和合作伙伴来促成社区改变	减少团体之间的冲突、紧张关系、权力纷争
创造社区所渴望的社会变革	克服阻碍社会变革的障碍

许多概念框架构成了社区社会工作的基础，概念框架包括了解释性理论(Orienting/Explanatory Theories)。解释性理论试图解释并描述对个人、家庭、团体、组织、社区和社会而言，正向和负向的发展历程及功能为何。这些理论为社会工作者提供了参考方向，包括社会工作者在推动社区发展的过程中可以期待的收获有哪些、服务对象和其社会环境是如何互动

的、社会问题是怎样产生的，以及是什么影响了各层面的发展等。通常用来解释社区实务中社会现象的理论包括冲突理论、多因素理论、政治经济学理论、社会交换理论、社会学习理论、社会运动理论、社会系统理论、紧张理论(Strain Theory)、结构理论和亚文化理论等。回顾这些理论并明确这些理论的功能，可以帮助我们更好地理解社区和社区发展过程。

社区实务层面的实务理论或实务模式(Practice Theories/Models)指的是建立在解释性理论之上，契合服务对象的资源和需求，同时符合服务对象的价值观和观点的理论和模型。这些实务理论融合在干预计划之中，指导着计划的执行，并提供机会对干预的有效性进行评估。常见的社区实务理论或模式包括社区发展模式、社区组织模式、社区复原力模式(Community Resilience Model)、伤害减少模式(Harm Reduction Model)、社会变迁模式、社会发展模式、社会正义模式、社会策划模式、社会政策发展模式和结构模式等。

社区层面的社会工作角色和社会工作在微观视角下的角色既有相同之处也有不同之处，我们将这些角色列在了表 9.2 的第三栏中。我们需要仔细回顾这些解释性理论、实务理论或模式、社会工作角色，以确保我们能够理解每一个概念的意义，了解这些理论可以如何整合以更有效地引导社区变革，以及需要什么技巧和采取什么行动才能使社会工作的干预计划得以认真贯彻执行。

表 9.2 社区实务中的解释性理论、实务理论/实务模式、社会工作角色

理论取向	实务理论/实务模式	社会工作角色
冲突理论	社区发展模式	倡导者
多因素理论	社区组织模式	经纪人
政治经济学理论	社区复原力模式	社区发展者
社会交换理论	伤害减少模式	社区组织者
社会学习理论	社会变迁模式	促进者
社会运动理论	社会发展模式	调停者
社会系统理论	社会正义模式	关系网络建立者
紧张理论	社会策划模式	政策分析师、政策推动者
结构理论	社会政策模式	研究者
亚文化理论	结构模式	社会规划者

要寻找各种机会参与到社区实务中去。你可能有机会参加到社区的各项事务中去，例如撰写经费申请计划书，参与社区发展工作、社区团体的自我倡导活动、跨机构之间的合作事宜等。重新翻阅课本上关于社会工作专业起源部分的章节，你会意识到从专业发展的历史角度来看，社区发展一直是增强社会功能的重要方式，它对于促进个人福祉和社区之间的良好互动，发挥着重要的作用。

四、作业演练活动：培养社区工作实务技巧

以下问题和思考活动将有助于你了解你的社区，以及社区对你所在机构和服务对象所产生的影响。

1. 你所在机构服务的地理区域范围为何？

____

____

2. 你所在机构服务的社区、街道或区域的名字叫什么？

____

____

3. 请从以下这些人口统计学数据来描述你所在的社区：

人口总数

____

人口密度

____

____

各年龄层的人口比例

____

孩子________ 青少年________ 老者________

不同年龄、收入水平、种族的教育水平

____

____

不同年龄、性别、种族的平均工资

____

生活在贫困线以下的人口比例

需要社会救济的人口比例

在住房、公共设施、交通、儿童照顾部分的花费

不同族群的分布比例

4. 你所在社区中个人和家庭的最低生活工资标准是多少?

5. 社区的收入水平与省市、全国的平均水平相比如何?

6. 社区中存在哪些问题(例如犯罪问题、污染问题、缺乏价格合理的住房、贫困问题、腐败问题、暴力问题、糟糕的道路建设、过高的赋税等)?

7. 社区中最值得骄傲的是什么(例如美丽的社区环境、悠久的历史、怡人的气候、优质的教育资源、出色的运动队、社区精神等)?

8. 你所在的社区是否有接受联合之路(United Way)或其他联合劝募基金会资助的社会服务项目?这些基金会决定资助社会服务机构的标准是什么?你所在的机构是否获得了这样的资助?

9. 社区内一系列的社会服务项目中，是否存在着明显的不足之处？为什么会有这些不足之处？

____

____

10. 社区内的社会服务机构之间是否存在"棘手"的冲突或者竞争？如果是的话，这些冲突或竞争是如何影响你的服务对象的？

____

____

11. 你所在的机构是如何或者可以如何融入社区发展过程和社区组织当中？

____

____

12. 根据表 9.1 所列的社区实务的目标和目的，说明你所在的机构在社区工作中的目标和目的是什么。

____

____

13. 根据表 9.2 中列出的解释性理论，说明你所在的机构是运用哪些理论来理解服务对象所面对的社会议题或社会问题的。

____

____

14. 根据表 9.2 讨论的实务理论/实务模式，说明你所在的机构使用了哪些实务模式来指导其社区实务。

____

____

15. 根据表 9.2 中列出的社会工作角色，说明你所在的机构中的社工在社区实务中扮演的角色是什么。

____

____

16. 根据经验丰富的社会服务专业人士和专家的观点(例如你的机构督导)，下列社区资源是否充足？

住房　　　　良好________ 充分________ 缺乏________

学校　　　　良好________ 充分________ 缺乏________

警察和消防设施	良好_______	充分_______	缺乏_______
娱乐项目	良好_______	充分_______	缺乏_______
公共交通	良好_______	充分_______	缺乏_______
医疗照顾和医院	良好_______	充分_______	缺乏_______
精神健康服务	良好_______	充分_______	缺乏_______
儿童的日间照护	良好_______	充分_______	缺乏_______
家庭支援项目	良好_______	充分_______	缺乏_______
问题青年的服务项目	良好_______	充分_______	缺乏_______
物质成瘾治疗	良好_______	充分_______	缺乏_______
身心障碍人士的服务项目	良好_______	充分_______	缺乏_______
老人服务项目	良好_______	充分_______	缺乏_______

五、建议学习活动

- 参加跨机构的委员会或由各种社区组织成员作为代表所组成的专案工作小组。
- 阅读机构所撰写的项目资金申请书和工作报告，以了解机构是如何满足社区需求的。
- 查找并阅读社区资源手册和过往历史资料等，来帮助你更深入地了解实习机构是如何解决某个特定社会问题的。
- 上网查找你所在的机构所服务区域的人口普查数据。美国人口调查局的网址是：www.census.gov。
- 参加一些支持性团体的会议，这些支持性团体成立的目的是与你实习机构所欲解决的问题相关的。
- 在学者 Sheafor 和 Horejsi（2012）的著作中，有两节的标题分别是“了解你的社区”（168—170）和“社区决策分析”（222—224），仔细阅读这些内容。

六、参考文献

DiNitto，Diane，and Aaron McNeece. Social Work Issues and

Opportunities in a Challenging Profession. 3rd ed. Chicago: Lyceum Books, 2008.

Hardcastle, David, Stanley Wenocur, and Patricia Powers. Community Practice: Theories and Skills for Social Workers. 3rd ed. New York: Oxford University Press, 2011.

Hardina, Donna. Analytical Skills for Community Organization and Practice. New York: Columbia University Press, 2002.

Homan, Mark. Promoting Community Change. 5th ed. Pacific Grove, CA: Brooks/Cole, 2011.

Lohmann, Nancy. Rural Social Work Practice. New York: Columbia University Press, 2005.

Netting, F. Ellen. Social Work Macro Practice. 5th ed. Boston: Allyn and Bacon, 2012.

Rothman, Jack, and John Ehrlich, ed. Strategies of Community Interventions. 7th ed. Peosta, IA: Eddie Bowers Publishing, 2008.

Rubin, Herbert J., and Irene S. Rubin. Community Organizing and Development. 4th ed. Boston: Allyn and Bacon, 2008.

Sheafor, Bradford, and Charles Horejsi. Techniques and Guidelines in Social Work Practice. 7th ed. Boston: Allyn and Bacon, 2006.

Sheafor, Bradford, and Charles Horejsi. Techniques and Guidelines for Social Work Practice. 9th ed. Boston: Allyn and Bacon, 2012.

Twelvetrees, Alan. Community Work. 4th ed. New York: Palgrave MacMillan, 2008.

Weil, Maria. The Handbook of Community Practice. 2nd ed. Thousand Oaks, CA: Sage Publications, 2012.

七、本章回顾

实务练习

1. 由地缘形成的社区指的是

A. 一个地理意义上的社区

B. 社会服务机构所在的社区

C. 有认同感的社区

D. 一个邻里

2. 一个有共同利益和身份认同的社区指的是

A. 一个自发形成、有着共同利益或共同特征的群体

B. 一个地理意义上的社区

C. 一个由亲缘关系形成的社区

D. 关注干预方式

3. 如果一个社区不能支持社区内居民的社会功能，则

A. 这个社区有资格申请联邦补助资金

B. 社会工作需要用家庭支持来取代现有的工作模式

C. 社会服务机构面临资金不足

D. 社区本身将成为干预的对象

4. 在社区中，正式权力和社会影响力之间的差别如何？

A. 这种差别非常小，也不太可能影响决策的制定

B. 这种差别是很重要的，因为可以支持社会变迁的人可能是那些不具有正式权力的人

C. 这种差别是法律所规定的，区分了领导者拥有的权力

D. 这种差别是不相关的

5. 社会资本是建立在社区中的各种关系及其互动之上的，并且

A. 与非正式网络相一致

B. 用来组织社区

C. 包括了社区中的相互合作和信任，从而决定采取什么干预模式

D. 指的是互助小组

6. 社区资产地图(Community Asset Mapping)是指

A. 社区中交通系统的网格点

B. 美国联合之路(United Way)所需要的

C. 社区的焦点小组

D. 通常是和社区需求评估一起实施的

7. 在社区实务中，社会工作者采用了哪些实务理论/实务模式？在实施这些实务模式时，社工扮演了什么样的角色？

第十章

实习中的社会问题议题

本章大纲

- 本章预览
- 基本概念与背景资料
- 重点指引与提示
- 作业演练活动：社会问题与社会工作的回应
- 建议学习活动
- 参考文献
- 本章回顾

一、本章预览

本章描述了社会情境、社会压力源、社会问题、社会政策、社会福祉等概念的界定。对于这些概念的界定既是基于对社会问题的不同视角和取向，同时也基于社会情境、社会压力源、社会问题这三者之间关系的不同视角和取向。本章还描述了社会工作在解决社会问题过程中所扮演的角色。最后，本章为更好地理解社会问题提供了指引，并阐述了社会问题对社会功能的影响。

大多数聘请社会工作者的机构和组织，它们的任务是应对某个特定的社会问题或社会需求。这些问题和需求的认知，可能来自民选政府官员（对公立机构而言），也可能来自社区中一群有权力和热忱的领导者（对民间非营利机构而言），又或是来自投资方（对营利机构而言）。为了理解你所在机构的宗旨、政策和运营方式，很重要的一点是你需要仔细检视机构关注且为之投入资源的社会问题或社会情境。

二、基本概念与背景资料

要对“社会问题”（Social Problem）这个词进行概念化及定义是一个非常复杂的过程。社会问题受到历史、政治、文化和现有的科学知识的影响。一个特定的社会情境，是否能被称为一个社会问题，常常会有激烈的争议。即使大家都认为某个社会情境已经是一个社会问题了，但争议仍旧存在。人们对于这个社会问题产生的原因、这个社会问题的严重性以及我们可以或应该做些什么来解决这个社会问题有着非常大的争议。此外，对那些正在经历社会问题的人们，他们究竟是该受到指责并对他们的现状负责，还是因为他们本身已经在尝试应对和改变情境而应该获得他人的支持，大家对此仍有很大的争议。

例如，社会中会有一部分人认为儿童虐待问题是家长失职、家长没能照顾好子女。这部分人不会考虑历史因素对于儿童虐待问题造成的影响，也不会考虑家庭压力、经济收入不稳定对于亲职能力缺乏产生的影响。对某些人而言，无家可归应当被看作个人的责任问题，而另一部分人则可能认为无家可归问题是与低收入、较高的生活消费水平、医疗保险的匮乏、遭遇经济压力时社会安全网络体系的缺乏有关。

一个社会问题如何被定义，社会主流如何看待社会问题产生的原因，这些对于之后社会政策的制定、相关社会服务项目的设计都具有非常深远的影响。此外，随着我们对社会问题的理解不断改变，机构也必须随之进行改变，及时调整机构的指导方针和服务计划，以符合对这些问题提出的新解释。

社会情境（Social Condition）是一个客观事实，是可以被观察和测量的。例如，在美国，许多婚姻最终都以离婚收场；流浪者中很大一部分是全家人一起流浪；在某些社区，绝大多数的孩子都处于肄业状态；大学毕业之后没能找到稳定工作的人数日益上升。这些都是事实，但是它们真的都是社会问题吗？如果是的话，为什么这些事实是社会问题？是谁决定了一个特定的社会情境是社会问题呢？社会问题在什么时候需要社区或政府的介入，并采取行动？社会中哪个群体的价值观、规范和信念形成了对社会问题的判断？

社会压力源（Social Stressor）是指一个或一系列的事件，或者脆弱的个人、家庭、群体或社区经历了重大危机之后，推动了社会情境演变成社会问题的状态。如果个人、家庭、群体或社区遭受许多社会压力源，却没有得到足够的社会资源、资产或者其他可以使其复原的因素的话，那这个个人、家庭、群体或社区就会觉得自己需要独自承受来自真实的社会问题所带来的影响，在这种情况下，他们可能需要正式或非正式的服务。

社会问题(Social Problem)可以被界定为对个人或社区造成负面影响的社会情境，而这个社会情境使得社会中一部分人的社会福利、价值观和福祉受到威胁。我们之所以会如此看待社会问题，是因为许多人认为这种社会情境的存在是错误、有害或不道德的。一些人把社会问题界定为违背人权或社会经济正义的状况。另一些人认为特定的社会情境是一种社会问题，因为这种社会情境违背了他们一直持守的价值观，要求采取集体行动并投入各种资源来应对。还有人认为这种社会情境只是生活中可以接受的一部分，并不需要采取特别的行动进行回应。社会情境之所以会成为社会问题，是因为社会情境威胁到了社会中有权势和有影响力的人，威胁到了他们的价值观、道德感、安全感或者自身的生命安全。于是有权势及影响力的人会采取强有力的集体行动，最终推动制定新政策、设立项目、建立解决这些社会问题的社会服务机构。这些行动都是属于社区层面或政府层面的行动。

图 10.1 描述了由社会情境而形成的社会压力是如何影响弱势家庭，并最终迫使其面临社会问题的。

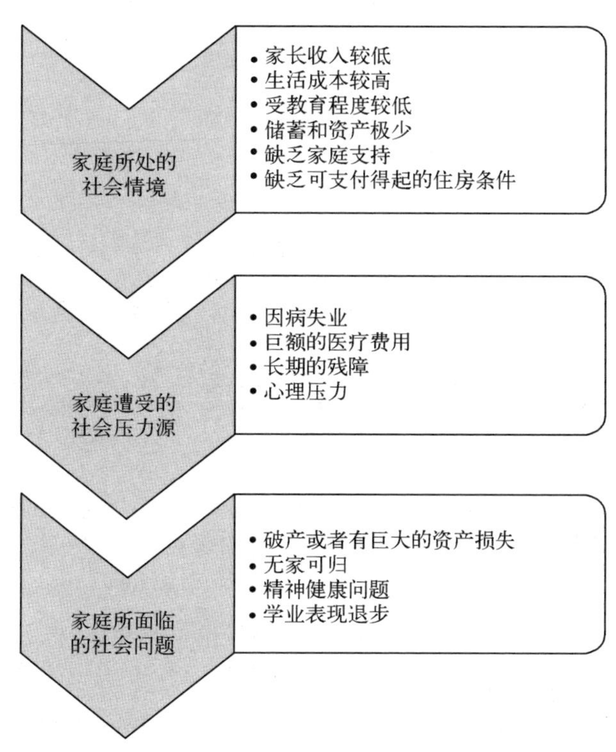

图 10.1 社会情境、社会压力源和社会问题之间的关系

社会问题集群(Social Problem Clusters)会不断地升级，这意味着社会问题之间往往会以复杂的方式相互交织，有时一些社会问题导致了另一些社会问题的产生，也有时候是提高了另外一些社会问题产生的可能性。当社会环境遇到压力并且在微观、中观、宏观层面遭遇了社会问题时，社会环境会试图改变或解决这些社会问题。有时可能会成功地解决了社会问题，但有时可能并没有解决问题。与之相反的是社会福祉集群(Social Well-being Clusters)。社会福祉集群产生于一个有能力根据社会问题进行学习、解决、调试的社会环境。表 10.1 描述了社会问题集群和社会福祉集群在微观、中观和宏观的实务层面对社会问题中贫困问题和无家可归问题的回应。这个表格展示了社会问题集群如何在微观、中观和宏观层面产生负面影响，从而导致了社会功能的削弱。同时，这个表格也展示了社会福祉集群如何在所有层面产生正面影响，从而促进社会功能的提升。社会问题集群需要减少和限制，而社会福祉集群应当得到增强。

表 10.1　社会问题集群和社会福祉集群：以微观、中观、宏观层面为例

社会问题集群/社会福祉集群	微观层面(家庭)	中观层面(社会服务机构)	宏观层面(社会政策)
遭受了一种社会问题之后，很有可能遭受另一种社会问题 ↓	贫困导致了无家可归问题 ↓	日益增多的无家可归问题提高了对机构服务的需求 ↓	日益增多的无家可归问题导致了对资金的争夺 ↓
社会问题超过了资源、复原力和资产可以解决的范围 ↓	社会压力源导致了贫困家庭的功能紊乱和不稳定性 ↓	日益增长的需求超过了机构可以提供服务的资源 ↓	社会政策和项目不能满足日益增长的需求 ↓
希望、自我效能感和解决问题的能力都开始降低 ↓	个人和家庭对自身和社会系统都失去了希望 ↓	机构调低了对解决社会问题和达成机构使命的期待 ↓	社会管理者和政策制定者降低了对社会政策的期待 ↓
社会问题数量开始增多，社会问题严重程度不断加剧 ↓	贫困问题、健康问题、精神健康问题进一步恶化，可能出现失业 ↓	服务水平的削弱对服务结果和服务效果的质量产生影响 ↓	社会政策无力解决社会问题，又滋生了其他的社会问题 ↓
遭受社会问题为日后社会系统处理其他社会问题做了更充足的准备 ↓	贫困促使家庭追求更好的教育，重新排列家庭中优先考虑的事情 ↓	策略性的计划和未来的规划为机构应对日后的需求做了更充足的准备 ↓	根据日益增长的需求来调整社会政策 ↓

(续表)

社会问题集群/社会福祉集群	微观层面(家庭)	中观层面(社会服务机构)	宏观层面(社会政策)
有充足的资源、复原力和资产来解决更多的社会问题 ↓	社会压力源促使贫困家庭学会使用并开发身边的资源 ↓	机构中稳定性和应变性的规划帮助机构获得成功 ↓	社会规划和预算中能够有新增的资源加入分配 ↓
怀有希望、保持自我效能感、解决问题的能力 ↓	小小的成功促使个人能力的维系,并强化个人技巧的提升 ↓	机构从挑战中吸取教训,并根据需求调整服务 ↓	政策制定者根据经验来做好应对未来有可能发生的社会问题及人们的需求 ↓
维持社会福祉,以应对社会问题	个人和家庭保持自身的良好状态,并运用经验使福祉得以延续	机构继续提供可行的服务,并及时根据需求做出回应	政策因其有效性而获得持续的支持

当有权势和有影响力的个体或团体开始认为某一社会现象或社会情境是一个社会问题，并且威胁到他们自身的价值观时，他们就会决定采取一些社会政策或社会行动来解决这个问题，或是减少这个社会问题的负面影响。我们有许多不同的甚至对立的理论来解释社会问题产生的原因。每一个理论旨在解释为什么这个社会问题会存在，以及我们可以做些什么或应该做些什么来应对这个社会问题，并因此提出许多不同的应对策略或行动。每一种应对策略都基于特定的假设、价值观和信念，这些不同的观点对于问题的成因以及何种干预是必要、可行且有效的有着不同的主张。它们对于什么是可行的、令人满意的应对策略，有着不同的看法。同时，对于如何测量结果的有效性也存在不同的判断。是否应该通过增加税收来增加社会服务的资金；社会服务项目和社会政策是否造成了民众的依赖；对于社会问题究竟是应该解决其症状，还是解决其根源；解决问题的责任究竟是个人和家庭的，还是社区或社会的；这些议题从过去到现在，都面临着许多争论。

那些处于决策位置的人，通常会支持和赞助有关某一社会问题成因的研究，并寻求专家的意见。但是在最终的分析阶段，对于社会问题的属性和成因的判定常常很大程度上受到政治的影响，并反映那些有权势和影响力群体的观点。这就是为什么如果社会工作者想要推动社会政策的变革、造福服务对象，那就必须在政治舞台和社会政策的舞台上表现出很强的实力。要做到这一点，社会工作者需要清楚了解社会问题的复杂病因，并向决策者和政策制定者加以澄清，游说那些有权势和影响力的人合力来解决社会问题，并在社会服务项目发展和社会政策形成的过程中扮演领导者的角色，从而有效地推动社会问题的解决。

需要采取哪些行动来解决社会问题的决策制定过程，最终会形成所谓的社会政策(Social Policies)。有关社会政策的更多细节，我们将在第十一章(实习中的社会政策议题)加以详细阐述。社会政策包括联邦政府、州、地方的法律、法规、条例等，它们被用来解决社会问题。社会政策可以对所提供的服务进行委托，鼓励社会组织提供社会服务，资助社会服务项目，设定社会服务项目的优先顺序，或是设定社会服务的类型、质量与标准。许多社会服务机构，通常也是社会工作实务的机构，它们有责任贯彻执行社会政策，并依此设计特定的服务项目和干预计划来解决社会问题。而机构员工采取的特定行动，则被称为实务工作(Practices)。

三、重点指引与提示

在任何社区或社会中，都存在许多不同的观点，每个观点背后都有其数量庞大的支持者。他们试图理解并解释他们所观察到或遭遇过的社会问题。这些不同的观点是基于个人的经历、态度、价值观、信息甚至是刻板印象。你可能认为某些视角是有偏差或有误解的，但是你要意识到，这种信念对那些支持这些看法的人而言，都是合理且有效的解释。并不是所有人都会认同某一社会情境就是社会问题，同样，对于导致社会问题的根本原因为何，也存在着不同的看法。此外，对于解决社会问题该采取何种社会政策，更是争论不休。

上述论述可能会让你感到困惑，不知道该如何下手解决社会问题。你问问自己下列问题，或许会有所帮助。下列问题可以为你和你所在机构所关心的社会问题提供一个更为广阔的视角。

- 你所关心的实际社会情境是什么？
- 观察到这一社会情境的人们是如何描述它的？这个个人或群体是如何界定这个社会情境的？
- 有哪些人认为这个社会情境是社会问题，而哪些人不这么认为？
- 持有不同观点的群体是如何建构他们的视角的？

- 这个社会情境的范围和规模有多大？有没有进一步恶化的趋势？这个社会情境与其他地区的类似社会情境有何异同？
- 这个社会情境对于社会主流价值观产生了什么样的潜在威胁？
- 关于这个社会情境有哪些相关的成因理论？
- 在制定社会政策来解决这个社会情境的时候，这些成因理论是如何发挥影响的？

这些对立的观点和由此引发的政治辩论，有时候会出现在你支持的社会政策中，而有时候也会出现在那些你认为没有效果甚至会产生伤害的政策中。我们需要记住的是，民主政治的过程是被公众态度、价值观、各种信息及权力所影响的。为了能够产生影响，我们需要介入政治过程，运用各种技巧来倡导服务对象所需的社会政策，这并不是一件容易的事情，因为每一个与政策制定相关的人都会固执己见。而那些被社会问题所牵连的、受到社会政策负面影响的人们，往往却没有权力。

随着我们的社会越来越多样化和多元化，人们对于社会情境和社会问题的思考视角也会更加多样化。努力去理解那些和你观点不同的想法和视角，想想如果从这些视角出发，是如何定义社会情境和社会问题，并形成了不同的应对策略的。对于社会问题的产生以及该如何应对的议题，持有不同观点的群体之间一定会发生越来越多的讨论、激烈辩论甚至冲突。如果你想要解决社区或社会层面的社会问题，那么就需要提出合理而可行的数据，并在辩论中施加影响。

在很大程度上，你对社会情境和社会问题的理解，是植根于你的人文科学知识背景的，这包括了社会学、心理学、经济学、政治学、人类学和历史学等。你自己的个人经历会加深你对某种特定社会问题的理解，但这些个人经历也可能会使你产生某些偏见，特别是当你在情绪上仍旧无法解决这些经历给你带来的痛苦与冲突时。你要努力去理解对于社会问题，你真正的看法是什么，以及你为什么会有这些看法。

我们需要记住的是，当服务对象正在经历某一社会问题时，他们对问题的看法可能会和我们的观点大相径庭。你和其他专业人士认定的社会问题可能在服务对象看来并不构成社会问题。如果你从来没有经历过贫困或无家可归，没有在一个非常不安全的家里或社区生活过，没有受到过种族歧视的困扰，你可能没法完全体会这些经历所造成的深远影响。敏锐地倾听服务对象对其生活经历的解释，会帮助你更好地理解这些经历对服务对象的重要性及对他们生活所造成的影响。

不断深化你对社会问题相关知识的学习，例如贫困问题、犯罪问题、种族歧视问题等。学习这些知识不仅可以帮助服务对象提升他们的社会功能，还能够帮助你更好地预防问题的发生。正如你之前所学过的那样，大部分的社会问题是个人、家庭、社区和社会力量之间复杂的交互作用的结果。因为这种交互作用，当我们尝试去解决这类大规模的社会问题(例如贫困问题或种族歧视问题)时，就需要从多个层面进行考量，并且与社会层面的变革相契合；同时，我们也需要对那些遭受贫困或种族歧视问题的服务对象给予直接的支持服务。如果你对与各种社会问题相关的个人、家庭、社区和经济因素了如指掌，那你将会设计出更为有效的干预计划和预防策略。

运用你对生态系统视角、社会系统理论的理解，来检视社会问题是如何不断变化发展的，并确认产生社会问题背后的各种因素、情境、环境及其之间的交互作用。随着我们的经验越来越多，你会更加清晰地看到一个社会问题是如何引发，甚至加剧另一个社会问题的；为何有些问题会聚合在一起，使得服务对象和社区无法应对，并导致严重后果；同时你也会看到，只有发生宏观层面的社会变迁，才能增强个人和家庭的社会功能。

努力思考“预防”(Prevention)这个概念，想想在面对社会问题的时候，你可以采用什么样的方式预防社会问题的发生。在社区和社会层面需要做哪些必要的改变，从而在一开始就能避免有害的社会情境和社会问题发生？现有的预防项目看起来是有效的吗？我们是否有知识、资源和政治意愿来促成有效的预防项目？不同的解决方案所需要的成本是多少？我们可以从哪里获得这些资金？在你考量各种应对策略的时候，考虑一下各种策略在微观、中观、宏观层面的利弊、可行性及有效性。有哪些群体可能会反对这个项目？为什么？你可以预测到会发生哪些事情吗？

在你实习的过程中，你很可能会遇到一些很棒且积极乐观的服务对象，尽管他们是在逆境中成长起来的。因为一些原因，我们才刚刚开始明白，有些个体是有复原力的，并且能够抵抗住由困境带来的消极影响。他们可能在各个层面获得社会支持，从而使个体的优势和应对技巧得以增强，这让他们尽管身处逆境，却仍然能发挥功能。

我们要努力去理解为什么个体在面对社会环境中积极的和消极的方面，会有不同的回应方式。询问并了解你的服务对象的优势是什么，复原力因素(Resiliency Factors)有哪些，以及如何运用这些来克服社会环境中的不利因素。尽管对服务对象赋能是一项非常重要的工作，但你的工作不只是单单对服务对象赋能。我们需要明白，同样重要的是我们可以在宏观层面进行介入，从一开始就预防负面环境的发展。

思考并回应社会工作者在解决下列社会问题中所扮演的各种角色：增进人们对社会问题的认识、设计干预方案、执行服务项目、参与研究、影响社会政策等。表 10.2 说明了社工是如何通过有效的社会政策实务来解决社会问题的。

表 10.2　社会工作者在社会政策实践中的角色

对社会问题进行辨识	社会工作者参与到为了解决社会问题而展开的计划性改变过程(Planned change Process)中。这一过程包含了对社会问题的识别、命名和强调，从而使得社工和其他人都可以对社会问题进行回应。社会工作者让人更清楚地看到目前存在的社会问题及其影响范围和严重程度，展现社会问题对于社会各个层面的负面影响，解释社会问题之所以发生的各种复杂的原因，对社会问题提出统一的定义，向遭受社会问题影响的群体表达同理，解释社会问题的多样性及差异
对社会问题进行干预	社会工作者与相关人员合作，设定目标、设计服务项目，以解决社会问题。社会工作者消除人们对社会问题的偏见，致力于塑造健康的态度、呼吁民众的共识、澄清社会价值、把不同利益相关者的想法整合到干预计划中，并预计改变可能的助力及干预可能的阻力。社会工作者把最佳的实践和创新方法整合到干预计划中。社会工作者邀请受社会问题所影响的社会系统一起，共同努力解决问题，并对干预和项目的结果及有效性进行评估
对社会问题进行研究	社会工作者针对社会问题，进行证据为本的实践研究，并通过参与项目评估来判断干预和项目的有效性。社会工作者运用不同的研究取向，包括过程研究、结果研究、量性研究、质性研究和行动研究等。社会工作者邀请服务对象一起参与评估。社会工作者运用研究结果来理解社会问题产生的原因及其影响因素。最后把研究结果传递给一线实务工作者、社会规划者、政策制定者和教育者
社会政策实践	社会工作者向服务对象、利益相关者和政策制定者告知项目评估的数据。社会工作者推动新的政策倡议，并基于研究成果提出相应的政策修订方案。社会工作者运用生态系统视角和社会系统理论来影响整个社会政策的发展过程

四、作业演练活动：社会问题与社会工作的回应

1. 你所在的实习机构主要解决的是哪些特定的社会情境、社会需求或者

社会问题？采用什么标准或测量手段来记录社会问题或社会情境的严重程度？

____

____

2. 最近几年，这些社会问题有没有进一步恶化？或还是老样子？抑或已经有所改进了呢？这些社会问题放在全州或全国范围内进行比较的话，它们的严重程度如何？

____

____

3. 如果这些社会情境或社会问题规模进一步扩大，并且恶化的话，会对社区造成什么样的影响？

____

____

____

4. 你所在的社区有没有一些团体或者组织认为你们机构所关心并试图解决的社会问题并不是真正的、核心的社会问题，并认为你们机构所提供的相关项目和服务是没有必要或犯方向性错误的？换句话说，有没有人不相信也不支持你们机构所做的事情？

____

____

____

5. 针对这个社会问题的严重程度，有没有不一样的观点和视角？如果有的话，这些不同的观点是否是由于对该社会问题的定义不同、所使用的数据不同或态度不同所造成的？

____

____

____

6. 是否有哪些新的研究发现、最佳实践、证据为本的实践改变了你所在机构对社会问题、社会情境、社会需求的定义与解释？它们是如何实现的？

____

____

____

7. 你所在机构关心的并试图解决的社会问题，是如何与更大范围的社会问题发生联系的？这些更大范围的社会问题包括：贫困问题、犯罪问题、种族歧视问题、暴力问题、高离婚率问题、物质滥用问题、缺乏可支付得起的医疗服务、失业问题或社会价值和社会观念的改变等。

____

____

____

8. 面对社会问题或社会情境，我们需要采取哪些特定的步骤或行动进行预防？要怎么做才能防止这些社会问题交织发生？

____

____

____

9. 为了构建你所在机构所要解决的社会问题的知识体系，你建议开展哪些调查研究或示范项目（例如：福利改革对贫困率的影响、遗传因素对物质依赖的影响、暴力问题的干预原则、缺乏医疗服务所导致的长期成本等）？

____

____

____

10. 你该如何保持乐观的心态，以相信社会问题是可以得到解决、减少或抑制的？

____

____

____

11. 当公众或者在社会服务领域的工作人员有下列与社会问题相关的说法时，你该如何回应？

“社会问题永远无法被解决。”

____

____

“这个问题不会影响到我。”

____

____

“这不是我的问题，也不是我的责任。”

“一个人无法解决如此巨大的社会问题，所以我更情愿与服务对象开展一对一的服务。”

“这全部都是政治。”

“应该有人来做些什么。”

五、建议学习活动

- 采访你所在机构中有丰富经验的专业社工，以便更好地了解社会问题的成因理论是怎样影响机构项目，并影响机构与服务对象之间的互动的。
- 参加公共会议(例如市议会)并阅读写给当地报社编辑部的信件，从而更好地了解人们描述社会问题的各种方式，并了解人们所认为的各种可行、合理的解决办法是什么。
- 参加界定社会问题定义的会议，与会的团体或组织可能和你的机构持有不同的想法，尝试理解他们的基本观点。
- 找一个自助团体，该团体要解决的社会问题与你所在机构要解决的问题一致。参加一次他们的会议，以了解该团体对于社会问题的解释和应对方式与你所在机构是否存在差异。
- 翻阅《社会工作大百科全书(Encyclopedia of Social Work)》中有关社会问题的部分，从中总结出社会工作者和社会服务机构可以如何解决这些问题。
- 查阅最新版本的《社会工作年鉴(Social Work Almanac)》或类似的

参考资料，它们会呈现与社会问题相关的全国性统计数据，分析你所在机构要解决的社会问题的相关数据与全国性数据相比，情况如何。

- 阅读报刊及电子媒体对社会问题的描述。注意媒体是用优势视角还是劣势视角来看待社会问题的。

六、参考文献

Eitzen, D. Stanley, Maxine Baca Zinn, and Kelly E. Eitzen Smith. Social Problems: Census Update. 10th ed. Boston: Allyn and Bacon, 2012.

Hardcastle, David A., Patricia R. Powers, and Stanley Wenocur. Community Practice: Theories and Skills for Social Workers. 3rd ed. New York: Oxford University Press, 2012.

Hoefer, Richard. Advocacy Practice for Social Justice. 2nd ed. Chicago: Lyceum Books, 2012.

Jansson, Bruce. Becoming an Effective Policy Advocate: From Policy Practice to Social Justice. 6th ed. Belmont, CA: Brooks/Cole, 2011.

Kettner, Peter M., Robert M. Moroney, and Lawrence L. Martin. Designing and Managing Programs: An Effectiveness-Based Approach. 4th ed. Thousand Oaks, CA: Sage, 2012.

Kinsterbusch, Kurt. Taking Sides: Clashing Views on Social Issues. Columbus, OH: McGraw Hill, 2012.

Leon-Guerrero, Anna. Social Problems: Community, Policy, and Social Action. 3rd ed. Thousand Oaks, CA: Pine Forge Press, 2010.

Lieberman, Alice. The Social Workout Book: Strength-Building Exercises for the Pre-Professional. 2nd ed. Thousand Oaks, CA: Pine Forge Press, 2010.

Mizrahi, Terry, and Larry Davis. The Encyclopedia of Social Work. 20th ed. Washington, DC: NASW Press and Oxford University Press, 2010.

Sullivan, Thomas. Social Problems. 9th ed. Boston: Allyn and Bacon, 2012.

Unrau，Yvonne A.，Peter A. Gabor，and Richard M. Grinnell. Evaluation in Social Work：The Art and Science of Practice. 4th ed. New York：Oxford University Press，2007.

• • • 七、本章回顾

实 务 练 习

1. 并不是所有利益相关者对社会问题都持有一致的看法，这是因为

A. 缺乏信息

B. 对于某一社会情境，是否可以接受其价值观或视角的程度有所不同

C. 社会问题这个概念没有明确的定义

D. 在公共关系当中，社会工作者总是失败

2. 社会问题

A. 应当符合联邦政府对于赈灾的救济标准

B. 无法通过社会政策完全解决问题

C. 经常阻碍社会服务机构的工作

D. 破坏人权和社会工作伦理

3. 社会公共服务项目的设立，通常是用于解决特定的社会问题的。下列关于项目的说法，哪个是正确的？

A. 项目是用来解决特定社会问题的

B. 项目没有一定要去解决的社会问题

C. 项目获得资金的多少与它们是否能很好地解决社会问题有关

D. 项目通常聚焦于社会问题的预防

4. 将社会问题视为一系列相关联的因素发生作用的结果，这样的观点是

A. 批判性社会工作理论

B. 优势视角的一个例子

C. 家庭结构理论

D. 采用生态系统视角的观点

5. 通过什么方式可以获得对社会问题的最佳预防？

A. 识别社会问题多层次的病因

B. 开展学校为本的基本预防项目

C. 依靠证据为本的实践

D. 提高国家的财政支持

6. 社会服务项目需要基于对社会问题非常准确的预估，原因是

A. 资金有限

B. 资助方要求进行

C. 有了好的预估，干预会更加有效

D. 项目的结果需要根据预估的数据才能得出

7. 从生态系统视角出发，讨论社会问题集群和社会福祉集群的动态发展过程。

第十一章

实习中的社会政策议题

本章大纲

- 本章预览
- 基本概念与背景资料
- 重点指引与提示
- 作业演练活动：社会政策分析
- 作业演练活动：社会政策反思
- 建议学习活动
- 参考文献
- 本章回顾

一、本章预览

本章主要讲述的是社会政策实务，包括对社会政策及其相关术语的概念界定。在这一章中，我们还描述了社会政策的类型，并阐述了社会政策在形成和执行过程中的理想路径与现实路径。此外，本章还提供了一个社会政策的分析架构，从而帮助你更好地了解社会政策在解决社会问题时的效果及效率。最后，本章还讲述了与社会政策实务相关的基本原理和基本价值，同时为我们执行和调整社会政策提供了指引。

之前的几章主要关注的是实习中的机构、社区和社会问题的议题。在本章中，我们将关注实习的第四个议题——社会政策议题。你所在实习机构的服务对象、社工和其他员工，甚至是你的实习经历等都会受到社会政策的影响。本章尝试通过定义和区分社会政策相关术语及解释社会政策对社会服务机构及其服务对象的影响，来帮助我们厘清社会政策的本质。我们还会提供一些特定的建议，帮助你去明确并找到与你实习情境相关的社会政策。

学习社会政策的过程是一个非常有趣的活动，因为学习社会政策包括了对社会的观察和检视、社会对于人们抱有什么样的信念、如何看待人们所遭受的社会问题、我们可以和应该做些什么来处理这些问题等。在这个过程中，也要求我们去关注并认真检视自身的假设、信念和价值观，有时我们会很惊奇地发现原来自己是这样的人，原来自己有这样的观点。尽管学习的过程非常刺激有趣，但学习社会政策也是一项复杂而艰巨的任务。例如，在分析某个特定的社会政策时，学生要能够找到相关的政府文件和法规条例；需要了解立法的过程；并且对影响社会政策制定和执行的诸多因素有基本的了解，包括历史的、政治的、文化的和经济方面的因素等。

二、基本概念与背景资料

在本章中，社会政策（Social Policy）指的是政府部门制定的各种决定，包括对各种资源、权利、责任的指派与分配，并以法律和政府法规的形式加以呈现。在这个定义中，资源（Resources）指的是各种有形和无形的社会经济利益与机会。指派（Assignment）和分配（Allocation）指的是政策对全体民众或部分民众提供或取消某些资源。责任（Responsibilities）指的是对于服务提供者和服务接受者所持有的各项期待。权利（Rights）指的是对既有的自由和资格的保障。

通常而言，立法者和政府官员会针对不同的议题制定出相应的政策。因此，公共政策涉及国际关系、经济与货币制度、税收结构、国内外贸易、军事与国防、高速公路、公共土地的使用、环境安全、教育等。而社会政策处理的大都是与人们的社会福祉相关的事情，以及社会中各团体之间的关系。因此，社会政策的关注点聚焦于婚姻、离异、领养、家庭暴力、老人需求、青少年犯罪、精神健康、对少数族裔的歧视、为弱势群体提供职业培训和就业岗位、对贫困人士的经济补助、提供住房、移民等类似的议题。社会福利政策（Social Welfare Policy）通常指的是对有需要的人进行经济利益分配的社会政策（例如公共援助、廉租房、医疗救助、儿童照护补贴等）。这些福利的实施依赖于联邦和各州所制定的法律和社会政策，有些的确是非常有效的社会政策，而有些则没有发挥效果。

社会政策与社会问题直接关联，并且旨在预防、缓解或解决该社会问题。因此，一旦我们确认了某个社会问题，持有不同价值观、信仰体系、政治属性的各种团体就会进入社会问题的解决过程，他们通常会采用法律的形式，而这个过程事实上也会导致社会结构的变化，这些做法有时有利于社会问题的解决，有时却会使之加重。社会政策通常指引着社会服务机构的工作，包括服务内容、服务标准和经费预算等。此外，社会政策也提供了一套工具，用来测量服务的有效性及机构对公共资金使用的责任。

社会政策一直处于不断接受各方评估的状态之中，也会受到社会政策发展过程中不同维度因素的影响。表 11.1 描述了在社会政策形成、执行和修正过程中的理性路径与现实路径。在理想的世界中，社会政策的每一个维度都得到了充分的发展，并依据理想的路径形成了社会政策。然而，现实生活中社会政策其实很少按照理想路径发展，这意味着社会政策并不总是全面而有效的。在你了解社会政策发展过程的时候，学习用这些术语来描述这个过程。

表 11.1　社会政策理性路径和实际路径

社会政策的维度	理性路径	实际路径
价值基础	理想主义的	政治妥协的
知识基础	对社会问题及其成因有全面的理解	对社会问题及其成因的理解较为片面
适用范围	全面的、普遍的	有限的、片面的
时间维度	及时的、未来取向的	缓慢的、危机取向的
利益相关者	以服务对象为核心，涉及所有的利益相关者	有政治权力和影响力的利益相关者
实证基础	基于事实和可靠的研究	基于对事实和情感的诠释
现有社会政策与未来社会政策之间的关系	基于目前有效的政策之上，并具有成长空间	与目前有效的政策无关，缺乏未来考量
合理性	有目的、有计划	被动、摇摆不定

立法部门通过制定和颁布相关法律，使社会政策正式出台，政策既有属于中央政府层级的，也有属于地方政府层级的。一旦出台了相关的法律，政府高层和司法部门通常会出台一系列配套的规章制度，以详细描述法律实施的各项细则，它们通常被称为行政规章和实施细则（Administrative Rules and Regulations）。随后，这些法律规定和规章制度被写进公立机构的机构政策规章手册当中，用来指导机构的日常运行，指导机构员工的日常决策和行动。在法律规范、总统或州政府颁布的行政命令、政府官员颁布的行政法规和政府高级官员的声明或演讲中，我们都可以发现社会政策相关的陈述。在某些情况下，法院的法律判决也会对社会政策的制定产生影响。

尽管机构的政策(Agency Policy)并不是社会政策，但是社会政策的确逐级向下影响，最终通过各种方式影响着机构政策手册的制定。在地方层面上，社会政策对机构提供的服务和项目有着重要的影响，它决定了社会工作者应该为服务对象提供何种服务。社会政策对于机构政策的影响，最明显的例子就是在公立机构。因为，在公立机构的政策手册中，许多条例都可以找到与之对应的法规条例和各级政府制定的规章制度。

社会政策通常反映了整个社会的价值观，包括是非观、善恶判断等。这些观念通常都受到社会上有权势和影响力者的影响。社会政策的制定基本上是一个政治运作的过程，而政治本质上而言就是权力。政策实务的目标，就是通过获取权力、行使权力和维持权力，进而影响社会政策的制定。所幸，社会政策实施的有效性是可以被监控、测量和评估的，最终的结果会对政策制定者公开。因此，社会政策得以持续改进，从而能更有效地解决社会问题。

如果决策者不了解社会问题，或是对社会问题的成因存在错误认识，那就会造成不良的社会政策，随之所产生的各项社会服务也会存在漏洞。那些理解社会问题实质、洞悉当前政策和相关服务存在缺陷的专业人士，有义务和机会向决策者提供正确的信息，以便制定适当和有效的社会政策。而在缺乏这类真实而准确的信息时，政策制定者会假定目前的社会政策已经解决了他们所面对的社会问题。因此，社会工作者就显得尤为重要，他们不仅能够提供各项有效的信息，而且能够为了推进社会政策的公正性、公平性和有效性而努力游说。

三、重点指引与提示

你或许会惊讶你所做的工作受到社会政策的影响程度如此深远。因此，你需要学习社会政策，这样才能够参与到社会政策的制定过程中。希望你对于宏观层面的工作能够抱有兴趣，因为制定社会政策、开发社会服务项目可以改善许多人的生活。社会变迁和社会政策发展，对于协助社会大众并推进社会正义而言，可以说是最有效的方法。正如之前所提到的那样，我们将这个层面的实务称为社会政策实务(Social Policy Practice)。

或许你把自己看成一名直接服务的提供者，更倾向于为个人及家庭提供一对一的个人化服务。积极投身政治行动或社会变迁，可能并不是你所期待的实习重点。但是，理解社会政策仍旧十分重要，因为社会政策会影响你的服务对象，给他们带来正向或负向的影响。如果你希望成为服务对象的倡导者和有技巧的直接服务提供者，那你就必须了解相关的社会政策，知道这些政策的优势和劣势，以及它们何以呈现出如此的样态。根据你实习机构的情况，你需要对与之相关的社会政策非常熟悉。对于那些影响实习机构运作、机构政策、社工角色及服务对象的各项社会政策，你必须有个基本的了解。以下列出的是一些与许多社会工作者和社会服务机构密切相关的社会政策领域。

堕胎
青少年怀孕
老人保护
提供照护
儿童照护
儿童保护
儿童支持
社区发展
监护权
歧视与种族主义
经济发展
教育
临终关怀
家庭计划
寄养及领养
健康照护与复健
无家可归
住房
移民与难民问题
亲密关系暴力问题
创造就业及失业服务
青少年偏差行为与成人犯罪
长期照护
结婚与离婚
精神健康与精神疾病
亲职教育
身体和精神障碍
公共援助与公共福利
公共健康与安全
物质滥用

随着社会需求的不断变动、社会价值的不断变化、政策执行过程中资金来源的时增时减以及政治力量的不断变化，社会政策也在随之不断发生着变化。你需要紧跟最新的立法变动，并找到合适的方式把你的想法融入政策制定过程中去。在你实习的过程中，努力参与到社会工作实务中，寻找各种机会参与不同任务。例如，可以找机会参与推动立法的专案小组或委员会，或是参与协助推动社会政策变革的草根组织或倡导团体；还可以旁听公开会议或立法听证会，并争取在会议中提出自己的想法。因为在社会政策正式出台之前，会召开这类会议来征求公众的意见。

需要注意的是，如果社会工作者没有参与到社会福利政策的制定及资金分配过程中，那很多服务对象的需求和问题就会被决策者低估，而社会工作的专业洞察和专业价值会在社会政策发展过程中被忽略。因此，在社会政策不断调整和发展的过程中，需要你的知识和技巧，你必须培养自己参与政策实务的能力。

当我们在检视和分析某项社会政策的时候，我们需要建立并使用一套社会政策分析模式（Social Policy Analysis Model）或概念架构，以此来引导我们探究社会政策对机构运行的影响，以及社会政策对服务对象的社会功能究竟是支持还是破坏。本章的作业演练活动部分所列出来的诸多问题，都是在分析社会政策时，用不同模式和概念架构来处理的问题。试着把这些模式看作帮助你理解、评估社会政策有效性的工具。这些架构不仅可以指导你评估社会政策，还可以为促进社会政策的改善提供所需要的洞察力。

社会政策的相关资料，可以在最原始的法规条例、行政命令和规章，及其他描述和解释社会政策的政府文件中找到。各种专业组织和倡议组织（例如美国儿童福利联盟、美国社会工作专业人员协会、美国退休人士协会、儿童保护基金会、美国公共福利事业协会、美国医院协会、城市联盟、南部贫困法律事务中心等）通常也会根据他们所关心的社会问题，分享与之相关的社会政策分析报告。此外，对于社会工作者和服务对象的观察会给你另一种洞察，可以使你观察到一个特定的社会政策是如何影响个人与家庭生活的。你所在机构的社工对于社会政策也有许多自己的观点，包括社会政策该如何改进，社会政策对服务对象所产生的利弊或者不同社会政策之间是如何相互补充或发生冲突的。服务对象也会根据自身的经历，对社会政策的有效性有自己的看法。所以，我们可以找机会向他们学习。

在你进行社会政策分析的时候，考虑以下关于社会政策的类型。每一种类型对于社会问题该如何被解决，背后都有一套哲学体系、价值体系和信仰体系。

- **社会支持与经济支持型的社会政策**（Policies of Social and Financial Support）：这类政策旨在帮助或鼓励人们实现自己的社会角色、承担自己的责任，并满足其自身基本的食物需求和住房需求等。这类政策包括：经济补助、贫困人士的医疗补助、低收入群体的廉租房等政策。

- **保护型的社会政策**(Policies of Protection)：这类政策旨在保护人们免受伤害及剥削，特别是对弱势群体的保护。这类政策包括：儿童虐待和儿童疏忽、家庭暴力、老人受到不当对待、针对歧视和压迫等政策。
- **复原及修复型社会政策**(Policies of Rehabilitation and Remediation)：这类政策旨在修正或者降低因身心障碍而导致的负面影响。这类政策包括：严重的精神疾病、修复式正义、慢性疾病等政策。
- **预防型社会政策**(Policies of Prevention)：这类政策旨在预防某些特定社会问题或健康问题进一步恶化或升级。这类政策包括：促进经济发展、疫苗注射、亲职教育、家庭计划、合理营养、未成年人宵禁等政策。
- **惩治与矫正型社会政策**(Policies of Punishment and Correction)：这类政策旨在惩治或矫正那些违反法律和社会规范的人。这类政策包括：犯罪和青少年犯罪、缓刑或假释、对性犯罪者进行监控等政策。

你将分析的社会政策不外乎是上述社会政策类型中的某一种，通过把社会政策分类的方式来思考，将有助于你更全面地理解社会政策的意图、其背后的驱动价值观，以及政策是如何折射出公众态度和政治意识形态的。此外，通过了解社会政策的以下几个方面，你可以很快地了解、描述及分析社会政策：

- 社会政策的权力隶属来源(联邦、州政府或地方法律)
- 社会政策发展的历史和原因
- 社会政策的目标与目的
- 社会政策背后基于何种假设、价值和信念体系
- 社会政策的实施原则和主要条款
- 社会政策对机构运营的影响
- 社会政策对服务对象的影响
- 社会政策的优势及其积极作用
- 社会政策的劣势及其消极作用
- 该社会政策与其他社会政策的关系
- 社会政策的不足及需要修正与提高的方面

当你熟悉了特定的社会政策及其影响之后，就应该考虑如何对其进行改善，以及有哪些必要的步骤和行动能够达成这种变革。例如，修改现有的法案和行政条款，改进政策中的某些正向诱因等。

最终，为了在社会政策实务的过程中实现社会正义，我们需要遵守以下这些基于价值的指导方针(Values-based Guidelines)。无论时代发生怎样的变迁，即使社会情境发生了改变，社会政策也发生了改变，但这些基本原则依旧可以帮助身为社工的你。

- 对于社会工作者而言，社会政策实务是一个非常重要的舞台，因为社会政策在很大程度上影响着个人、家庭、群体、组织和社会的社会功能。
- 人权具有普世性，应该受到社会政策的保护。
- 社会政策是基于社会价值和社会共识的社会契约。
- 社会政策应当建立在这些价值之上：平等、可及性、尊严、个人的价值、机会、公平。
- 社会政策应该通过赋能、鼓励服务对象参与、对社会问题进行预防等方式，积极推动社会功能的提升。
- 社会政策应该从不同的实务层面介入，来解决社会问题。
- 社会政策应该同时基于历史取向和未来取向。
- 社会政策对于社会问题的原因分析应该基于实证性证据。
- 社会政策应当对解决、缓解和根除社会问题负有责任。
- 服务对象及其委托人和利益相关者都应该参与到社会政策的制定过程中去。
- 要对社会政策的有效性和效能进行测量与评估。

四、作业演练活动：社会政策分析

这个活动是一种学习社会政策的方式。首先，确定一个你想要解决的社会问题(例如无家可归问题)。其次，明确与之相关的社会政策(例如公共援助法、失业补助金法、健康照护政策、最低工资法等)。根据以下问题，去分析这项社会政策是否充分、有效且有积极作用。

1. 你想要分析和探究的社会政策的官方名称是什么？法律上是如何描

述该政策的？

2. 该社会政策是何时制定出台的？是否有过重大的修订？如果有的话，是什么时候修订的？

3. 该政策背后的历史因素、价值观和基本假设是什么？这些价值观是否合乎社会工作的伦理与价值？

4. 该社会政策要处理的社会情境、问题和需要为何（例如暴力、贫困、无家可归、物质成瘾、失业）？

5. 你所选择的社会政策，属于本章中所讨论的哪一种社会政策类型？

6. 根据你在实习机构的观察和经验，该政策是否发挥了其应有的效用并做了应该做的事情？如果没有，原因为何？

7. 该社会政策应当如何更好地解决与之对应的社会需求（例如填补服务的空缺、与相关的服务项目相互配合、增加资金、改变筛选服务对象的标准等）？

8. 如果想要改变这项政策，则需要采取哪些行动（例如制定新法案、修订旧法案、建立联盟或进行游说等）？

9. 有没有一个政党比其他政党更支持该社会政策？如果有的话，为什么？

五、作业演练活动：社会政策反思

1. 对你而言，社会工作最核心的价值是什么？这些价值该如何被融进社会政策中呢？

2. 参与社会政策实务的社会工作者可能会在工作中体验到失败或仅局部成功。在你的职业生涯中，你准备怎样处理类似的情况？

3. 对于服务对象参与到社会政策的制定过程中，你可以预见有哪些阻力？你将如何破除这些障碍？

4. 在理想的世界当中，你希望看到什么社会政策？为了达到这一目标，还需要做些什么努力？

5. 普通大众通常对于社会政策有如下评论，你会对此如何回应？

“法律越少，情况就会越好。”

“我们应该把政府从人民的生活中赶出去。”

“政府对于其民众的社会福利负有重大的责任。”

“你不能期待通过立法来改变些什么。”

“我对政治没兴趣。”

六、建议学习活动

- 访问你实习机构的一位社工，询问哪项社会政策最直接地影响到他的服务对象？并询问他对于改善这一社会政策有何建议。

- 阅读美国社会工作专业人员协会(NASW)所颁布的伦理守则，探究其中有关社工在社会政策领域的责任(www. socialworkers. org)。
- 阅读《社会工作言说(Social Work Speaks)》。这本书是美国社会工作专业人员协会(NASW)的政策陈述，尝试了解其在不同社会议题上的立场为何。
- 在社会政策正式出台或修订之前，尝试参加相关的公共听证会。
- 明确自己对于某一争议性社会议题的立场，例如堕胎。参加那些与你持不同观点的团体所举办的会议，试着理解他们的视角、价值观、信念、知识及对此持反对态度的假设。
- 邀请一位州政府的立法者，谈谈他所经历的从提出法案、形成法案到最终通过法案的过程。
- 使用互联网来追踪某项正在审议的法案。浏览美国社会工作专业人员协会(NASW)的网页，了解与社会工作相关联的联邦政府立法信息。
- 浏览那些监督社会政策的组织的网页，例如电子政策网(Electronic Policy Network)、法律与社会政策中心网(Center for Law and Social Policy)、美国健康与人类服务网站(U. S. Department of Health and Human Services)和其他能搜索到的有关社会工作者的网页。

七、参考文献

Almgren, Gunnar, and Taryn Lindhorst. The Safety Net Health Care System: Health Care at the Margins. New York: Springer Publishing Company, 2011.

Barusch, Amanda S. Foundations of Social Policy: Social Justice in Human Perspective. 3rd ed. Florence, KY: Brooks/Cole, 2009.

Blau, Joel, and Mimi Abramovitz. The Dynamics of Social Welfare. 3rd ed. New York: Oxford University Press, 2010.

Bochel, Hugh, Catherine Bochel, Robert Page, and Robert Sykes. Social Policy: Themes, Issues and Debates. 2nd ed. Boston: Longman, 2009.

Chambers, Donald, and Kenneth Wedel. Social Policy and Social

Programs: A Method for the Practical Public Policy Analysis. 5th ed. Boston: Allyn and Bacon, 2009.

DiNitto, Diana, and Linda Cummins. Social Welfare: Politics and Public Policy. 6th ed. Boston: Allyn and Bacon, 2007.

Dolgoff, Ralph, and Donald Feldstein. Understanding Social Welfare: A Search for Social Justice. 8th ed. Boston: Allyn and Bacon, 2009.

Ferguson, Migeul, Heather Neuroth-Gatlin, and Stacy Borasky. Caught in the Storm: Navigating Policy and Practice in the Welfare Reform Era. Chicago: Lyceum Books, 2010.

Fitzpatrick, Tony, Huck-ju Kwon, Nick Manning, James Midgely, and Gillian Pascall. International Encyclopedia of Social Policy. Clifton, NJ: Routledge, 2010.

Gilbert, Neil, and Paul Terrell. Dimensions of Social Welfare Policy. 7th ed. Boston: Allyn and Bacon, 2010.

Jansson, Bruce. Becoming an Effective Policy Advocate. 5th ed. Pacific Grove, CA: Brooks/Cole, 2008.

Karger, Howard, James Midgely, and Peter Kind. Controversial Issues in Social Policy. 3rd ed. Boston: Pearson Education, 2007.

Libby, Pat, and Associates. The Lobbying Strategy Handbook: 10 Steps to Advancing Any Cause Effectively. Thousand Oaks, CA: Sage Publications, 2011.

Long, Dennis D., Carolyn J. Tice, and John D. Morrison. Macro Social Work Practice: A Strengths Perspective. Belmont, CA: Thomson Brooks/Cole, 2006.

Midgely, James. The Handbook of Social Policy. 2nd ed. Thousand Oaks, CA: Sage Publishing, 2009.

Mkandawire, Thandika. Social Policy in a Developmental Context. New York: Palgrave Macmillan, 2004.

National Association of Social Workers. Social Work Speaks: NASW Policy Statements 2006 - 2009. 7th ed. Washington, DC: NASW Press, 2006.

Perez-Koenig, Rosa, and Barry Rock, eds. Social Work in the Era of

Devolution: Towarda Just Practice. New York: Fordham University, 2001.

Popple, Philip R., and Leslie Leighninger. The Policy-Based Profession: An Introduction to Social Welfare Policy Analysis for Social Workers. 4th ed. Boston: Allyn and Bacon, 2008.

Rocha, Cynthia. Essentials of Social Policy Practice. Thousand Oaks, CA: Sage Publications, 2007.

Segal, Elizabeth. Social Welfare Policy and Social Programs: A Values Perspective. 2nd ed. Florence, KY: Brooks Cole, 2010.

van Wormer, Katherine. Confronting Oppression, Restoring Justice: From Policy Analysis to Social Action. Alexandria, VA: CSWE Press, 2004.

八、本章回顾

实务练习

1. 机构政策与社会政策时常发生互动。这两者之间的区别是什么?

A. 机构政策与社会政策本质上是一致的。

B. 机构政策为服务项目提供指引，而社会政策是基于法律的。

C. 机构政策指的是人力资源的规章制度，而社会政策规定了服务对象的资格。

D. 机构政策取决于社会政策。

2. 社会政策当中，以下哪个名词指的是对联邦政府经济资源进行指派?

A. 分配

B. 指导监督

C. 权利和责任

D. 福利资格

3. 联邦政府的政策条例和责任是

A. 社会政策的标准

B. 澄清社会政策的细则条例，为实施提供指引

C. 为机构员工制订工作职责说明

D. 细化预算的数目和类型

4. 在社会工作实务中，关注社会变革和政策制定的是

A. 倡导

B. 中观层面的实务

C. 证据为本的实践

D. 政策实务

5. 提供精神健康服务的社会政策属于哪种类型的社会政策?

A. 经济支持型社会政策

B. 复原及修复型社会政策

C. 惩治与矫正型社会政策

D. 保护型社会政策

6. 联合国人权宣言

A. 形成了美国社会工作专业人员协会(NASW)的伦理守则

B. 在所有国家都适用

C. 基于各个国家之间的协定，被融入联邦法律

D. 是许多国家社会政策和服务项目的基础

7. 基于社会正义的原则，要达成社会变迁，最大的挑战是什么?

第十二章

多元化与文化能力

本章大纲

- 本章预览
- 基本概念与背景资料
- 重点指引与提示
- 作业演练活动：发展文化能力
- 作业演练活动：机构的文化能力
- 作业演练活动：服务对象行为的多元化
- 建议学习活动
- 参考文献
- 本章回顾

一、本章预览

本章聚焦的是社会工作实务中文化能力的重要性，涵盖了对文化能力及相关概念的阐述，并讨论了在个人、社工、组织三个不同层次的文化能力水平。文化能力水平涉及服务对象和社会工作者的经历、认同、信念体系等要素，以及这些要素对跨文化干预的影响。本章讨论了社工与服务对象的关系如何受到多元化的影响，同时也澄清了常见的对于差异的误解。最后，本章还提到，要想成为一名具备文化能力的社工将是终身的挑战。

社会工作相信所有人都是有价值的，因为我们都是人类。所有人都享有基本的人权，也具有基本的责任，这种责任包括尊重他人的价值、以尊严和公平的方式对待他人。上述信念是与他人和平共处、实现社会正义、社会服务机构高效有序运行的前提条件。

对于社会工作者和社会服务机构而言，在多元化的价值和人类发展的普世性价值之间保持平衡，是一件非常有挑战性的事情。社会工作者和社会服务机构必须具有辨识的能力、尊重的能力和接纳差异的能力，并同时在法律的框架内，公正平等地对待每一位服务对象。社会服务机构在考虑谁具有接受服务的资格，以及如何有效地分配有限的资源时，必须经过审慎思考并维持公正。此外，面对不同形式的多元化，机构不能存在任何歧视。

二、基本概念与背景资料

文化(Culture)指的是通过代代相传而习得的思维和行动模式。文化涵盖了一系列的假设和观点，包括什么是真实世界、什么是人类社会、人们应该如何生活等。这些假设和观点无须言明，却毋庸置疑。我们的一切行为都受到我们的思考方式、价值观、期待、习俗所构成的文化的影响。因此，所有的专业知识、实务工作、社会政策、机构政策及规章制度也受到文化的型塑。从广义上来说，文化不仅是种族或族群等参考概念，还涵盖了年龄、宗教、身体残疾、性别和性取向等要素。这些不同的要素塑造了服务对象在思维方式、行为和世界观等方面的多样性。

于是，这也就意味着当服务对象与社工建立关系并一起工作的时候，双方不同的生活经历会发生碰撞。我们需要了解文化差异是专业关系中最重要的影响因素，甚至比其他任何因素都重要。服务对象的动机、社工的真诚、服务对象的能力、社工的技巧等都没有文化差异来得重要。因此，我们必须依靠我们的专业能力来承认文化差异并跨越文化差异。

我们都会受到种族中心主义(Ethnocentrism)的限制，习惯于假设我们自己的文化是正常且更有优越性的，同时用我们的文化作为评判他人信仰和行为的标准。在一定程度上，我们无法完全避免种族中心主义，因为我们认定我们的信念、价值观和行为方式是那么自然和正常，并且，我们的信念、价值观和行为模式似乎也都是基于常识并源于我们日常生活的。这些信念、价值观和行为模式对我们来说太完整了，以至于我们很难意识到还有其他的思维方式和生活方式。因此，我们必须努力地去意识我们的文化是如何影响我们的思维方式、决策方式以及行为方式的，如此才能避免对服务对象的误解，避免不能识别和尊重服务对象的独特文化。

种族中心主义导致了我们可能无法真正地认识到文化差异的重要性，我们会把差异看得没那么有价值，并且对不同文化环境下生活的服务对象采用无效甚至是有害的干预。更糟糕的是，社工甚至有可能会将失败的干预结果归咎于服务对象，但实际上问题的本质原因却是社工缺乏对文化差异的理解。

偏见会带来歧视。歧视(Discrimination)指的是某些决策、行为或行动剥夺了某一个体或群体的权利和机会。歧视可以是有意的，也可能是无意的。这取决于歧视是否由偏见引起、是否有伤害他人的意图，也可能与个人对潜在歧视的辨识或否认有关。歧视可以来自个体，也可能来自制度层面。个人层面的歧视(Personal Discrimination)指的是个人的行为以各种方式对特定群体造成伤害。制度层面的歧视(Institutional Discrimination)指的是植根于法律、社会、经济体系、政府政策或机构政策中的信念和实践造成了对特定群体的伤害。

常见的制度层面的歧视有：将英文规定为主要语言，从而导致难民或非法移民难以获得基本服务；同性恋伴侣无法享受保险给付和政府的福利措施。社会工作者也有可能存在无意的歧视。虽然我们知道大多数的行为是源于我们否认自己的种族主义或刻板印象，但这种刻意否认自己的主观偏见会妨碍我们进行真实的自我评估，也会阻碍我们看到自己的局限性。

服务对象如果是少数族群成员的话，比起普通人将其只是视为某一特定文化族群的成员而言，这一身份会对他们与社会工作者和服务机构间的互动产生更重大的影响。少数族群并非只是数字意义上的数量少。在一个特定社会当中，某个群体可能在人口上占多数，但他们可能仍旧处于少数的地位，因为他们是受到歧视的群体。例如，即便从人口比例而言，女性比男性略多一些，但女性仍被认为是少数族群，因为相对男性而言，她们拥有较少的权力和对生活的掌控力，她们受到性别上的偏见和歧视。此外，少数族群的身份也可能受到年龄、性取向、身体或精神障碍、社会经济地位、教育背景、宗教背景等的影响。

如果服务对象认为自己和其他人是不同的，较少拥有权力，较容易受到伤害；那这种想法会影响他们的求助行为，也会影响其期待自己被如何对待、对社工和机构的信任程度以及对何谓有效服务的判断等。非常重要的一点是：我们需要明白，尽管服务对象具有少数族群的身份，但我们不能想当然地认为服务对象就是自身文化的专家，或者认为他们有能力与拥有不同文化背景的社工建立关系，或者认为他们就一定具有文化能力。

表 12.1 强调了服务对象因素对于跨文化干预的影响。我们应当学会如何与不同年龄、种族、性别、性取向或者其他特征的人一起工作。

表 12.1 影响跨文化干预的服务对象因素

● 文化历史 ● 经历过的刻板印象、歧视或压迫 ● 文化认同的水平 ● 在机会、收入、健康等方面遇到的不平等 ● 处于不利境遇的程度 ● 遭受文化创伤的程度 ● 自我意识 ● 与不同文化背景的人相处的能力水平 ● 先前与社工一起工作的经验 ● 对于求助的看法 ● 多重形式的多样化及其对服务对象的影响

社会工作专业处理多元化议题的核心，源于全球及全国对于人权议题的重视。虽然你在实习机构里所从事的工作是针对个人或家庭开展的个体性服务，但这项工作其实也和更为广大的人权组织和人权宣言息息相关：

- 联合国《世界人权宣言》
- 《经济、社会及文化权利国际公约》
- 国际社会工作者联盟
- 国际行动理事会《人类责任宣言》
- 联合国《消除对妇女一切形式歧视公约》
- 《联合国儿童权利公约》
- 《日内瓦公约》

三、重点指引与提示

为了了解服务对象是如何看待你所在的机构的，你可以检视机构的物理环境、书面资料、机构内部政策、机构人员组成等。此外，评估你所在的机构是否有针对残疾人的无障碍设施；机构的阅读资料、海报、艺术摆设品是否对各类人群都具有吸引力，使用的语言和呈现的方式是否考虑到不同人群的背景。阅读机构的书面资料，检查文字描述中是否存在偏见、语言是否有包容性。最后，检视机构聘用的人员在年龄、文化、性取向和其他方面是否具有多元化的特性。你可以通过参加不同的培训，学习如何与各种群体打交道。

我们相信你一定会努力使自己对文化因素具有一定的敏感性，并能尊重群体间的差异性。然而，和其他人一样，作为普通人的你也无法经常意识到自己对多元族群的偏见、歧视或忽视。实习经历是一次很重要的契机，使你可以看到自己的局限，并进行自我检视和自我纠正。在你还是一个学生的时候，找机会使你自己在跨文化领域工作上能够有专业成长，并明白多元文化的学习将会贯穿你整个职业生涯。

你或许会认为人们的相似性大于差异性，并认为以同样的方式对待所有的服务对象才是公平合理的。然而，这样的想法并没有意识到多样性的重要性，也可能使你忽视服务对象独特的生活背景，以及少数族群的身份给他们带来的影响。虽然人们确实在很多方面都很相似，但是人们也确实有着许多差异，这些差异给社会工作实务带来很大的影响。

从少数族群的身份中找出正向的生命体验，例如民族自豪感、双语能力、族群的团结、大家族的凝聚力、拥有优厚的历史积淀等。这些体验有利于社会工作者与服务对象建立专业关系，制订可能的干预计划。我们不应该假设少数族群身份只会带来负面的体验。

当然，我们也要努力理解服务对象因其少数族群的身份而可能经历的种种负面的体验，例如校园、居住、就业等方面的歧视；在寄养家庭遭受到的不正当对待；以仇恨犯罪的名义，遭受到威胁和暴力。我们需要理解的是，许多个人方面的问题，例如抑郁、贫困、辍学、物质滥用、自杀甚至是身体疾病等，都有可能是个体面对歧视或压迫，所体验到的压力和内心风暴。

如果你自己就是少数族群中的一员，你或许可以更好地理解偏见和歧视对人们产生的影响，同时也可以更好地理解少数族群成员所带来的独特益处。但非常重要的是，你需要很好地解决与自己少数族群身份相关的个人问题和愤怒情绪等。只有这样你才能客观地看待每种情况和每个个体的独特之处。然而，经历过歧视和排斥这种负面的体验，也可以调动你在工作上的积极性与热情，更乐意为那些受到压迫的人提供服务。如果你曾因为自己少数族群的身份而遭受过歧视，不要轻易假设同为少数族群的服务对象也曾经历过类似的体验，或者认为他们会和你一样。

对于社会工作者来说，与多元化的服务对象一起工作，是一项非常复杂且具有较高要求的工作。对机构常用的服务方法或运作标准流程中所存在的偏见及刻板印象进行微调并不会带来明显的效果。而比较好的做法是，你需要针对你所服务的特殊群体制订一套特定的工作方法。这些工作方法是可以被服务对象所接受且与他们的需求密切关联的。而且在服务过程的每个阶段，都应当邀请服务对象一同参与其中。

在跨文化的互动过程中，很多情况下都会产生误会。以下列举的是可能产生误会的情况：

- 口语或书面语，包括让人误会的言辞、口音、用语上细微的差别
- 非语言沟通，包括让人误会的手势、面部表情、身体接触、眼神交流
- 语言沟通，包括音调、言辞的选择
- 人际差异，包括被人接受的直接程度、自信程度、自我暴露程度
- 两性关系和对性的认知，包括合宜的身体接触、吸引他人的表达方式
- 有关外貌、穿着、身体装饰的评判和谦虚的程度
- 时间观念，包括对守时、时间的合理利用、预先计划的看法
- 物理空间的使用、人与人之间适当距离的判断标准
- 教与学的方式、给予的方式、领导的方式
- 协商、处理矛盾的方式
- 表达情感的方式
- 对于寻求帮助的看法、对于寻求专业助人者的看法，在文化上对于寻求重要他人者帮助的看法
- 对于家庭定义的差别，以及是否需要让家人参与社会工作的介入

我们需要认识到，不同群体对于个人问题的本质和成因，可能有着非常不同的看法。举例而言，有些少数民族可能认为抑郁和身体疾病很大程度上是一种灵性问题(吃了禁忌的食物、破坏了个体与上帝的关系、精神和肉体的失衡导致了抑郁或疾病等)。

试着了解你的服务对象如何看待寻求帮助这一行为的正当性，以及如何看待向专业人士或机构寻求帮助的行为。有些少数民族可能认为个人或家庭的问题不应该跟外人讨论，有些人可能羞于向陌生人寻求帮助，也有些人可能更喜欢向宗教领袖寻求帮助。有的人会因为过去遇到过歧视性的机构或政策，而对社工持有怀疑的态度。

对于什么是合适的助人方法、谁是有能力和有权威的助人者、谁是能够解决特定问题的人，不同的群体会有其各自不同的看法。有些人会选择

非正式的助人者、宗教领袖、祈祷、净化仪式、宗教仪式的帮助，而不是专业助人者的服务。你需要学习如何与精神领袖、治疗师、神职人员共事。希望你从他们那里学到一些更贴近你服务对象价值观的助人方法。

你需要记住，在不得不和社会工作者或机构发生联系的时候，那些来自少数族群的服务对象可能已经经历过或者预期会经历负面的体验。这种预期是基于服务对象所在群体与主流文化之间的相处经验。服务对象可能会害怕与社会工作者发生互动，因为他们害怕遭受针对他们的法律责难(如非法移民或那些住在反同性性行为州中的同性恋服务对象)。他们的恐惧可能会阻碍其与社工建立信任，也会阻碍他们投入到专业助人关系中的意愿。你需要非常小心，不要将这种怀疑、恐惧或愤怒理解成服务对象的抵抗。

不要想当然地把服务对象的安静、沉默、焦虑当作一种病理状况或是功能紊乱。安静可能意味着尊重，或者是服务对象感觉自己没有被理解或被认同的信号。找一个合适的时机，向服务对象坦陈你意识到了服务对象与他人的差异是什么，通过了解他们的经历和看问题的视角，表达你对他们所做的努力和抗争的欣赏。需要记住的是你在与多元化群体开展工作时所需要的文化能力，可能比你的所有社会工作知识和技巧都重要。既然我们把自己当作是助人的工具，如果我们不具有文化能力的话，那我们作为工具的性能就会大打折扣。表 12.2 列举了许多社会工作者在跨文化实务过程中所持有的信念。表中所陈述的这些说法，其背后的信念对建立有效专业关系和干预结果都会造成很大的阻碍。因此，我们需要探究下列信念是如何的不合适，它们在文化敏感度上有什么局限，当我们抱有这样的信念与多元化群体一起工作时，会让他们感到被冒犯。请想想这些信念可能带来的负面影响，并反思自己是否存在类似的想法。

表 12.2 信念对文化能力造成的阻碍

社会工作信念	负面结果
“所有人都是一样的。”	弱化了差异性
“人们的相似性大于差异性。”	弱化了差异性
“能做到对不同肤色的人一视同仁是最好不过的了。”	忽视，没有考虑到差异性
“只要我关心我的服务对象，我就不需要去为了服务对象而进行调整。”	对具备文化能力抱有太天真的想法

(续表)

社会工作信念	负 面 结 果
“服务对象需要用双重文化的方式被对待。”	不情愿对干预进行调整
“所有的行为都是一样的。”	刻板印象，过度概括
“少数族群应该忘记过去发生的事情。”	没有考虑到个人或文化的历史，也没有考虑到个人或文化受到的压迫
“机构政策需要我们一视同仁地对待所有服务对象。”	弱化了差异性
“我没有任何成见。”	缺乏自我觉察
“我怎么可能理解所有文化？”	对文化能力有排斥心理
“太过强调政治正确。”	没有考虑到意义和语言的重要性
“如果服务对象不跟我说，我怎么可能知道？”	没有考虑到沟通的差异
“这些人太了不起了。”	对多元化群体持有浪漫化的看法
“……太阻抗了，并且不积极。”	没有理解服务对象行为背后的意义
“他这样做，是其文化使然。”	过分归因于文化差异
“这是我们通常处理……的方式。”	刻板印象，并用了不合适的干预方法
“如果他们没有做好，也不要失望。”	对于多元化群体持有过低的期望，因无效的干预方法而责备服务对象，没有意识到服务对象对于成功的定义

表12.2中列出的社工持有的每一条信念都会危害或限制社工与多元化服务对象专业关系的有效性。每一条信念都描述了社工对服务对象的言行缺乏理解，甚至是误解。这种对服务对象的不理解会导致社工轻易地制订不合适的干预方式，也会造成服务对象错误地配合。因为服务对象会误以为即使社工的干预计划不适合他们，也应该配合完成。我们需要记住，想要表达的意思和说出来的话，和你所听到的话之间往往会存在着很大的差异，因为双方在交流方式上存在差异。此外，由于文化差异，有些问题或许不该问；而为了更全面深入地理解服务对象的情况，有些问题则不得不去问。

培养与多元化群体一起工作的能力，在文化能力实践过程中获得所需要的、与多样化服务对象群体有关的知识是一个长期的甚至是伴随终身的过程。当你勇敢地和与你有着很大差异的服务对象及社区一起开展工作的时候，享受可能发生在你身上的各种可能性。同时，在理解他人的经历和诠释他人经历方面，意识到自身存在的局限性。即使是有技巧的、具有丰富经验的社会工作者也不可能了解纷繁复杂的文化和每一个少数族群。所以，尽可能以真诚的方式来了解其他人眼中的世界。

下面列出了为何要持续不断培养文化能力的原因。请逐条反思这些原因，从而理解为何我们要在整个社会工作的生涯中不断增强文化能力，以及这些心理社会层面的原因如何最终成为社会工作者的核心信念、体验与假设。

- 我们对这个世界和人有自己的假设，而我们可能没有意识到这些假设的存在，直到这些假设在某些方面受到了挑战。
- 我们基于这些假设，对我们接触的人形成自己的判断和理解。
- 我们的价值观塑造了我们看待他人的方式。
- 我们在社会化过程中习得的对待差异的方式，会给我们今后与不同文化的人相处带来负面影响。
- 我们的社会系统和同侪倾向于支持我们所持有的假设和信念，而不是挑战我们对于多元化群体的固有看法。
- 文化认同是所有人进行人际交往和互动的核心。
- 我们内在的文化认同太过强烈，以至于当我们面对不同文化的群体时，会出现不舒服、恐惧及不合适的评判。
- 我们的社会现实与服务对象的社会现实非常不同。
- 虽然我们宣称要做一个具有文化能力的人，但我们实际的专业行为却可能与之相违背。

我们应该培养一种双重视角（Dual Perspective）的能力，即能够同时理解主流社会与服务对象及其家庭这两者的态度、价值和习俗。在具备这种能力的同时，也要意识到你自身的价值、态度和习俗对自己的影响。这种能力会帮助你更好地与多元化群体的服务对象建立关系，更好地理解社会环境对他们的影响为何，并尝试从服务对象的角度出发来理解他们的经历，而不仅仅从你自身的视角出发。

在有意无意的情况下，机构所采用的态度、行为或政策会强化其刻板印象，这会加深社工与服务对象之间的隔阂，从而导致服务对象选择对机构采取疏离的态度。留意那些无知、具有刻板印象和文化上不适合的机构的态度、行为和政策。

努力发展出在你的文化和你服务对象的文化两者之间进行转换的能力。但因为每个人都具有民族优越感，所以你需要意识到，虽然你用尽全力去理解服务对象的文化，但你也只能做到部分理解。不断扩充你对多元化群体的知识储备，不断意识到你自身的文化认同对你工作上的影响，并且承认你和服务对象之间的沟通会受到个人和文化的过滤。这样的做法会有助于你减少误解服务对象的可能性以及你使用不合适的干预方式的机会。同时，这会有助于增加建立有效专业关系的可能性，从而为制订出文化上合适且有效的干预做好准备。你需要记住在你和服务对象的关系当中，你可能处于较高的地位。如果是这样的话，尝试去理解服务对象是如何看待你的，寻找共性的同时尊重差异性、挑战受到压迫的情境、多向服务对象学习、辨识任何可能存在的偏见，并尽可能实现与服务对象在权力上的平等。

表 12.3 描述了在具有文化能力的实务过程中，社工和机构应当遵守的实务指引。研究你自己、其他社工以及你所在的实习机构是如何评估自身的文化能力的。你所在的机构是否努力为多元化服务对象提供了优质且合适的服务？机构在与服务对象一起工作的时候，是否能够遵循表 12.3 中所列出的实务指引？我们需要承认社工和机构无法实现完全具备文化能力的事实，既然如此，机构还可以做些什么来促进文化能力的提升？

表 12.3　具有文化能力的实务指引

社　工　指　引	机　构　指　引
学习你所服务的多元化群体的历史	学习你所服务的多元化群体的历史
找机会参加有关文化能力的培训	开展外展活动
利用督导促进自己的专业成长	营造一个令人舒适的工作环境
调适交流沟通的模式	准备好具有包容性的书面材料（Inclusive Written Material）
在服务过程的不同阶段进行调适	建立综合性的转介网络
意识到自身文化能力的局限性	培训员工的文化能力
不要过于概括化	员工构成的多样性
放下防御性的姿态	建立具有文化敏感性的机构政策
不要过于有刻板印象	建立具有文化敏感性的干预方式
辨识服务对象对社会工作的看法	把多元化群体纳入服务对象的反馈体系中
向多样化服务对象学习	对多元化群体采取优势视角
对服务对象采用优势视角	愿意积极投身到社会正义中

(续表)

社 工 指 引	机 构 指 引
采用文化上适合的工具	意识到慈善视角的局限性
记住不可能完全做到文化中立	记住不可能完全做到文化中立
理解服务对象对求助行为的看法	在跨文化工作过程中获得最佳实践
理解服务对象对成功的看法	把多元化纳入机构的使命中

表 12.4 从正反两个角度，帮助大家更好地理解文化能力是如何对干预的有效性产生影响的。想想你自己在为和你文化差异较大的服务对象提供服务时，你的文化能力对你的干预成功与否究竟发挥着什么样的作用。

表 12.4 是否具备文化能力对社会工作实务的影响

文 化 能 力	具备文化能力对社会工作实务的影响	文化能力不足对社会工作实务的影响
知识 理解文化的含义，了解多元化群体的历史、各群体之间的关系，知道社会政策对多元化群体的影响，洞察多元化对社会发展和社会功能的影响	**理解信息** 能够在不同层次的干预中考虑到历史和背景因素，将历史性和多元化的要素纳入服务中，并积极影响社会政策	**误解并缺乏信息** 在不同层次的干预是无效的，不考虑历史和背景因素，忽视历史性和多元化的要素，并且对社会政策没有影响
自我意识 意识到个人的历史和经历是怎样影响到社会工作实务的，理解优越地位和压迫地位对个人生命体验的影响，努力减少自己的偏见、刻板印象和民族优越感	**对自我的知觉** 基于对自己过往经验的认识，能够更准确地对服务对象进行预估，能意识到自身的优势或压迫地位，努力处理好自己的偏见和刻板印象	**对自我的不自知** 对自己过往经验的认识不足，无法准确地对服务对象进行预估，缺乏对自己优越或压迫地位的认识，没有意识到偏见和刻板印象对服务对象会造成负面的影响
价值 关注社会工作的价值：社会正义、对多元化的欣赏、为平等和赋能而努力、致力于减少压迫和增进人权	**融入社会工作价值中** 在社会正义和人权的基础上开展多层次干预，包括理解干预中的文化差异，通过对服务对象赋能来减轻压迫	**没有意识到与社会工作相关的价值** 没有意识到社会正义和人权是如何为社会工作实务提供基础的，没有意识到不平等带来的影响，在强化服务对象功能和有效干预方面没有能力

(续表)

文化能力	具备文化能力对社会工作实务的影响	文化能力不足对社会工作实务的影响
多层次能力(针对个人和家庭) 在社会工作微观、中观、宏观实务中,能够在预估、计划、执行、评估等不同阶段运用具有文化能力的沟通技巧	**在微观层面能运用文化能力方法** 设计和实施文化上适合的干预计划,使用文化上适合的评估技巧和评估标准,并且更有成效	**在微观层面运用文化上不适合的方法** 设计和实施文化上不适合的干预,使用文化上不适合的评估技巧和评估标准,并且效果不明显

四、作业演练活动:发展文化能力

1. 在和那些与你有不同文化认同的服务对象一起工作时,你自身的文化认同(包括种族、性别、年龄、宗教、政治取向、性取向、能力等)对工作有什么影响?

____

____

____

2. 想象当你经历以下情况的时候:

他人对你做出了不准确的假设______________________________

他人对你身份认同的核心部分产生了误解______________________________

他人对你产生刻板印象______________________________

把你归到某一类别______________________________

对你有歧视______________________________

侮辱你的多元化身份______________________________

遭受到压迫______________________________

请想象一下,你的这些个人经历也有可能是你的服务对象所经历过的,或发生在他与你的互动过程中。想想你该如何避免对服务对象做这些事情?

____

3. 在和那些与你有所不同的服务对象一起工作时，你能否察觉自身存在的偏见和刻板印象？如果有的话，你该如何确保自己不会让此影响到你的工作？

4. 你可以采取哪些措施来提高你和多元化服务对象一起工作的技巧？

5. 如果你因为自己缺乏跨文化方面的知识而造成了对服务对象的过失，你会做些什么来弥补？

6. 你是否可以找到一位你信任的多元化人士，让他来教你有关他的文化的知识，以及社工该如何与拥有这种文化的人一起工作。

五、作业演练活动：机构的文化能力

1. 你所在的机构采取了哪些特别的措施，以确保机构能够遵守联邦政府规定的禁止因为种族、肤色、国家、年龄、宗教、信仰、身心障碍和家庭地位因素而产生的歧视。

2. 对于具有身心障碍或者无法流利说普通话的服务对象，你所在的机构会采取什么方式来调整所提供的服务？

3. 你所在的实习机构付出了哪些特殊的努力把服务延伸至少数族群的成员，并提供了相关的服务或项目？

4. 针对少数族群成员的服务对象，你所在的机构采取了哪些具有文化敏感性的评估工具或实务技巧？

5. 你所在的机构是否有哪些状况会阻碍少数族群前来使用服务（例如机构员工的种族、民族或性别的构成，机构的地理位置，机构的工作时间，在社区内的声望，服务费用，机构对少数族群的态度等）？

6. 对于服务对象而言，如果他们认为在与机构或其员工的互动中遭受到了歧视，他们可以采取哪些投诉程序或申诉资源？

7. 你所在的机构在招募新员工时，是否遵守平等就业优惠待遇政策？如果有的话，是否达到了原先的目标？

六、作业演练活动：服务对象行为的多元化

服务对象的行为和决定受到许多因素的影响。其中非常重要的（当然不是唯一的）因素是服务对象的文化和族群背景。以下我们列举了一些社会工作者可能会碰到的情况。仔细阅读下面的每一种情况，并尝试回答以下四个问题。

A. 在这种情况下，有哪些与多样化有关的信念、价值观、少数族群的身份或习俗，可以用来解释或澄清服务对象的行为与选择？

B. 如果你不熟悉服务对象的想法和习俗，那你会不会对情况有误解？

C. 为了更有能力应对这种情况，你还需要知道些什么？

D. 在这种情况下，我们可以确认哪些个人、家庭和文化优势？

1. 一对低收入夫妻带着六个孩子，一起居住在一幢狭小拥挤的房子里，且经济上有很大的困难。他们现在想要再生一个孩子，但这样会导致这个家庭在经济上遭受更大的苦难。

A. ______________________________

B. ______________________________

C. ______________________________

D. ______________________________

2. 有一位非常需要这份工作的男子，他想要好好干下去，但今天他却没有在工作场所出现。因为昨天晚上他的一位亲戚打电话向他求助，所以他开车前往 200 英里外去陪伴亲戚了。

A. ______________________________

B. ______________________________

C. ______________________________

D. ______________________________

3. 一对夫妻不允许他们的两个孩子参加学校里的性教育课程。

A. ______________________________

B. ______________________________

C. ______________________________

D. ______________________________

4. 家属们到医院病房里，为自己的家人使用医护人员并不了解的民俗疗法进行治疗。

A. ______________________

B. ______________________

C. ______________________

D. ______________________

5. 家中育有一个聋哑孩子，但家长不让他学习手语。

A. ______________________

B. ______________________

C. ______________________

D. ______________________

6. 一个具有保守宗教信念的家庭，只愿接受来自以信仰为本的社会服务机构所提供的服务。

A. ______________________

B. ______________________

C. ______________________

D. ______________________

7. 一个家庭选择在家里对孩子进行教育，拒绝听从政府所规定的孩子应当参加国民教育的政策法规。

A. ______________________

B. ______________________

C. ______________________

D. ______________________

8. 在和社工初次面谈的时候，服务对象问了社工许多私人问题，例如其父母、子女、婚姻、宗教和家庭历史等。

A. ______________________

B. ______________________

C. ______________________

D. ______________________

9. 一名妇女被丈夫限制行动，并对她进行语言虐待和身体暴力。在社工为她和她的孩子进行安置后，她仍选择回到丈夫身边一起居住。

A. ______________________

B. ____________________

C. ____________________

D. ____________________

10. 一个移民家庭在遭受多次抢劫、损失许多贵重物品后，仍然拒绝向警方报案。

A. ____________________

B. ____________________

C. ____________________

D. ____________________

11. 一位印第安部落的土著人需要社会服务，但由于机构给不同文化背景的人提供服务，所以他就不愿意接受该机构的服务。

A. ____________________

B. ____________________

C. ____________________

D. ____________________

12. 一个符合服务资格的家庭，因必须出示公民身份证而选择不使用这项服务。

A. ____________________

B. ____________________

C. ____________________

D. ____________________

13. 一位需要精神健康服务的老太太拒绝使用这项服务。

A. ____________________

B. ____________________

C. ____________________

D. ____________________

14. 一位同性恋者正在遭受其同性伴侣的暴力对待，但是拒绝寻求法律保护。

A. ____________________

B. ____________________

C. ____________________

D. ____________________

15. 一个具有严重学习障碍的学生面临期末成绩不及格要被退学的境遇，却不愿意接受学校为其提供的辅助服务。

A. ______________________

B. ______________________

C. ______________________

D. ______________________

七、建议学习活动

- 参加一些对你的服务对象来说非常有意义的文化或宗教活动(例如宗教仪式、宗教典礼、同性恋游行等)。
- 邀请不同种族和不同宗教群体中有名望的人来讲解文化和宗教因素是怎样影响服务对象看待机构的项目和服务的，以及他们是否愿意使用机构的这些服务。
- 若机构中有少数族群的服务对象，可以去听听他们的音乐、阅读他们的书籍、读读他们的诗歌。
- 参访专门为少数族群提供服务的机构(如难民项目、妇女中心、同性恋社区中心、为身心障碍者服务的倡议团体)。询问他们的服务项目和你们的服务项目区别是什么。
- 参加专门帮助社会福利服务人员更有效地回应多元化服务对象的实务训练。
- 检视你所在机构使用的需求评估工具，查看其是否具有文化上的考量，还是在文化上不适应。
- 在学者 Sheafor 和 Horejsi(2012)的著作中，有一节的标题是“运用文化能力来助人”(123—127)，仔细阅读这部分内容。
- 找机会去体验文化融合的经历。

八、参考文献

Anderson, Joseph, and Robin Wiggins Carter, eds. Diversity Perspectives for

Social Work Practice. Boston: Allyn and Bacon, 2003.

Appleby, George A., Edgar Colon, and Julia Hamilton. Diversity, Oppression, and Social Functioning: Person-in-Environment Assessment and Intervention. 2nd ed. Boston: Allyn and Bacon, 2007.

Child Welfare League of America. Cultural Competence Self-Assessment Instrument. Washington, DC: Child Welfare League of America, 2002.

Coggins, Kip, and Bonnie Hatchett. Skill Building from a Multicultural Perspective. 2nd ed. Peosta, IA: Eddie Bowers Publishing, 2009.

Dhooper, Sirjit Singh, and Sharon S. Moore. Social Work Practice with Culturally Diverse People. Thousand Oaks, CA: Sage Publications, 2001.

Dominelli, Lena. Anti-Racist Social Work. 3rd ed. New York: Palgrave MacMillan, 2008.

Gerstein, Lawrence, P. Paul Heppner, Stefania Aegisdottir, Ming A. Leung, and Kathryn Norsworthy. Essentials of Cross-Cultural Counseling. Thousand Oaks, CA: Sage Publications, 2011.

Hunt, Matthew. Race, Racial Attitudes and Stratification Beliefs. Thousand Oaks, CA: Sage Publications, 2011.

Lum, Doman. Culturally Competent Practice: A Framework for Understanding Diverse Groups and Justice Issues. 3rd ed. Florence, KY: Brooks/Cole, 2007.

National Association of Social Workers. NASW Standards for Cultural Competence in Social Work Practice. Washington, DC: NASW Press, 2007.

Rothman, Juliet. Cultural Competence in Process and Practice: Building Bridges. Boston: Allyn and Bacon, 2008.

Shaefer, Richard. Racial and Ethnic Groups. 10th ed. Upper Saddle River, NJ: Prentice-Hall, 2006.

Sheafor, Bradford, and Charles Horejsi. Techniques and Guidelines for Social Work Practice. 8th ed. Boston: Allyn and Bacon, 2012.

Sisneros, Jose, Catherine Stakeman, Mildred C. Joyner, and Catheryne L. Schmitz. Critical Multicultural Social Work. Chicago: Lyceum, 2008.

Sue, Donald, and David Sue. Counseling the Culturally Diverse: Theory and Practice. 5th ed. New York: John Wiley and Sons, Inc., 2008.

Weaver，Hilary. Explorations in Cultural Competence：Journeys to the Four Directions. Florence，KY：Brooks/Cole，2005.

Wronka，James. Human Rights and Social Justice：Social Action and Service for the Helping and Health Professions. Thousand Oaks，CA：Sage Publications，2007.

九、本章回顾

实务练习

1. 通过代际相传，所习得的行为、价值、信念、习俗等，是指

A. 原生家庭的问题

B. 多样化

C. 民族

D. 文化

2. 基于一个人所属的群体或类别就做出负面的评价，这指的是

A. 种族中心主义

B. 偏见

C. 平权行动

D. 特权

3. 种族中心主义指的是

A. 相信所有的文化都很重要

B. 认为平等是不可能达到的

C. 认为(可能是无意识的)一种文化相比其他文化而言，具有优越性

D. 根据刻板印象形成的偏见

4. 美国社会工作专业人员协会(NASW)制定的社会工作者的文化能力标准是

A. 对每一个潜在的干预都设立了严格的标准

B. 针对个人的干预提供了专门的指引

C. 认为提升文化能力是终身的事情

D. 与美国社会工作专业人员协会(NASW)的伦理守则相冲突

5. 美国社会工作专业人员协会(NASW)的文化能力标准是

A. 建议使用标准化的服务对象需求评估工具

B. 包括了强制性的文化敏感度培训

C. 建议制定通用的评估工具

D. 关注服务传递的多样性和员工构成的多元化

6. 人权的概念是

A. 与美国社会工作专业人员协会(NASW)伦理守则中提出的概念和价值相背离

B. 与美国社会工作专业人员协会(NASW)伦理守则中提出的概念和价值相一致

C. 受到全球议题的限制

D. 是美国法律的基础

7. 为了确保社会工作在对多元化服务对象提供服务的时候，有较高水平的文化能力，请描述两条机构实务过程背后的基本原理。

第十三章

专业社会工作

本章大纲

- 本章预览
- 基本概念与背景资料
- 重点指引与提示
- 作业演练活动：实习机构内的专业社会工作
- 建议学习活动
- 参考文献
- 本章回顾

一、本章预览

本章关注的是社会工作的专业性，包括社会工作实务过程中的独特视角和领域。本章将讨论何为社会工作的专业行为；如何从实习生转变成一名专业的社会工作者；作为一名通才社工，他被期待在微观、中观、宏观层面上具备哪些专业技巧。本章还会讨论社会工作角色的多样性，并教你如何达至社会工作实务中艺术性与科学性的平衡。

社会工作者将自己视为专业人士，并认为他们所从事的职业是一门专业。作为一名社会工作学生，机构会期待你在实习期间有专业的表现。但是，究竟何为专业性？怎样的表现才算是符合专业性？如何判断服务对象是否真正得到了专业的对待、一直受到专业的服务呢？机构中受过专业训练的社会工作者所提供的服务品质是否可观察且发挥正向作用呢？

社会工作是诸多助人职业的一种。社会工作者常常与其他助人者一起工作，如医生、护士、语言治疗师、心理学家、物质滥用咨询师、学校心理辅导人员等。什么事情是社会工作会去做，而其他助人工作者不会去做的呢？什么是只有社会工作者知道，只有他们会去做的独特事情呢？社会工作与其他职业的区别何在？作为一名社会工作实习生，你该如何让自己逐渐成为一名专业的社会工作者？

二、基本概念与背景资料

所有的专业都认为自己是独特的，所有的专业人士都相信自己拥有独特的知识和技巧。相比那些没有受过专业训练的人而言，专业人士能更好地理解社会现象。因为受过专业训练的人会遵守专业伦理准则，而服务对象和社会大众也期待他们的行为是合乎伦理的。他们对自己的决策和行为负责。专业人士会对外宣布某个特定的活动范畴是属于该专业的，从事这一领域的工作需要相应的专业证书和资格。从法律角度而言，专业人士有责任为他们的服务对象提供符合标准的照顾服务；如果他们无法做到，那他们会被控告处遇失当或专业疏失。从广义上而言，专业(Profession)指的是具有某种特定特征的职业：

- 具有一套独特的知识体系和理论，拥有与之相对应的特殊技能和技巧
- 具有一套独特的技巧和能力来完成特定的专业任务，而这是其他专业的人所做不到的
- 进入专业领域的人员受过正规的专业教育
- 社会认可从事该专业的人具有特殊专长
- 执行活动的时候受到社区或州政府的认可与管理
- 专业的实务工作者共享一套特定的文化、专业语言、专业术语，有共同的目标、认同感、历史和价值观
- 有一套专业价值和成文的伦理准则来指导实务工作
- 因为某个共同的目标，一群专业人士通过专业组织的会员制度而联结在一起
- 具有一定的能力和权威，通常通过法律的方式来规范实务工作以及新成员的招募，并确保服务对象所获得服务的质量
- 专业人士通常因为他们的价值观、兴趣或天赋，而对专业持有一种使命感

社会工作专业的独特责任，在于提升个人、家庭、社区在微观、中观、宏观层面上的社会功能。这意味着社会工作者不仅为个人、家庭、群体、组织和社区提供服务，而且同等重要的是他们通过执行社会政策、促

进社会情境改善，来支持服务对象社会功能的提升。社会功能（Social Functioning）指的是人们在社会方面的身心健康，特别是他们满足自身基本需求的能力和机会，如食物、住处、安全、自我价值，以及可以很好地实现自己的角色，如配偶、家长、学生、雇员和市民等。推动社会功能的提升是社会工作专业的独特焦点，也是社会工作的专业领域。

社会工作者主要关注个人与其所处社会环境之间的互动或交互作用。这个环境由不同的单位和系统构成，例如家庭、支持网络、邻里或社区团体与组织、工作场所，以及各种法律、教育、医疗和社会福利体系。这就是社会工作专业中常说的人在环境中的视角（Person-in-environment Focus）。社会工作者关注的是社会环境在多大程度上支持了个人和家庭，服务对象可以做些什么来强化他们所在的社会系统。社会工作者会通过开展各种活动和任务来达成以下目标：

- 增强人们解决问题和应对困境的能力
- 恢复并维持人们的社会功能
- 预防严重的个人和社会问题的发生
- 将人们与能够为其提供支持、服务、机遇的各种系统和资源相联结
- 保护社区中的人们，使其免受他人的伤害
- 促进符合人道且有效的社会政策和社会服务项目
- 规划、发展、管理社会服务机构和社会服务项目
- 保护社会中的弱势群体，使其免受社会负面的影响
- 进行研究，发展并传播社会工作的相关知识

每一个专业都在致力于实现其自身的核心价值。社会工作常被称为价值导向的专业（Values-driven Profession），因为社会工作者做的大部分事情都是由一套特定的核心价值所指引的。然而，所有的专业都是扎根于一套特定的价值体系。社会工作专业的基本价值包括服务、平等、促进人权、努力实现社会正义。这些社会工作基本价值体现在社会工作者与服务对象的所有互动过程当中，并形成了社会工作的工作基础。当你带着这些社会工作价值去思考、观察并参与干预过程的时候，你会发现这是一件非常有意思的事情。

社会工作专业对其从业人员有着较高的标准要求，特别是对其专业行为的表现。这一点对于一名新入行的社会工作者而言非常重要，因为遵守这些标准将能确保你的服务对象获得最高质量的服务。非专业的行为会导

致服务对象陷入风险、降低服务质量、破坏专业的公众形象，并可能违反专业的伦理守则。尽管社会工作是一个专业，但并非每一位社会工作者都能展现出专业操守。非专业的行为会削弱服务质量，并有可能违反美国社会工作专业人员协会(NASW)制定的伦理守则。

大多数社会工作者都在社会服务机构或社会福利机构中工作，他们常会遇到究竟该忠于机构还是忠于社会工作专业价值和原则的困境。社会工作者应当秉持机构的核心价值与使命，但是当机构的核心价值与社会工作专业的核心价值发生冲突时，他们往往会认为专业的核心价值更为重要。社会工作者所做的大部分事情都受到机构政策的型塑与推动。因此，社会工作者必须要关心机构政策的本质及目的，并了解机构政策是如何影响服务对象的。从社会工作专业的视角出发，机构政策应该符合以下这些特性：

- 机构政策能够推动服务对象和社区整体的福祉。
- 对直接受到政策影响的人而言，机构政策应当体现出对人的尊重和公平。
- 机构政策应当能够使服务对象增能，发现并善用服务对象的优势。
- 机构政策应当直接或间接地促进社会经济的公正。
- 机构政策应当与美国社会工作专业人员协会(NASW)伦理守则中的价值和基本原则相一致。
- 机构政策应当与证据为本的实践相一致。
- 机构政策使机构社工及其他工作人员对自己的工作和提供的服务负起应有的责任。
- 机构政策应当清晰、务实，并符合相关法律法规的要求。

三、重点指引与提示

在实习的过程中，你会遇到一个较大的挑战是从学生的角色转变为专业社会工作者的角色，当然我们希望你可以积极地面对这个挑战。作为一名在课堂里学习的学生，你可以只坐在那里听而不对老师有回应，你不需要把学到的理论运用于实际工作中去。但在实习场域中，一切都变得不同了。请仔细思考表 13.1 中所列的学生角色和社会工作者角色之间的差别。

表 13.1 学生角色与社会工作者角色的比较

学 生 角 色	社工人员角色
被动学习	主动学习,学会运用所学的知识
从事的是学术讨论,理想化的决策	把理论运用在服务对象身上
偶尔上课缺席,缺席也不会对自己或服务对象产生影响	需要全勤,以此来保证服务的质量
在决策和干预过程中听从他人的安排	在设计和执行干预过程中采取主动的态度
承担部分责任	承担全部责任
基础性的理论学习和学术准备	既有学术上的准备,也有累积的实务经验和实践智慧
可能会认为服务对象的反馈都是在针对自己,并做出非常情绪化的处理	把服务对象的反馈看作是非常重要的专业上的成长

在你从学生角色转变到社会工作者角色的时候，你需要非常诚实地评价自己处于这两个角色中间的哪个位置。你需要让自己离开那个被动且只承担部分责任的学生角色。同时，尽力去扮演专业人士应当扮演的角色并承担相关责任。不要等到你正式成为一名社会工作者之后，再去做这样的角色转换。无论你是一名实习生还是已经完成了你的学业，你的服务对象都有权获得最高质量的专业服务。

实习最主要的目的是帮助你培养作为社会工作者的专业认同(Professional Identity)。要获得专业认同，意味着你需要非常清楚地了解社会工作专业的目标，明确作为一名社会工作者的角色和责任，清楚社会工作专业的核心价值和伦理原则，清楚在完成工作任务中所需要的知识和技巧。你可以通过观察其他社会工作者，并反思他们的行为、决定和态度来慢慢建立自己的专业认同。你会发现在课本中学到的所有的社会工作专业角色都能在现实生活中得到呈现。表 13.2、表 13.3 和表 13.4 说明了社会工作角色(Social Work Roles)在微观、中观和宏观实务层面中是如何体现的。同时，也列出了各个层面的实务工作需要哪些重要的社会工作技巧。

表 13.2 微观层面的实务：社会工作角色和相关技巧

微观层面的角色	微观层面的技巧
倡议者	● 预估服务对象需求 ● 明确资源和漏洞 ● 理解社会政策 ● 代表弱势群体发声

（续表）

微观层面的角色	微观层面的技巧
经纪人	● 知道资源和漏洞 ● 把资源联结给服务对象 ● 做适当的转介
个案管理者	● 明确资源和漏洞 ● 确保服务满足服务对象各个层面的需求 ● 对服务进行监管
心理咨询师	● 评估服务对象或其家庭的心理社会需求 ● 理解解释性理论 ● 理解实务理论或实务模式 ● 运用心理治疗技术来满足心理社会需求
教育者	● 通过设计课程来满足服务对象或其家庭的教育需求 ● 运用教育技术来促进社会功能
调解者	● 理解人际冲突的动态过程 ● 运用专业技巧解决冲突，促进各方社会功能
沟通者	● 理解社会系统的动态过程 ● 运用专业技巧来促进个体之间、系统之间、个人与系统之间的联结

表 13.3　中观层面的实务：社会工作角色和相关技巧

中观层面的角色	中观层面的技巧
管理者	● 理解组织架构、动态过程及其发展 ● 运用督导和行政的技巧
促进者	● 理解社会系统和利益相关者在实务过程中的交互作用 ● 运用专业技巧在社会系统中促进沟通与交流，努力实现双方的共同目标
调解者	● 理解群体之间、组织之间冲突的动态发展过程 ● 运用冲突解决技巧促进不同群体实现各自的利益
项目开发者	● 知道怎样评估项目开发的需求 ● 开发满足社会需求的项目 ● 运用组织技巧来设计和开发项目，从而解决社会需求

表 13.4　宏观层面的实务：社会工作角色和相关技巧

宏观层面的角色	宏观层面的技巧
社区开发者	● 评估社区情况，从中发现需要发展的能力，加强社会联结 ● 运用专业技巧达成社区目标、满足社区需求

(续表)

宏观层面的角色	宏观层面的技巧
社区组织者	● 明确社区需求,寻找推动社会变迁的社区动力 ● 运用专业技巧促进社会变迁,特别关注那些明显的社会需求和社会问题
政策分析者/政策制定者	● 理解社会政策对服务对象及其系统的影响,理解社会政策制定和产生作用的过程 ● 利用各种专业方法建立联盟、整合资源,通过政策制定来影响社会变迁
研究者	● 理解研究方法、方法论、研究伦理 ● 设计并开展与社会情境和社会问题相关的研究 ● 开展有关项目、实务模式、社会政策的效果评估
社会规划者	● 理解宏观层面社会变迁的本质及其动态发展过程 ● 理解社会运动和计划性的社会变迁 ● 运用专业技巧系统地影响社会态度、政策、项目及制度

阅读你所在机构的社工岗位说明，明确机构的岗位说明是否与专业要求的目标、价值和实践角色相吻合，注意了解社工对自身角色与职责的界定与机构管理者或外部资助者对社工的角色与职责的界定这两者之间有何差别。询问你的机构督导或者其他社工，他们是如何在试图达到高层管理者和财务管理者期待的同时，遵守社会工作专业的使命和目标，并实现他们对服务对象的责任的?

慢慢的，你会注意到社会工作的专业价值、知识基础和工作方法同其他助人专业是有所不同的，如心理学家、护士、学校心理咨询师、医生、职业顾问等。如果你真正理解了社会工作专业的核心价值、伦理准则以及社会功能的概念后，你就会明白社会工作专业的独特性，学会将之与其他专业区分开来。社会工作专业的独特性在于它致力于人类总体社会功能的提升，致力于追求社会变迁和社会正义。然而，与许多社会工作专业学生理解不同的是，社会工作专业的独特性并不在于其对全人的关怀、对服务对象环境的关注、运用生态系统视角，因为这些观点也是护理、教育、心理咨询和职业治疗等专业课本上经常谈及的内容。社会工作专业的独特属性在于其致力于提升服务对象个体的社会功能，同时也致力于建构一个促进正向社会功能的社会环境、社会情境及社会政策。

除了那些理解社会工作专业价值的从业人员和服务对象，你很有可能会时不时地碰到对社会工作者和社会工作专业持有刻板印象或误解的人，就像你可能对其他专业也会抱有刻板印象一样。这是一件具有挑战性的事情，你可能需要向其他人澄清社会工作的真正目标与价值，也需要澄清进入社会工作专业领域所需要的教育与训练。与此同时，你同样也需要问自己，人们对社会工作的偏见是从何而来的，思考是否有些社会工作者的言行举止加深了这样的刻板印象。希望你能够不断挑战这些刻板印象，并推动社会工作专业地位的提升。

人们对社会工作专业持有负面印象，通常是因为对社会工作的了解有限，或是曾经和能力不足或缺乏职业道德的社会工作者一起工作过。此外，有些人身在社会工作岗位，但其实没有受过社会工作的专业教育，他们也会造成人们对社会工作的负面印象。仔细想想社会工作者是否是真正被认同和受到尊重的专业人士。思考为什么在有些机构中，社会工作者被认为是专业人士；而在另一些机构中，社会工作者则被认为不够专业。你应当尽力去提升社会工作的专业形象，如在描述自己的工作时，特意使用社会工作者的称呼；以最佳的能力和合乎伦理的方式从事实务工作；通过任何可能的机会向公众宣传社会工作专业等。

最后，提一个可能会对你有帮助的建议。如果你没有关注社会工作的“艺术性”，那无论你有多么重视社会工作的知识、理论和研究，你都很难成为一名有效的实务工作者。正如学者 Sheafor 和 Horejsi(2012, 25—30)的著作中所提到的，“作为艺术家的社会工作者”具备以下特质：

- 具有同情心和勇气。你每天都会面对其他人的伤痛之处，而你必须要用怜悯之心和服务对象站在一起。你必须慢慢地发展出强大的内在力量，使你可以不断地面对人们的苦难和沮丧，而不至于被其吞噬。
- 专业关系。在实务工作中，最基本的工具是发展出有意义、高效能的专业关系。而建立专业关系的能力有赖于你展现同理、真诚、无私温暖的能力。
- 创造力。面对变化过程中可能的障碍，你应当具有创新能力、想象力、随机应变的能力和忍耐力。
- 充满希望与活力。你需要相信人性本善和人的能力，愿意不断努力而不至于丧失信心，能够从失败和错误中恢复过来。

- 判断力。你需要发展适当的判断力、批判性思考的能力、深思熟虑的决策能力、从成功和失败中反思学习的能力。
- 个人价值。你个人的价值观必须与社会工作的核心价值相契合，包括对基本权利的尊重、有社会责任感、致力于追求个人自由、支持案主自决。
- 专业风格。因为你是实践社会变迁的行动者，你需要发展出自己的专业风格，这种专业风格融合了你的专业知识、人格特质和个人天赋。

四、作业演练活动：实习机构内的专业社会工作

检视专业价值、伦理守则、实务工作原则和知识基础等对你实习机构中社会工作者的行为和工作表现所产生的影响，这是一件很重要的事情。鉴于此，请回答下列的问题。

1. 你所在机构的社工是否会讨论美国社会工作专业人员协会(NASW)的伦理守则？

____

____

____

2. 在你的实习机构中，美国社会工作专业人员协会(NASW)的伦理守则是否对决策和实务工作产生重要的影响？如果是的话，会在哪些方面产生影响？如果没有的话，为什么？

____

____

____

3. 机构是否面临一些压力，如个人价值和专业价值的冲突、政治上的压力、削减运营成本的压力等，使得机构不得不在实务上妥协，或者不遵守社会工作伦理守则？

____

4. 在你实习的机构中，哪项社会工作的核心价值最为凸显？而最缺乏的又是哪项呢？

5. 在社会工作的核心价值观中，哪些与你的个人价值是最一致的？

6. 在下列社会工作所需要承担的角色中，你希望自己在机构中能扮演哪一种？

________行政主管/管理者/督导	________小组带领人
________倡议者	________沟通者
________经纪人	________项目规划者
________个案管理者	________研究者/项目评估者
________社区开发者	________社会活动家
________社区组织者	________社会规划者
________心理咨询师/治疗师	________社会政策分析师/社会政策工作者
________教育者/培训师	________其他(请注明)

7. 在你所在的州，具有社会工作本科和硕士学历的人该如何获得并维持社会工作的职业资格证(如学位要求、考试、工作年限、接受督导的时数等)？什么部门在负责管理社会工作的职业资格证？

8. 你所在机构的社工中，有多少百分比的人拥有社会工作学历？有多少百分比的人拥有社会工作职业资格证书？

9. 你所在的机构是否对某些特定岗位要求必须有社会工作学历（社会工作本科或社会工作硕士）？如果是的话，是什么样的职位需要有这些要求呢？

10. 在社区当中，你所在机构的公众形象如何？是什么力量或者过去发生的事件形成了这样的公众形象？

11. 在你实习的机构中，有哪些机构政策、工作流程、工作期待会增强或阻碍机构中的社会工作专业化程度（如是否要求参加继续教育、是否期待社会工作者在决策和行动中承担责任、是否对专业伦理给予关注等）？

12. 你有没有在机构内外和其他专业人员共事？你认为自身的角色和伦理守则与其他专业人员的有何异同？

五、建议学习活动

- 参加当地社会工作协会的会议，或参加其他与社会工作专业相关之组织的会议，借此了解在你的社区中，大家最为关切的议题是什么。

- 关注社会工作会议及工作坊中的各类布告，从中了解社会工作者们对什么议题感兴趣。
- 注意各种媒体对社会工作的报道，包括报纸、杂志、电视或网络媒体等，从而了解社会工作是如何被描述的，并了解这些报道通常是正面还是负面的。
- 成为社会工作协会的学生会员，从而使你获得有关社会工作议题或项目的最新消息。同时，你也可以支持社会工作协会的工作。
- 在学者 Sheafor 和 Horejsi(2012)的著作中，有一节的标题是“提升社会工作形象”(453—454)，仔细阅读这部分内容。
- 尝试了解不同的社会工作专业组织，如社区组织及管理协会(Association for Community Organization and Administration)、美国黑人社会工作者协会(National Association of Black Social Workers)、肿瘤社会工作者协会(Association of Oncology Social Workers)、美国波多黎各人/拉丁裔社会工作者协会(National Association of Puerto Rican/Hispanic Social Workers)、临床社会工作联盟(Clinical Social Work Federation)、美国印第安儿童福利协会(National Indian Child Welfare Association)、农村社会工作小组(Rural Social Work Caucus)、灵性社会工作实务学会(Society for Spirituality in Social Work Practice)、北美基督徒社会工作者协会(North American Association of Christians in Social Work)、国际社会工作者联盟(International Federation of Social Workers)、社会福利行动联盟(Social Welfare Action Alliance)等。

六、参考文献

Barker, Robert L. The Social Work Dictionary. 5th ed. Washington, DC: NASW Press, 2003.

Commission on Accreditation. Educational Policy and Accreditation Standards. Alexandria，VA：CSWE，2008.

DuBois，Brenda，and Karla Miley. Social Work：An Empowering Profession. 5th ed. Boston：Allyn and Bacon，2008.

Finn，Janet L.，and Maxine Jacobson. Just Practice：A Social Justice Approach to Social Work. 2nd ed. Peosta，IA：Eddie Bowers Publishing，2008.

Gambrill，Eileen. Social Work Practice. A Critical Thinker's Guide. 2nd ed. New York：Oxford University Press，2006.

Haynes，Karen，and Mickelson，James. Affecting Change：Social Workers in the Political Arena. 4th ed. Boston：Allyn and Bacon，2000.

Hokenstad，Merl C.，and James Midgley. Lessons from Abroad：Adapting International Social Welfare Innovations. Washington，DC：NASW Press，2004.

LeCroy，Craig. The Call to Social Work：Life Stories. 2nd ed. Thousand Oaks，CA：Sage Publishing Company，2011.

National Association of Social Workers. Code of Ethics. Washington，DC：NASW Press，1999.

Payne，Malcolm. Modern Social Work Theory. 3rd ed. Chicago：Lyceum，2005.

Sheafor，Bradford，and Charles Horejsi. Techniques and Guidelines for Social Work Practice. 9th ed. Boston：Allyn and Bacon，2012.

Sheppard，Michael. Social Work and Social Exclusion：The Idea of Practice. Burlington，VT：Ashgate Publishing，2006.

七、本章回顾

实 务 练 习

1. 知识体系、理论基础、社会认同、伦理守则、专业规范是什么的核心特征？

A. 专业

B. 少数族裔

C. 学校社会工作

D. 职业资格管理部门

2. 美国社会工作专业人员协会(NASW)对于社会工作的定义强调

A. 临床实务

B. 微观与宏观层次的实务，以及这两者的互动

C. 政治行动

D. 继续教育

3. 与其他的助人职业相比，社会工作关注的独特焦点在于

A. 生命的心理部分

B. 生命的灵性部分

C. 个人、家庭和团体的社会功能

D. 实务工作的伦理标准

4. 服务、社会正义、个人的尊严与价值、人类关系的重要性、正直、能力是

A. 继续教育的标准

B. 专业的核心原则

C. 每次干预过程中的测量标准

D. 社会工作专业所立基的人权价值

5. 社会工作者对案主负责是最高的专业价值，以下哪个选项体现了这点？

A. 专业取向的实践

B. 社会工作者的个人道德准则

C. 职业资格的要求

D. 州法律所规定的

6. 社会工作通过什么方式承担伦理责任和临床责任？

A. 标准化预估工具的运用

B. 证据为本实践的运用

C. 标准化评估工具的运用

D. 个别化治疗计划的运用

7. 从微观、中观和宏观层面的实务而言，社会工作者和倡议者的角色有哪些异同？

第十四章

社会工作伦理

本章大纲

- 本章预览
- 基本概念与背景资料
- 重点指引与提示
- 作业演练活动：实习中的价值和伦理
- 建议学习活动
- 参考文献
- 本章回顾

一、本章预览

本章将介绍社会工作的专业价值和伦理，并讨论专业伦理守则如何指引我们的实务工作。我们会聚焦于伦理能力、伦理抉择，以及解决伦理困境的过程。同时，我们也会展现社会工作的核心价值是如何贯穿于机构的实践与政策中的。最后，我们将探讨伦理审查作为一项机构的技巧，是如何监督和保证所提供的服务能够合乎伦理要求的。

在日常工作中，社会工作者都需要基于伦理原则做出各种抉择和行动。这些原则不仅对实务工作的开展具有深远的影响，同时对于学生的实习也具有重要的影响。在你正式开始社会工作实习前，相信已经在课堂上学习过美国社会工作专业人员协会(NASW)的伦理守则(Code of Ethics)，并且讨论过与伦理相关的问题和议题。到目前为止，专业伦理的议题可能对你而言还很抽象，但一旦你进入实习的场域，你会真实地遇到这些伦理问题和困境。

本章将简要复习社会工作价值和伦理的本质，讨论一些在实务中常见的伦理议题，并针对如何识别伦理议题及解决伦理困境提供具体的指引。此外，作业演练活动将会提升你有关实习的伦理意识。

二、基本概念与背景资料

每个专业都有一套各自的伦理守则，为其专业实践提供伦理基础。这些伦理守则主要聚焦于专业人士对于其服务对象、工作机构以及社会大众的专业责任。社会工作的专业伦理更是如此，你被要求在你日常的实习工作中能够合乎伦理守则。社会工作伦理植根于一套社会工作的核心价值观，它对于社工如何进行伦理抉择给出通用性的指导。伦理抉择(Ethical Decision Making)是讨论如何将伦理守则运用于案主改变的每一个过程、运用于机构的发展、甚至是社会工作研究和社会正义等更为宏大的范畴上。

伦理困境(Ethical Dilemma)指的是社工同时面临两个或两个以上应当遵守的伦理责任(例如，需要采取行动保护服务对象免受立即性的伤害，但同时又需要保护服务对象的隐私)，但由于这些伦理责任的冲突或其本质上的互斥，使得我们在持守某项原则的时候不得不破坏另外一项原则。但对于如何进行伦理抉择，美国的社会工作伦理守则并没有给出明确的指引，只是给出了通用性的原则。

我们将社会工作者维持合乎伦理要求行为的水平，称为伦理能力(Ethical Competencies)。合乎伦理要求的社工(Ethical Social Worker)应该做到以下几个层面的要求。

- 合乎伦理要求的社工，应当能够在个人和专业两个层面，理解伦理和价值的含义。
- 合乎伦理要求的社工，应当熟悉美国社会工作专业人员协会(NASW)的伦理守则，包括它的制订意图、使用方式以及局限所在。
- 合乎伦理要求的社工，应当具备识别伦理议题和伦理情境的能力。
- 合乎伦理要求的社工，应当能够发展出一套进行伦理抉择的模式，并将之运用于实务中。
- 合乎伦理要求的社工，应当具备检视、探索和解决伦理困境的能力。
- 合乎伦理要求的社工，应当理解实务工作中伦理议题和法律议题之间的关联性。
- 合乎伦理要求的社工，能够将美国社会工作专业人员协会(NASW)的伦理守则运用于不同的社会工作实务层次。
- 合乎伦理要求的社工，应当理解何为“潜在的违反伦理行为”，并能够明白它所带来的后果。

- 合乎伦理要求的社工，在涉及实务工作的伦理议题时，能够运用批判性思考的技巧。
- 合乎伦理要求的社工，应当理解社会工作督导和继续教育的重要性。

实习机构对于如何解决伦理议题和伦理困境通常都会有一些程序，可能是正式成文的，也可能是非正式的。有的实习机构可能通过伦理委员会、员工内部讨论或寻求外部法律和伦理咨询的方式，来协助员工对困境做出抉择。幸运的是，你在实习期间可能会常常参加这样的会议，而这些可以帮助你提升伦理的觉察意识，并发展出识别和解决伦理困境的能力。随着时间的推移，你会越来越接纳不确定性，并更有能力去分辨各种对立的价值观，以及不同选择可能带来的潜在结果。

当你遇到伦理困境的时候，我们建议你能够仔细思考学者 Sheafor 和 Horejsi(2012, 121)所提出的伦理抉择指导原则，并针对以下每个问题，探究你自己的答案。

- 谁是你首要的服务对象(例如通常是哪个人、哪个群体或哪个组织希望获得社工的服务，并期待因此而受益)？
- 究竟是机构的哪些行动或社工的哪些角色与责任导致了伦理困境的产生(例如法律规定、职责要求、机构政策、资源的有效使用、服务介入后可能产生的伤害等)？
- 谁有能力或谁应该去解决这个伦理困境？由服务对象来抉择是不是最恰当的？还是由他的家人来决定？抑或社工或机构的行政长官？
- 就每一种可能的选择而言，对服务对象可能产生什么样的短期和长期结果？对他的家人呢？对社工呢？对机构呢？对整个社区呢？
- 在每种可能的选择中，谁会受益？又有谁会遭受损失？不同利益方之间的权力是否平等(例如儿童 VS 成人)？针对那些最弱势或没有权力的群体是否有特别的考量？
- 当伤害无法避免的时候，哪项选择的伤害最小或者哪种伤害的长期影响最小？在那些可能受到伤害的人中间，谁最难从伤害中复原？
- 对于伦理困境的这一抉择，是否可能开启了一个不好的先例，以至于日后做类似抉择时可能会影响其他服务对象的利益？
- 在这个伦理情境中，什么伦理原则和伦理责任是适用的？
- 在这个伦理情境中，哪些伦理原则的冲突导致了伦理困境的产生？

- 在这个伦理情境中，有没有哪些伦理责任是优先于其他伦理责任的？

三、重点指引与提示

在工作中你很可能会遇到这样的困境：任何一种选择或方案，都会给服务对象或其他人带来某种程度的伤害。在这样的情况下，你不得不去选择一个伤害最小的方案。从本质上而言，你是被迫从坏的选项里挑一个没那么坏的。其实，即使对资深的社工而言，这也是一件困难的事情；但你不得不去学习接纳它，因为这就是事实。

一个常常令人困惑的伦理议题是有关保密原则的限制。服务对象有权利保守个人的隐私，然而，这个权利不是绝对的。它往往具有一定的限制和例外，例如法律有时会要求社工成为通报者。当遇到下列情况发生时，即使你没有征得服务对象的同意，你也有可能需要披露有关信息：你的服务对象正在虐待他人；或你的服务对象正在计划某项极度危险且非法的行动，可能使他人受到伤害；或你的服务对象威胁要伤害自己或他人。此外，当你收到法院的传票要求你提供服务对象的有关信息，或是你需要履行某些契约中与第三方付费部门分享信息的义务，或你的服务对象是未成年人时，保密原则可能也会不适用。

当你在处理有关保密议题的时候，你需要确认自己是否已经了解联邦及州的各项法律规定，以及机构相关的政策规定。同时，确认自己是否了解沟通特权(Privileged Communication)的概念。沟通特权原则指的是法律对服务对象与专业社工之间的对话给予保护，在未经服务对象同意的情况下，社工不能也不会将对话内容透露给其他人。

社会服务机构在专业价值和伦理的指引下运营，通过机构的政策和指引，我们可以看到这些价值和伦理以不同的方式被呈现。表 14.1 罗列了社会工作基本的价值观，展示了机构如何通过其内部政策与实践来支撑这些核心价值观，并达致合乎伦理的专业行为。仔细阅读这个表格，并询问你的机构督导，在你实习的机构里是否也有相关的政策与实践。如果以下哪一项在你的机构中并没有实施，那就问自己，这些做法是否可以推动合乎伦理的专业行为。

表 14.1 机构政策与实践对社会工作价值的支撑

机构政策与实践	社会工作价值							
	尊严与尊重	安全与保护	平等	自主与案主自决	隐私与保密	服务	质量与能力	文化能力
咨询委员会	√		√	√		√	√	√
最佳实践政策	√	√	√	√	√	√	√	√
人权法案	√	√	√	√	√	√	√	√
拒绝的权利	√			√		√		√
伦理守则	√	√	√	√	√	√	√	√
保密的陈述	√	√		√	√	√		
利益冲突的政策		√					√	
咨询制度		√		√	√	√	√	√
身份核实		√					√	√
服务记录	√	√	√		√		√	√
伦理抉择的过程	√	√	√	√	√	√	√	√
伦理委员会	√	√	√	√	√	√	√	√
申诉制度		√		√	√		√	√
知情同意的政策	√	√		√	√		√	√
服务长度的政策		√	√		√	√	√	√
收费的政策	√	√	√			√	√	√
沟通特权的政策		√		√	√			√
信息披露的政策	√	√			√			
员工发展的政策	√	√	√	√	√	√	√	√
督导制度		√	√	√	√	√	√	√

“List of Ethical Competencies” from BSW Competency Catalogue. Copyright © 2008 by the University of Montana. Reprinted with permission.

如果我们希望监督机构的行为合乎伦理，一种常被推荐的方法便是伦理审查(Ethics Audit)。在任何时候，我们都可以收集机构的相关信息来评估其伦理操守，以探究机构是否符合自己的政策和伦理立场。表 14.2“机构伦理审查表”就是一个范例，帮助我们检验表 14.1 里面的机构政策与实践是否合乎伦理要求。

表 14.2 机构伦理审查表				
	合乎伦理的程度			
机构政策与实践	合乎伦理（最小风险）	不合乎伦理的程度很低（低风险）	不合乎伦理的程度很高（高风险）	数据来源： 1. 文档审查 2. 员工访谈 3. 咨询委员会 4. 案主评价 5. 第三方评价 6. 其他来源
咨询委员会				
最佳实践政策				
人权法案				
拒绝的权利				
伦理守则				
保密的陈述				
利益冲突的政策				
咨询制度				
身份核实				
服务记录				
伦理抉择的过程				
伦理委员会				
申诉制度				
知情同意的政策				
服务长度的政策				
收费的政策				
沟通特权的政策				
信息披露的政策				
员工发展与培训的政策				
督导制度				

表格使用说明：本表用来协助机构评估其内部流程及政策合乎伦理的程度，以确认其行为合乎伦理的程度。合乎伦理的程度低，则意味着对服务对象及其系统存在较高的风险；而合乎伦理的程度高，则意味着对服务对象及其系统的风险较低。检验机构的政策与实践在每个条目上的表现程度，将有助于指导伦理实践。在表格最右边的一栏，讨论哪些信息来源可以帮助我们判定机构合乎伦理的程度。通过这个工具，我们可以识别机构在伦理操作机制方面的优势与劣势，同时也有助于机构的整体发展。

你需要明确知道，破坏伦理守则有时会遭到投诉甚至法律诉讼，在实习中你必须避免发生这样的非专业行为。违反伦理守则的常见行为包括：破坏保密原则、缺乏知情同意、发生双重关系、社工能力不足、名誉毁损、服务终止、破坏案主自决等。这些行为不但使得社工一定程度上玩忽职守的风险增大，更重要的是会降低服务效果并可能给案主带来潜在的伤害。

为了能够成为一名有效的社会工作者，你必须能够识别自己和服务对象之间所持有的价值观和道德观。有一项最基本的原则是，你不能把自己的价值和信仰加诸在服务对象的身上。然而，这项原则常常受到挑战，因为社会工作专业和社会服务机构是建立在一套价值观和信仰基础之上的。这套价值观和信仰包含什么对人们是好的、适当的人际关系应该如何等。此外，有时一些服务对象的行为是明显错误的，并可能伤害到他们自己和他人(例如攻击、性侵害、抢劫、儿童疏忽等)。在这样的情境下，保持价值中立可能是极其危险、不负责任和违背伦理的。

你或许会发现，你个人的道德标准会和你的服务对象、机构督导、实习机构甚至是美国社会工作专业人员协会(NASW)的伦理守则存在冲突。当你面对这些冲突的时候，不要试图去回避它们。这些问题和困境非常重要，它们需要你用诚实和坚毅去面对。你需要决定自己在何时可以或不能放下自己的道德标准。

你也有可能发现实习机构违反了某些伦理原则，或侵犯了案主的某些权益。如果有这种情况发生，请与你的实习机构督导或学校指导老师进行讨论，以便澄清该情境涉及哪些议题、是否存在违背伦理守则的情况、你有哪些选择等。

最后，仔细琢磨美国社会工作专业人员协会(NASW)的伦理守则，把它作为你伦理行为和专业操守的基本准则。思考如何可以做得更好，因为这样可以帮助你避免不当行为，并免于被投诉。如果我们能够视服务对象的福利为我们工作的首要目标，那我们所提供的服务则能更合乎伦理规定、符合服务对象需要，且更高效。

四、作业演练活动：实习中的价值和伦理

1. 询问你的机构督导，他在机构中最常遇到的伦理议题和伦理困境是

什么？

2. 在你实习机构里的工作人员是如何处理伦理方面的议题，以及如何解决伦理困境的（例如在员工会议中讨论、向伦理委员会提出报告、向专家寻求咨询等）？

3. 美国社会工作专业人员协会（NASW）的伦理守则对于你实习机构中社工的抉择和行为有什么影响（例如是否在案例研讨会或员工会议上参考伦理守则，是否每位社工都有伦理守则等）？

4. 你所在的实习机构是否有自己的伦理守则或行为操作守则？如果有的话，它和美国社会工作专业人员协会（NASW）的伦理守则有何异同呢？

5. 在你看来，你所在的实习机构有没有什么政策是违反了美国社会工作专业人员协会（NASW）伦理守则的？如果有的话，请详细描述这些政策与美国社会工作专业人员协会（NASW）伦理守则中的哪些条文存在冲突。

6. 你所在的实习机构如何处理工作人员违反伦理守则的事件（例如要求撰写事件报告、社工暂时停职、机构的申诉政策、报告社工注册机构等）？

____

____

____

7. 你所在的实习机构的社工或相关人员，是否有人因为违反伦理守则而遭到解雇或惩戒？如果有的话，那究竟是什么性质与类别的问题？

____

____

____

8. 对美国社会工作专业人员协会（NASW）伦理守则中的各项伦理原则，哪些条款让你感受最强烈？为什么？

____

____

____

9. 在你实习机构的各项政策中，有没有哪些政策与你的个人道德原则是相冲突的？如果有的话，你将如何处理和解决这些冲突？

____

____

____

10. 在美国社会工作专业人员协会（NASW）伦理守则中，有没有哪些条款或陈述与你个人的道德和伦理标准是有冲突的？如果有的话，你将如何处理和解决这些冲突？

____

____

____

11. 当注册社工违反伦理守则的时候，你所在的地区是否有专门的机构负责处理正式的投诉？该机构是如何对违反伦理守则的行为进行调查的？

____

____

____

12. 你所在的地区，如果有注册社工确实发生了违反专业伦理的事件，其后果会如何(例如吊销执业资格、民事诉讼赔偿、刑事起诉、由美国社会工作专业人员协会进行惩罚等)？

____

____

____

五、建议学习活动

- 仔细研读美国社会工作专业人员协会(NASW)的伦理守则。你可以从它的网站上下载全文(http：//www.naswdc.org)。
- 如果你的实习机构还有其他的专业人员一同工作(例如心理师、护士、老师等)，从他们那里获取一份该专业的伦理守则，并将之与美国社会工作专业人员协会(NASW)的伦理守则进行比较。
- 访谈资深的社工，并询问他们最常遇到的伦理困境是哪些以及他们认为最难处理的伦理议题是哪些。
- 浏览你实习机构的政策规章手册，并找出其中与美国社会工作专业人员协会(NASW)伦理守则相似的部分，同时也尝试找出与之相对立的部分。
- 在学者 Sheafor 和 Horejsi(2012)的著作中，有一节的标题是“进行伦理抉择”(120—123)，仔细阅读这部分内容。

六、参考文献

Baird, Brian N. The Internship, Practicum, and Field Placement

Handbook: A Guide for the Helping Professions. 5th ed. Upper Saddle River, NJ: Prentice Hall, 2011.

Banks, Sarah. Ethics and Values in Social Work. 3rd ed. New York: Palgrave Macmillan, 2008.

Barnard, Adam, Nigel Horner, and Jim Wild, eds. The Value Base of Social Work and Social Care. New York: Open University Press, 2008.

Corey, Gerald, Marianne Schneider, and Patrick Callahan. Issues and Ethics in the Helping Professions. 6th ed. Florence, KY: Brooks/Cole, 2003.

Hartsell, Thomas L., and Barton E. Bernstein. The Portable Ethicist for Mental Health Professionals: An A-Z Guide to Responsible Practice. New York: John Wiley and Sons, 2000.

Houser, Rick, and Stephen Thoma. Ethics in Counseling and Therapy: Developing an Ethical Identity. Thousand Oaks, CA: Sage Publications, 2012.

National Association of Social Workers. Code of Ethics. Washington, DC: NASW Press, 1999.

Payne, Malcolm. What Is Professional Social Work? 2nd ed. Chicago: Lyceum Books, 2007.

Reamer, Frederick. Ethical Standards in Social Work: A Review of the NASW Code of Ethics. 2nd ed. Washington DC: NASW Press, 2006.

Sheafor, Bradford, and Charles Horejsi. Techniques and Guidelines for Social Work Practice. 9th ed. Boston: Allyn and Bacon, 2012.

Somers Flanagan, Rita, and John Somers Flanagan. Becoming an Ethical Helping Professional: Cultural and Philosophical Foundations. Thousand Oaks, CA: Sage Publications, 2007.

Strom-Gottfried, Kim. Straight Talk about Professional Ethics. Chicago: Lyceum Books, 2007.

Thomlison, Barbara, and Kevin Corcoran, ed. The Evidence-Based Internship: A Field Manual. New York: Oxford University Press, 2008.

• • • 七、本章回顾

实 务 练 习

1. 在实务场域中，当两个伦理标准产生冲突时，我们称之为

A. 价值冲突

B. 伦理困境

C. 伦理破坏

D. 不当行为

2. 当社会工作者发现道德原则和法律原则发生冲突时，他可以做些什么去解决这个冲突？

A. 咨询督导以寻求帮助

B. 咨询律师以寻求帮助

C. 咨询灵性导师以寻求帮助

D. 咨询同事以寻求帮助

3. 美国社会工作专业人员协会(NASW)的伦理守则

A. 对每一种潜在的伦理情境和冲突都提供了明确的指引

B. 提供了普遍性的伦理原则，以帮助专业人士进行抉择

C. 对于服务对象的行为提出了标准

D. 对于社会工作的法定要求做出说明

4. 在何时澄清谁是我们潜在的首要服务对象是很有帮助的？

A. 解决了伦理困境时

B. 对社工实务设定了伦理标准时

C. 遵守有关法律时

D. 明白服务对象的观点时

5. 伦理困境意味着

A. 社工被赋权就服务对象的生活进行抉择

B. 服务对象被赋权就自己的生活进行抉择

C. 法律准则高于伦理守则

D. 选择某一个价值会导致对另外一个价值的破坏

6. 违背专业伦理守则会导致

A. 申诉的滥用

B. 机构的支持

C. 社工注册部门的惩罚或法律的惩罚

D. 实践智慧

7. 在机构制定的各项政策中，维持服务对象的尊严是社会工作的核心价值观之一。请问你实习的机构有哪些规则是支持这个核心价值观的？请列举其中的两条，并讨论这些政策是如何做的。

第十五章

法律相关的注意事项

本章大纲

- 本章预览
- 基本概念与背景资料
- 重点指引与提示
- 作业演练活动：法律议题和相关问题
- 建议学习活动
- 参考文献
- 本章回顾

一、本章预览

本章将介绍与社会工作实习和社会工作实务相关的法律背景知识，包括基本的法律术语、对服务对象和社工有影响的法律条款、适用于社会工作实务范围内的指导原则，以及避免出现处遇失当(Malpractice)情况的建议。

社会工作和其他所有职业一样，深受各种法律的影响。每一个社会服务机构都受到具体的法律法规的影响和引导。例如，因为某些法律的要求，政府会提供一些具体的项目和服务，而一些服务机构便因此而设立起来。在一些机构中，某个服务对象是否符合接受服务的资格就是由法律规定的。此外，在许多情况下，社工所采取的行动也可能是由法律来决定的，例如对于儿童虐待事件社工就有通报的义务。在美国，许多社工的执照是由州的法律授权许可的；因此，社工也必须履行相关的法律条款及自身的职业规范。

作为一名社会工作专业的实习生，你需要了解与自己专业实务有关的各项法律议题。你必须对各种可能违反法律的潜在行为或实务情境有所警觉，特别是当这些行动或实务情境可能会导致机构、社工和实习生遭到起诉时。同时，你也需要了解哪些法律条款要求你或是阻止你采取某些具体的行动。因为法律议题直接影响社会工作者和服务对象，所以社会工作者必须对直接影响他们实务工作和服务对象的法律及司法程序有基本的了解。他们必须熟悉那些有关他们实务角色、职责和职位描述的法律。

二、基本概念与背景资料

社会工作者经常会帮助他们的服务对象、小组或组织，和司法体系进行沟通协商。这可能包括为服务对象和家庭进行倡导或提供支持，为服务对象争取保护和赔偿，以及为有需要的服务对象提供各项法律服务。社会工作者也有可能参与宏观的法律程序和立法工作，例如推动新的法案制定，在对服务对象有影响的社会政策方面提供证词，或者是协助参与集体诉讼小组等。在这些宏观的实务案例中，社会工作者必须具备以下技巧：

- 帮助服务对象和群体准备司法证词。
- 草拟立法草案，促进和改善现有的社会政策。
- 为立法听证会提供专业证词。
- 鼓励服务对象参与与之有关的社会政策的制定。
- 推动选民登记工作。
- 致力于帮助服务对象及群体维护和主张他们的权利。

尽管对于社会工作专业的学生而言，因为专业疏失(Negligence)和处遇失当(Malpractice)而被起诉并不常见，但这也是有可能发生的。因为实习生是以专业社工的能力和身份在工作，因此他们应当和社会工作者遵守一样的实务和伦理行为标准，所以尽可能多地了解你实习机构的相关法律事务相当重要。此外，遵守机构的规章制度、专业标准、学校政策和美国社会工作专业人员协会(NASW)的伦理守则也是非常重要的，这既能确保给服务对象提供的服务是高质量的，同时也能避免发生玩忽职守或法律诉讼的情况。建议你可以通过学校、实习机构、美国社会工作专业人员协会(NASW)或者自行投保学生职业责任和处遇失当的保险。

法律是基于一定的专业价值和社会价值，它对社会工作和服务对象都有影响。许多法律的颁布旨在提升社会正义或保障人权，这些价值观包括：

- 个人的安全和保障
- 公平平等地获得服务
- 自主和自由

- 最小伤害
- 生活质量
- 隐私和保密
- 完全公开(Full Disclosure)
- 赋能弱势和受压迫群体

当你了解到那些与实习机构或者服务对象有关的具体法律条款时，思考一下形成这些法律条款背后的社会价值观，哪些是你要去遵守或是努力改善的。

有三大类法律用于指导以及授权社会工作者和机构所采取的行动。表15.1列出并介绍了这几类法律。

表 15.1 影响社会工作实务的法律

法律类型	对社会工作实务的影响
与某一特定服务对象有关的服务和行为的法律规定	这一类的法律认定某一服务对象是否有资格接受服务和福利；某一特定的服务对象是否需要强制接受某种服务(如非自愿的入院治疗)；或者某一家庭是否有涉嫌虐待或者忽视儿童的情况，而必须向有关当局举报
与某一实务领域或服务项目有关的法律规定	在特定的社会工作领域中，有一些法律规定会涉及对该领域的服务。例如，在一家为青少年提供服务的机构中，许多涉及青少年的服务策略和程序都需要建立在告知其父母的基础之上；在医院中，有关知情同意权、病例公开以及对于医疗照顾的永久代理权等，都是医务社会工作者日常需要关切的议题
规范社会工作专业实务的法律规定	引导专业社会工作实务的法律，如社会工作者的执业法规就规定了社会工作者必须如何行事来胜任实务工作。这些法律也可能涉及交谈内容的保密性、知情同意权、对服务对象的责任、告诫的义务以及取得社工执照的要求等。这些法规为职业行为设立标准，为行为不当的指控提供处理程序，并为违反法律或者职业伦理的社会工作者制定了纪律处分

实务工作者和学生必须假定他们任何的专业服务记录、个案记录、个案报告和联络信件等，都有可能成为法院传讯的目标，或被律师或检察官作为证据收集和审视，或在法庭上被宣读。因此在记录这些内容时需要考虑周到并注意表达方式，因为有时候社会工作者可能会被要求去做进一步的解释和辩护。

越来越多的社会工作者因为处遇失当而被起诉，因此即使是一名实习学生，在每日的工作中都需要注意这种可能性的发生。处遇失当

(Malpractice)和专业疏失(Professional Negligence)通常属于侵权行为法(Tort Law)的范畴。侵权行为(Tort)是一种因为某种行动而造成非公共的、民事上的过错与伤害，而这与违反正式的法律或刑事犯罪有所不同。为了让原告(如社工的服务对象或过去的服务对象)在指控社工或者实习生处遇失当的诉讼案中获胜，原告的代理律师必须证明以下四点：

1. 社会工作者有专业的义务和责任为原告提供符合一定标准的服务、照顾和专业操守。

2. 社会工作者因其在职业岗位上玩忽职守，没有履行其职责与义务，没有遵守服务的标准和专业操守。

3. 原告因为社会工作者的行为或者不作为(疏失)而遭到了伤害(如身体上、精神上、情感上或者经济上的伤害)，且这些行为或者疏失会给原告带来可预期的不利结果。

4. 社会工作者的行为或疏失是造成原告伤害的直接或近似原因。

各种各样的行为或疏失都可能令社会工作者或机构招致法律上的诉讼，或者要对他们的服务对象所造成的伤害负责，又或是需要为服务对象引起的对他人的伤害负责任。这类行为和疏失在社会工作实务中可能包含下列情况：

- 未能明确社会工作者和服务对象双方的职责
- 与现在或过去的服务对象存在性关系或情爱关系，尽管双方都理解和同意
- 当服务对象有明确的严重伤害他人的意图时，社会工作者未能及时告之他人
- 当服务对象有自我伤害的意图时，社会工作者未能警告他人
- 未能阻止服务对象自杀
- 没有为服务对象提供需要的治疗和服务，提前结束、终止或者放弃服务对象
- 未能对服务对象的各种信息加以保密
- 未能准确做好专业记录，未能适当处理好收取费用、赔偿、退款等服务费用的问题
- 伪造专业训练经历和证书等
- 破坏服务对象的公民权利
- 未能在必要时将服务对象转介给其他机构或者专业人员

- 误诊，或者使用有伤害性、不适当或无效的干预方法
- 未能保护服务对象在团体、服务项目或机构中免受其他服务对象的伤害
- 未向有关部门通报老人或儿童被虐待、忽视和被剥削的情况
- 在服务对象不同意的情况下进行治疗

某些特定类型的服务对象和实务情境很容易使社会工作者和机构陷于被起诉的风险中。这些服务对象和情况包括以下几类：

- 服务对象本身是对他人人身安全有危害的人
- 服务对象被社会工作者或者机构要求与他们的孩子分开居住（比如寄养安置和监护权评估等）
- 服务对象具有复杂且强烈的需求，需要社工提供技术性较高的服务
- 有自杀倾向的服务对象
- 服务对象对他人不信任，并很容易把过错归咎于他人或指责他人
- 服务对象曾对各种专业人士提出过处遇失当和专业疏失的指控
- 具有强烈的操纵和欺瞒性格的服务对象

三、重点指引与提示

尽力去了解在实习环境中可能涉及的相关法律法规，包括规范实习机构提供服务的各项法律法规，以及规范社会工作专业实务的各项法律。根据实习机构的性质和宗旨，去熟悉政府的各项法律法规以及一些适用于你的服务对象和所在机构提供服务的地方性条例规则，因为你的服务对象会直接或间接受到这些法规的影响。例如，当你要参与到个人和家庭的微观实务中时，可能就需要去了解适用于以下范畴的法律：

- 婚姻、亲子关系、离婚和儿童监护
- 儿童或老人的虐待和忽视
- 伴侣暴力与虐待
- 终止父母权利、寄养和领养
- 监护、保护、授权委托书以及医疗照顾的永久代理权
- 精神病人的强制住院
- 有自杀倾向和威胁他人倾向者的强制住院
- 对未成年人的服务应当告知其家长

- 成年和未成年的判决、缓刑和假释
- 犯罪受害者援助
- 移民和难民身份
- 买卖非法药物
- 家庭计划、生育权利和堕胎
- 身心障碍儿童的教育
- 就业和住房歧视
- 在健康和精神健康机构里的保密议题
- 对于传染病和危害公众健康危害的通报
- 个人债务及破产
- 身心障碍者的安置
- 恢复性司法

作为机构的督导和行政管理者，他们需要处理有关组织和社区的中观实务或宏观实务；此时，他们就需要了解关于员工聘用、财务管理等相关的法律知识。虽然作为一名实习学生，你可能不会参与到行政事务中，但是了解那些对机构运作产生影响的法律也非常重要，它们有助于你提供高质量的服务和维持良好的员工关系。请把握机会去观察学习与下列事项有关的法律法规：

- 合同、契约及租赁协议
- 财产和责任保险
- 员工赔偿与福利
- 职工补偿和失业保险
- 员工的聘用和解雇
- 员工工会
- 财务记录保存
- 身心障碍者便利设施
- 公务人员参与政治活动和游说的限制
- 性骚扰
- 无毒品工作场所
- 平等就业的平权法案
- 对于涉嫌违反伦理和不当处遇行为的举报
- 有关个人、团体和组织的调解过程

在很多情况下，社会工作者常常被要求出庭作证。如果你所在的实习机构经常有社工被要求出庭，那你可以申请观察他们在法庭上的作证情况。认清他们在法庭上所扮演的角色和发挥的功能，了解他们如何做出庭准备，律师或者检察官询问了他们哪些问题，他们提交给法庭什么样的书面记录，以及法官是否采纳了他们的建议等。仔细思考在社会工作者为他们的服务对象提供辩护时可能出现的一些法律和道德问题，如当社会工作者被要求参与服务对象的非自愿治疗时，或者当他们需要代表某一位服务对象作证而控告另一位服务对象时。确认社会工作的介入应当遵循哪些文件和命令。向作证的社工学习如何成为一名专业的证人，并了解作证时的各项规定和要求。

如果可能的话，阅读一些曾被法庭调阅过的服务对象的个案记录，机构为服务对象撰写的请愿书以及为了服务对象利益而写的相关法律控告文书，服务对象个案记录中附带的法庭命令等。如果你对这些记录有疑问的话，请机构督导来为你解释其中的含义，并了解在这些情境中，大家对社会工作者的期待是什么。要逐渐熟悉出庭作证的过程，我们把其分成几个阶段进行描述，具体见表 15.2。

表 15.2 在法庭上作证的指导原则

出庭作证的过程	指　导　原　则
准备阶段	● 理解法律对于服务干预的影响 ● 阅读服务对象的文档，了解他的历史及之前的法律诉讼程序 ● 预测律师、检察官以及主审法官可能会询问的问题 ● 演练证词，包括提供你的书面证据、描述你的服务介入、回答预测的问题以及给出建议 ● 为所提出的建议，提供专业和客观的解释 ● 邀请督导观察出庭作证
庭审阶段	● 根据法庭的要求着装，衣着得体而专业 ● 展现一种沉着冷静、专业和恭敬的行为态度 ● 回答被质询的问题 ● 使用专业的术语 ● 在需要的时候解释证词的意思 ● 提供确凿、客观和有记录的信息
事后反思阶段	● 积极征求对于专业证词的反馈和建设性的意见 ● 从出庭作证的准备中总结经验教训 ● 从出庭作证和所犯的错误而导致的问题中吸取教训 ● 把学到的经验用于今后的出庭作证中

一个机构的规章制度和程序手册通常会清楚地写明对服务对象的照顾和服务标准。因此，在处遇失当的诉讼案中，如果社工没有遵循机构的政策，那就可能被作为专业疏失的证据。如果工作人员没有遵守机构的规章制度，那这个机构就很容易陷入法律纠纷中。机构的规章制度不会保护那些不遵守规则的社工。要想避免陷入处遇失当的诉讼案中，最好的方法就是积极主动地学习以及遵循下列原则：

- 定期参阅美国社会工作专业人员协会(NASW)的伦理守则，并遵循其指导原则。
- 恪守机构的规章制度、工作程序和工作规定。
- 尽力称职地完成你的实务工作，并避免那些超越你的能力水平之外的情况。
- 定期接受督导，以确保你使用的技巧是合乎法律、合乎伦理以及有好的疗效。
- 辨识那些有较高法律风险的情况。
- 无论什么时候遇到与法律相关的麻烦或困惑，都要向机构的法律顾问咨询。
- 如果所在机构没有为你提供处遇失当的保险，那么你要自行投保。
- 避免和你的服务对象存在双重关系。
- 保护服务对象的隐私并向他告知保密范围的限制。
- 保持个案记录的及时更新、准确和完整，避免使用未经求证的资料和论断性的语言。
- 在把服务对象的信息透露给他人之前，应征得服务对象的书面许可。
- 记录服务对象所有的抱怨和申诉，以及你所采取的解决步骤。
- 了解并遵守所在地区内对社工适用的沟通特权(Privileged Communication)的法律法规。
- 遵守所有的对疑似虐待和忽视的情况进行强制通报的法律法规。
- 当第三方受到威胁时，遵守警告的责任原则。
- 当你无法为服务对象提供他们所需要的服务时，应当把服务对象转介给其他专业人员或服务方案，并将转介过程加以详细记录。

如果你能遵循上述指导原则，那就不太可能陷入处遇失当的诉讼案中，所以不用过分担忧会触犯法律，否则这会阻碍你充分地从实习中学习或为服务对象寻求最佳利益。然而，小心避免引起法律后果仍旧十分重要。坚持遵循那些会被普通民众、陪审团和法官认为是合理、惯常及审慎的做法。你为服务对象所采取的各种行动都应当公平并怀有善意，同时和其他专业人员所采取的行动保持一致。如果你在任何地方需要了解更多信息，可以向你的机构督导或机构的法律顾问寻求指导和建议。

四、作业演练活动：法律议题和相关问题

下面的问题是为了帮助你提升有关社会工作实务法律议题的意识，以及了解与实习机构有关的各种法律问题的。你可以找机构督导以及机构中资深的社工来探讨这些问题。如果你的机构有法务部门或专职律师，他们也能协助你回答下列问题，并向你解释相关的法律原则。

1. 你所在机构提供的服务，是否有法律认定的资格条件？如果有的话，哪些法律、规章、行政命令来决定谁具有或不具有接受该项服务的资格？

____

____

2. 是否有案主是根据法律要求或被强制来接受机构的服务(如处于缓刑的人、法院要求强制接受治疗的人、被剥夺子女监护权的家长等)？如果有的话，有哪些特殊的规定适用于这些服务对象的情况？

____

____

3. 对于那些被要求接受你所在机构服务的服务对象，他们是否有权利拒绝接受服务？如果有的话，他们拒绝参与后会导致什么样的后果？

____

____

4. 你的实习机构是否获得政府的认可(如政府核准设立的儿童安置机构、青少年寄养中心等)？如果有的话，哪些具体的法律法规涉及这些核准事宜？

____

____

5. 哪些外部的机构或组织（如政府部门、认证组织、公民审查委员会等）有权就你所在机构的社会工作实务情况进行访视，并审阅机构所保存的各种记录（如个案记录和财务文件等）？

____

____

6. 你实习的机构是否为社工投保了处遇失当的保险？该保险是否可以支付被控诉过失行为的律师费用？如果被判定存在过失，保险是否会承担赔偿责任？该保险理赔是否还有哪些限制条件（如社工必须遵循机构的规章制度以及行为举止符合伦理守则等）？

____

____

7. 当社会工作者所采取的行动违反机构的规章制度时，他可能会承担哪些法律后果？

____

____

8. 你的实习机构或者其中的工作人员是否曾被控处遇失当或专业疏失？如果有的话，被指控事件的本质为何？诉讼案的结果是什么？

____

____

9. 在下列服务对象的情况中，可能存在法律上的分歧，机构在这些方面有哪些相关的政策可供参考？

实务情境	机构政策
服务对象的心智和能力无法做出法律、医疗或财务上的决定	
需要接受服务的未成年服务对象，其父母可能或不能被告知这个情况	
服务对象拒绝或中途退出机构的服务，但这可能导致其自身受到伤害	
被确定或疑似犯下重罪的服务对象	
被法院裁定需要强制接受机构服务的对象	
服务对象通过撒谎、隐瞒信息或者篡改资料来获得机构服务和福利	

(续表)

实　务　情　境	机　构　政　策
服务对象表示要起诉社工或者机构	
当服务对象提出要查看或复制其个案记录时,该按照什么程序来进行处理	
如何得到某位服务对象的许可,以便将其个案记录发送给其他机构	
什么时候以及如何对疑似儿童和老人虐待与忽视的情况进行通报	
如何取得某位服务对象的知情同意书,以便其可以参与特定的服务项目或获得服务	
如何处理和记录服务对象赠送的礼物	
在收到法院传票要求调取服务对象的个案记录,或是在法庭审判中出庭作证时,社工该如何进行回应	

五、建议学习活动

- 查看你实习机构的规章制度手册，并确认哪些规定是工作人员要去遵守和服从的。
- 确认在哪些情况下，美国社会工作专业人员协会(NASW)的伦理守则会和政府的法律要求存在冲突。
- 观察法院审理的过程，特别是与你实习机构有关的案件。
- 确认你的实习机构是否聘请了法务职员。如果有的话，去了解和熟悉一下这些律师可以为社工提供哪些法律服务。
- 在学者 Sheafor 和 Horejsi(2012)的著作中，有两节的标题是“避免处遇失当诉讼案件”(433—436)和“在法庭上作证”(437—438)，仔细阅读这部分内容。

六、参考文献

Albert, Raymond. Law and Social Work Practice: A Legal Systems

Approach. 2nd ed. New York: Springer Publishing Company, 2000.

Baird, Brian N. The Internship, Practicum, and Field Placement Handbook: A Guide for the Helping Professions. 5th ed. Upper Saddle River, NJ: Prentice Hall, 2011.

Bernstein, Barton E., and Thomas L. Hartsell, Jr. The Portable Guide to Testifying in Court for Mental Health Professionals: An A－Z Guide to Being an Effective Witness. Hoboken, NJ: John Wiley and Sons, 2005.

Birkenmaier, Julie, and Marla Berg-Weger. The Practicum Companion for Social Work: Integrating Class and Field Work. 3rd ed. Boston: Allyn and Bacon, 2011.

Bullis, Ronald. Clinical Social Worker Misconduct: Law, Ethics, and Interpersonal Dynamics. Chicago: Nelson-Hall, 1995.

Houston-Vega, Mary K., Elane M. Nuehring, and Elizabeth R. Daguio. Prudent Practice: A Guide for Managing Malpractice Risk. Washington, DC: NASW Press, 1997.

Israel, Andrew. Using the Law: Practical Decision Making in Mental Health. Chicago: Lyceum Books, 2011.

National Association of Social Workers. Code of Ethics. Washington, DC: NASW Press, 1997.

Reamer, Frederic. Social Work Malpractice and Liability. New York: Columbia University Press, 1994.

Reamer, Frederic. Social Work Malpractice and Liability. 2nd ed. New York: Columbia University Press, 2003.

Sheafor, Bradford, and Charles Horejsi. Techniques and Guidelines for Social Work Practice. 8th ed. Boston: Allyn and Bacon, 2012.

Slater, Lyn. Social Work Practice and the Law. New York: Springer Publishing Company, 2011.

七、本章回顾

实务练习

1. 社会工作者必须熟知那些规范其实务工作的法律，这是因为

A. 处遇失当是很容易被证实的

B. 对法律的无知不被视为一个法律辩护的理由

C. 职业责任政策的要求

D. 临床实践是以法律议题为基础的

2. 破坏保密原则、与服务对象存在双重关系以及使用无效的服务策略是属于

A. 诉讼案的常见原因

B. 法律对社会工作的规范

C. 机构对实务工作的指导原则

D. 道德准则

3. 举报某位服务对象对他人有伤害威胁的义务是属于

A. 违反服务对象保密原则

B. 一种道德的两难处境

C. 警告义务的概念

D. 一个明确的决定

4. 下列哪个选项的说法是正确的?

A. 服务对象的保密权是有限制的

B. 当服务对象不理解的时候，其保密权是有限制的

C. 服务对象保密性的限制是以报酬为基础的

D. 社会工作者可以为服务对象的保密权利做决定

5. 在一个处遇失当的诉讼案中，原告需要证明

A. 因为社会工作者所采取的措施或不作为而导致原告受到伤害

B. 社会工作者违反了美国社会工作专业人员协会(NASW)的伦理守则

C. 社工机构玩忽职守

D. 社工督导有专业疏失

6. 社会工作者被认为有专业疏失

A. 只针对他们所采取的行动

B. 只针对他们没有去做的

C. 采取的行动和不作为

D. 只有在临床环境中才会出现

7. 定义一下专业疏失，并说明处遇失当保险是如何保护社会工作者的，包括社会工作者的专业疏失是如何影响这类保险的覆盖范围的。

第十六章

计划性改变历程

本章大纲

- 本章预览
- 基本概念与背景资料
- 重点指引与提示
- 作业演练活动：作为计划性改变的社会工作
- 建议学习活动
- 参考文献
- 本章回顾

一、本章预览

这一章介绍的是“计划性改变历程”，它是社会工作实务在微观、中观和宏观层面的中心方法。本章将提供在这个过程中运用的指导原则和注意事项，并介绍计划性改变历程的几个阶段，同时也将给出包括专业观点、解释性理论以及实务理论和实务模式在内的指导社会工作实务的概念架构。

从根本上而言，社会工作实务是一个计划性改变的历程（Process of Planned Change）。在社会工作实务中，社会工作者采取审慎而具体的步骤，来鼓励和促进改变能够朝着一定的目标前进。实习将是一个绝佳的机会，帮助你来观察和审视社会工作者所努力带来改变之背后的价值观、信念、伦理原则、理论和知识。

所有的社会服务机构都致力于一个深层的信念，即如何使得服务对象、社区或是广义的社会环境发生改变。你要努力去识别那些蕴含在机构的服务项目、制度以及各种实务取向背后有关改变的设想。与此同时，认清自己关于下列议题所持有的信念：如何、为何以及在何种情况下，个体、家庭、群体、组织和社区所欲达成的改变是可行的。另外，在本章内容的引导下，将课堂中学习到的理论和模式整合到你的实习经验中去。

二、基本概念与背景资料

正如我们在第十三章“专业社会工作”中解释的那样，社会工作常被界定为支持和提升个体、群体和社区之社会功能的职业，同时通过建立社会结构和政策来支持社会功能。社会工作的核心关注点是“计划性改变”，这些改变发生在微观、中观和宏观等各个实务层次。社会工作者通过协助服务对象、家庭和社区做出改变，来改善他们的生活质量或改变那些影响他们生活的环境和社会政策。

参与计划性改变的社会工作者看到了人们与其社会环境之间的联系和多重互动的关系。为了能真正发挥作用，社会工作者不仅需要有技巧，还需要能够对那些影响人们生活的社会环境和政策进行干预。社会工作者必须相信，服务对象所具有的能力不仅是为了解决他们自身的需求和目的，同时也要使他们自己有能力做出改变并强化他们的社会环境。下列关于计划性改变的注意事项，为这一过程提供了指导原则。

- 计划性改变建立在这一假设之上：一定的干预将产生一定的结果。
- 计划性改变建立在专业观点(Professional Perspectives)、解释性理论(Explanatory Theories)和实务工作理论与实务模式(Practice Theories/Models)的基础之上。
- 只有建立在良好的预估基础之上，计划性改变才会有效。
- 预估将持续贯穿于整个干预过程，这样才能确保计划性改变的有效性。
- 计划性改变总是建立在不完整的信息基础之上。
- 要使得计划性改变有效，那干预策略应当根据需要随时进行调整。
- 计划性改变可能导致部分的成功。
- 计划性改变可能会受到意外和无法预见之因素和障碍的影响。
- 当计划性改变是建立在服务对象的投入和目标的基础上时，往往是最有效的。
- 计划性改变不仅受到机构服务项目的指引，同时也会受限于此。
- 计划性改变受到服务对象及案主系统特质的影响。

计划性改变不可能凭空发生。实际上，这样的努力受到外界不同因素的巨大影响。为了能够让干预起作用，我们必须考虑情境性因素，将之整合到计划中，并将其视为介入成功的影响因素(详见表 16.1)。

<table>
<tr><th colspan="2">表 16.1　计划性改变的情境因素</th></tr>
<tr><th>情 境 因 素</th><th>计划性改变需要考量的事项</th></tr>
<tr><td>服务对象情境</td><td>● 服务对象对于处境的定义及环境对其的意义
● 服务对象的目标
● 服务对象的动机水平
● 服务对象的自我意识和洞察力
● 服务对象的特质
● 服务对象可利用的社会支持
● 问题和潜在解决方案的意义
● 自愿还是非自愿的服务对象
● 多样性因素(Diversity Factors)</td></tr>
<tr><td>社会工作者情境</td><td>● 技能水平
● 知识基础
● 训练和准备
● 职业价值观
● 个人价值观
● 所做预估的质量
● 专业关系的融洽程度</td></tr>
<tr><td>机构情境</td><td>● 机构的使命
● 机构可提供的项目和服务
● 机构可利用的资源
● 机构的优先顺序
● 最佳实务
● 服务的时机性</td></tr>
<tr><td>社区情境</td><td>● 对服务对象的态度
● 对服务机构的态度
● 社区的正向特质
● 社区的负向特质
● 可利用的非正式资源</td></tr>
<tr><td>社会政策情境</td><td>● 有关规范实务工作的法律
● 有关提供强制性服务的法律
● 有关限制服务的法律
● 政治氛围
● 社会政策的有效性
● 社会政策的价值基础</td></tr>
<tr><td>伦理情境</td><td>● 服务介入的伦理基础
● 服务对象/案主系统的价值基础
● 机构的价值基础
● 伦理困境</td></tr>
</table>

社会工作者和服务对象会在微观、中观和宏观三个层面中的一个或多个层面来寻求改变和制订干预计划。微观层面(Micro Level)的社会工作实务指的是关注个体和家庭的干预，涉及诸如人际互动和沟通问题、情绪或心理上的问题、个体社会功能的问题等。中观层面(Mezzo Level)的社会工作实务涉及改善邻里、群体或组织层面的社会功能。这一层面的介入策略包括运用支持团体、邻里发展计划、组织成长与发展等。宏观层面(Macro Level)的社会工作实务则是指针对社区、社会和社会政策的改变而展开的介入。这些介入策略聚焦于社区能力建设、社区组织以及大规模的社会变迁活动等。

尽管这三个层面的干预有其不同的改变目标，但它们都建立在相同的计划性改变历程基础上。此外，社会工作者也常常需要同时在各种不同的层面开展实务工作；因此，我们应当意识到这些层面之间的关联性，并按照环境的需要在不同层面进行转换。不论服务对象是个人还是社区，社会工作者在从事实务工作时，都会依循以下计划性改变历程。

1. 计划性改变之接案阶段

处于实务各层面的社会工作者与服务对象及案主系统建立起有效的工作关系，这是形成有效预估、干预和评估计划性改变的基础。

2. 计划性改变之预估阶段

社会工作者收集、分类并解释与服务对象或案主系统功能(包括优势和需求)有关的信息，确认总体目标和具体目标，并依据服务对象的投入及对解释性理论的理解，来制订干预计划。

3. 计划性改变之干预阶段

社会工作者实施干预计划，监督计划性改变的进展，并在必要时调整干预计划以达到预期改变。

4. 计划性改变之评估阶段

社会工作者使用多种方式评估干预的有效性，在适当的时候结束服务，并将结果整合进将来的计划性改变历程中去。

看起来，似乎改变的过程是有序和线性的，然而现实中这种情形委实罕见。服务对象和社工通常会在干预过程中的各个阶段不断往返。另外，这一过程还会牵涉到其他人，如大家庭中的家族成员等，他们不一定和服务对象同处一个阶段，他们也可能有自己的目标。这些都可能使得改变的过程变得更为复杂和难以预料，而这些都是社工需要将之纳入考虑范畴的。

社会工作者运用概念架构(Conceptual Framework)来作为实务工作的指导。概念架构是一种将各种社会工作实务理念加以组合的方式，它包括实务工作观点、解释性理论、实务工作理论和实务工作模式。专业观点(Professional Perspective)是指运用专业视角对实务工作的情境加以检视，以帮助我们阐明和放大“人在环境中”的某一特殊面向。运用这些视角可以帮助我们检验和注意到在任何给定的情况下，我们需要注意哪些事情。有时，某个情境会要求我们使用通才视角(Generalist Perspective)，因为它需要运用多种理论和模式在多重层面处理问题。

为了通过服务对象的优势与资源来制订介入策略，几乎所有的实务工作情境都会使用优势视角(Strength Perspective)。而生态系统观点(Ecosystem Perspective)促使我们去考虑社会环境对服务对象的影响，以及服务对象和社会环境之间的相互作用。多样性观点(Diversity Perspective)可以确保我们考虑各种因素对服务对象生命历程的影响。社会工作者应根据实际情况的特殊性来采用最合适的实务观点。

解释性理论(Orienting/Explanatory Theories)是指那些有助于社会工作者理解关于个人、家庭、团体、社区和社会如何变化和发展的知识体系。它们通常建立和发展于社会科学与行为科学基础上，如心理学、社会学、经济学和政治学等。这些理论试图解释人类行为、人类发展、型塑人类生活经验的社会力量，以及影响个人、家庭和社区的政治经济体系等。尽管这些理论对于实务工作很有必要，因为它们能帮助我们理解什么可能会发生以及为什么会发生；但这些理论也有局限性，因为它们并不能为促成计划性改变而提供指导原则。社会工作常用的解释性理论包括社会系统理论、人类发展理论、团体动力理论、组织理论和社区发展理论等。

实务工作理论/模式(Practice Theories/Models)为不同层面的实务干预提供了广泛的指导原则。它们建立在解释性理论基础上，并且告诉我们在某些特定情境下该使用何种具体的实务理论。它们是在真实的干预过程中所采用的实际方法与技术。

图 16.1 展现了上面介绍的概念架构，包括专业观点、解释性理论、实务工作理论/模式和实际干预之间的关系。有效的计划性改变历程将建立在社会工作知识、理论、证据为本的实践、最佳实务和社会工作价值观之上；同时，也需要将上述概念架构整合其中。

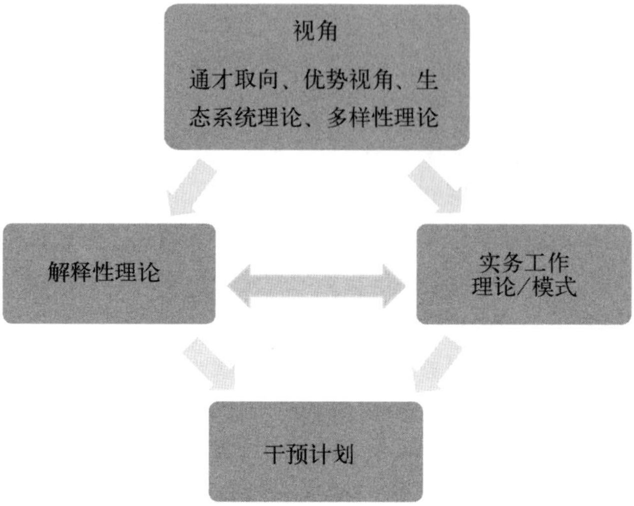

视角

通才取向、优势视角、生态系统理论、多样性理论

解释性理论

实务工作理论/模式

干预计划

图 16.1　概念架构：社会工作实务指引

附录中有大量的实务案例基于上图，来展示概念架构将如何被用来设计一个有效、以理论为基础、个性化的干预方案。此外，下列案例也将包含在附录中：

- 微观层面的实务案例
  - 对个体的干预
  - 对家庭的干预
- 中观层面的实务案例
  - 对小组的干预
  - 对组织的干预
- 宏观层面的实务案例
  - 对社区的干预
  - 对社会政策的干预

请参考附录中的案例，它们将生动、形象地展现理论架构是如何与计划性改变历程相联结，从而产生积极效果的。

三、重点指引与提示

确认你的实习机构所使用的各种实务工作架构（观点、解释性理论、实务理论和实务模式）是很重要的。无论明显与否，这些架构影响着机构如何设计其服务项目并提供服务，以及如何与服务对象合作。尝试去探究当机构为服务对象提供服务时，为何这些特定的实务架构是合适及有效的；思考机构所选用的这些实务架构，其背后揭示了机构的哪些信念与假设，包括：关于个人和社会问题产生的原因，服务对象和服务对象体系如何改变、为何改变，以及采取怎样的行动最有可能促成改变等。同时，了解机构如何衡量成功，并询问机构对于确认并运用服务对象能力的看法为何。

实习机构通常会要求你使用和其他社工相同的介入方式，并为你提供这方面的训练。努力去学习这些被要求用于干预的技能，并记住在其他的情境下，即便那个组织使用不同的干预方式，这些技巧也可以被转换运用。假以时日，你会发现即使干预策略在不同的服务对象身上看来相似，但干预应当是基于服务对象的不同需求和目标而制订的。慢慢的，你也会看到自己所制订的干预计划会因为这些原因而进行调整。随着你的经验不断丰富、信心不断增强，你制订合理干预计划的能力也会不断提升。

你需要明白，你的实习经验只是局限于某一机构内，而其他机构或服务项目可能和你所知的有着巨大差异。因此，即使两个服务项目有着相同的目标和同样类型的服务对象，它们之间也会有着显著差别。尝试去了解为什么其他机构采用不同于你实习环境中所使用的干预方式、实务工作观点、理论和模式，并学习它们为何使用以及如何使用。

在你的实习过程中，尽可能多地去体验不同的实务工作角色，这样可以帮助你了解这些角色的本质，同时也能更好地了解自己的能力。不要只把自己局限于扮演某些实务角色。因为很可能你未来的社工职业生涯会要求你扮演许多不同的实务角色，从事各种广泛的任务与活动。这种角色的多样性也是社会工作职业中最具吸引力的部分之一，因为社会工作者可以在各个角色之间进行转换，创造性地使用各种方法在各种层面解决问题。

当你参与到计划性改变之接案阶段时，你应当学会使用关系建立和积极倾听的技巧，并和服务对象一同建立起良好的初始专业关系。这个阶段要求你和你的服务对象或案主系统理解问题与需求，明确手头要进行的任务，以及与之相关的理论观点。计划性改变的第一阶段要求你去学习如何把自己作为改变的工具，因为接下来的三个改变阶段都将取决于你和服务对象进行联结的能力。

在计划性改变之预估阶段，无论你是对一个服务对象进行预估，还是对一个社区服务其居民的能力、一个组织提供服务的能力或是某项社会政策满足某一群体需求的能力进行预估，我们都有一些通用准则来帮助你做全面而有效的预估。当我们对服务对象的情况进行预估时，确保在看到他的问题的同时也看到他的优势，能使用有效且适合的预估工具。邀请服务对象一起参与到预估的过程中来。为了使你的效用最大化，优先考虑已确定的需求。考虑到多样性对干预计划的影响，因此要注意任何与预估有关的伦理和法律议题。问问自己，你会做什么样的价值判断。应当考虑到服务对象或服务对象系统的社会历史背景。最后，不断地询问自己还有什么需要了解的，从而使得我们能够在综合性预估基础之上建立有效的干预计划。

当你在设计从微观到宏观层面的干预计划时，为了保证干预计划的有效性，请遵循以下指引。干预计划必须强调优势和满足需求，尽可能建立在全面预估的基础上，对社工和服务对象都要合理可行。计划应由服务对象和社会工作者共同制订，建立在符合服务对象需求的改变理论之上，并要在你的知识基础和技术水平范围之内。要记住，你的干预计划在一定时候可能要进行修改。确保你的计划有循序渐进的步骤及合理的目标。尽可能在干预过程中减少对服务对象的负面影响，避免过度侵入服务对象的生活，能够处理多样性议题，并在计划中包含时间表和结案计划。

当你进入计划性改变之评估阶段时，请思考如何对干预进行评估。记得测量那些与先前设定目标相关的干预结果。社会工作专业被要求具有责信，展现其能有效且高效地解决社会问题的优势。社会工作者被要求运用证据为本的实践（Evidence-Based Practice），这意味着在可能的情况下，我们应当把干预计划建立在某种形式的经验证据之上，并通过项目评估来检验所提供服务的有效性。这种对于实务工作的研究往往会通向所谓的最佳实务（Best Practices）。这些也是社会工作专业所强调的理想方法，即以专业价值为基础，针对服务成效进行研究，了解服务对象的最佳利益，以及服务对象对自身的期待。学习在你的实习中探索最佳实务的研究，这样可以帮助你在今后形成自己的工作风格，并依此来建构自己未来的职业发展；如此，你也将进入最佳实务的发展中。

鉴于你在课堂上已经学习过有关指导社会工作实务的理论，请结合以下的解释性理论、实务理论与实务模式，思考一下你在微观、中观和宏观层面的实习中，该如何设计出有坚实理论基础的干预计划。表 16.2 列出了一些常用的理论。

表 16.2　解释性理论与实务工作理论/模式

微观层面实务工作常用的解释性理论（适用于个人和家庭）		
● 行为理论	● 生理心理社会理论	● 危机理论
● 变化周期理论	● 医学模式	● 心理社会发展理论
● 道德发展理论	● 需要层次理论	● 客体关系理论
● 认知发展理论	● 心理动力理论	● 心理学习理论
● 社会交换理论	● 社会系统理论	● 社会行为理论
微观层面实务工作常用的实务工作理论/模式		
● 行为主义理论	● 案主中心模式	● 认知行为理论
● 危机干预模式	● 赋能模式	● 家庭维系模式
● 家庭重聚模式	● 伤害减少模式	● 动机式会谈模式
● 焦点解决模式	● 策略性家庭治疗	● 结构派家庭治疗
● 任务中心模式		
中观层面实务工作常用的解释性理论（适用于小组和组织）		
● 混乱理论	● 家庭生命周期理论	● 家庭系统理论
● 团体发展理论	● 团体动力理论	● 多因素理论
● 组织发展理论	● 角色理论	● 社会交换理论
● 社会系统理论	● 社会学习理论	● 亚文化理论
中观层面实务工作常用的实务工作理论/模式		
● 赋能理论	● 伤害减少模式	● 互助团体
● 组织发展理论	● 项目发展理论	● 心理教育团体
● 自助团体		
宏观层面实务工作常用的解释性理论（适用于社区、社会和社会政策）		
● 冲突理论	● 多因素理论	● 政治经济学理论
● 社会交换理论	● 社会学习理论	● 社会运动理论
● 社会系统理论	● 紧张理论	● 结构理论
● 亚文化理论		

（续表）

宏观层面实务工作常用的实务工作理论/模式		
● 社区发展模式 ● 政策实务 ● 社会发展模式 ● 结构模式	● 社区发展 ● 研究实务 ● 社会正义努力	● 伤害减少模式 ● 社会变迁 ● 社会计划模式

四、作业演练活动：作为计划性改变的社会工作

1. 你的实习机构通常解决哪些类型的问题与需求？

2. 常用来指引预估和干预的概念架构（观点、理论或模式）为何？

3. 社会工作的干预通常在哪个层面上实施（微观、中观或宏观）？

4. 针对某位具体的服务对象，社会工作者该如何选择合适的实务工作模式？

5. 实习机构中的社工是否定期培训新的干预方法？

6. 针对不同的服务对象(如文化、年龄、性别等)，干预计划是否会进行调整？

7. 实习机构使用什么样的评估工具来评估其干预的有效性？

8. 你的实习机构会基于自我评估的结果来调整其服务策略吗？

9. 对于实习机构的服务成效，你有哪些改进建议呢？

五、建议学习活动

- 检视你的实习机构所使用的资料收集工具与预估工具。
- 询问机构中的社工或其他专业人员，了解他们使用何种实务工作的观点与理论来指引其实务工作，并询问他们为何选择这些实务架构而非其他实务架构。
- 确认你的实习机构中隐含在所使用的观点、理论和模式背后的信念、价值观和假设。

- 询问机构的社工或其他专业人员，了解他们和机构是如何判断他们所提供的服务是有效的。
- 阅读《社会工作百科全书(Encyclopedia of Social Work)》(Mizrahi，2010)中有关各种实习机构及其社工所使用的实务架构的章节。
- 阅读《现代社会工作理论(Modern Social Work Theory)》(Payne，2005)中有关社会工作理论和模式的内容。
- 阅读《社会工作案头参考(Social Work Desk Reference)》一书，了解针对不同情境所建议的干预方法。

六、参考文献

Coady，Nick，and Peter Lehmann，eds. Theoretical Perspectives for Direct Social Work Practice. 2nd ed. New York：Springer Publishing Company，2001.

Corcoran，Jacqueline，and Joseph Walsh. Clinical Assessment and Diagnosis in Social Work Practice. 2nd ed. New York：Oxford University Press，2010.

Cournoyer，Barry R. The Evidence-Based Social Work Skills Book. Boston：Pearson Education，2005.

Finn，Janet L.，and Maxine Jacobson. Just Practice：A Social Justice Approach to Social Work. 2nd ed. Peosta，IA：Eddie Bowers Publishing，2007.

Gambrill，Eileen. Social Work Practice：A Critical Thinker's Guide. 2nd ed. Cary，NC：Oxford University Press，2006.

Hull，Grafton. Understanding Generalist Practice with Families. Pacific Grove，CA：Brooks/Cole，2006.

Jordan，Catheleen，and Cynthia Franklin. Clinical Assessment for Social Workers：Qualitative and Quantitative Methods. 3rd ed. Chicago：Lyceum Books，2011.

Karls，James M.，and Maura O'Keefe. Person-in-Environment System

Manual. 2nd ed. Washington, DC: NASW Press, 2008.

Lister, Pam. Integrating Social Work Theory and Practice. Clifton, NJ: Routledge, 2011.

McKenzie, Fred. Understanding and Managing the Therapeutic Relationships. Chicago: Lyceum, 2011.

Miller, William R., Stephen Rollnick, and Kelly Conforti. Motivational Interviewing: Preparing People for Change. 2nd ed. New York: Guilford Press, 2002.

Mizrahi, Terry, ed. Encyclopedia of Social Work. 20th ed. New York: Oxford University Press, 2010.

Mizrahi, Terry, and Larry E. Davis. Encyclopedia of Social Work. 20th ed. Washington, DC: NASW Press and Oxford University Press, 2010.

Netting, F. Ellen, Peter McKettner, and Steven L. McMurty. Social Work Macro Practice. Boston: Allyn and Bacon, 2004.

O'Hare, Thomas. Evidence-based Practices for Social Workers: An Interdisciplinary Approach. Chicago: Lyceum Books, 2005.

Payne, Malcolm. Modern Social Work Theory. 3rd ed. Chicago: Lyceum Press, 2005.

Roberts, Albert R. Social Workers' Desk Reference. 2nd ed. New York: Oxford University Press, 2009.

Saleeby, Dennis, ed. The Strengths Perspective in Social Work Practice. 4th ed. Boston: Allyn and Bacon, 2006.

Sheafor, Bradford, and Charles Horejsi. Techniques and Guidelines for Social Work Practice. 9th ed. Boston: Allyn and Bacon, 2011.

Schweitzer, H. Fredrick, and Mary King. The Successful Internship: Personal, Professional, and Civic Development. Florence, KY: Brooks/Cole, 2009.

Turner, Francis. Social Work Treatment: Interlocking Theoretical Approaches. 5th ed. New York: Oxford University Press, 2011.

• • • 七、本章回顾

实 务 练 习

1. 计划性改变的每一个步骤

A. 都是不同的，且与其他步骤无关

B. 与其他步骤相关，并建立在其基础之上

C. 依据法律要求社会工作督导

D. 应当充分利用有效的工具

2. 提供专业视角的概念架构是通过什么来观察服务对象的？

A. 职业道德

B. 实务工作理论

C. 专业观点

D. 方法论

3. 试图描述人类行为发展和社会问题的理论是

A. 实务工作理论

B. 专业理论

C. 社会功能理论

D. 解释性理论

4. 解释性理论主要用于计划性改变的哪个阶段？

A. 所有阶段

B. 结案阶段

C. 预估阶段

D. 计划阶段

5. 社会工作中证据为本的实践是

A. 由资助方所要求的

B. 通过实验证明是有效的

C. 试点的服务项目

D. 项目评估

6. 计划性改变的评估阶段工作十分重要，因为

A. 社会工作者要对他们工作的绩效评估结果负责

B. 评估工作有助于改进服务

C. 服务对象是弱势群体

D. 没有评估的话，由项目资金资助的服务项目将无法再获得资助

7. 从你的实习机构中选取某一服务对象或案主系统，分析一下解释性理论和实务工作理论/模式是怎样结合使用来设计一个有效评估的。

第十七章

实 习 评 估

本章大纲

- 本章预览
- 基本概念与背景资料
- 重点指引与提示
- 作业演练活动：学生实习优势的自我评估(后测)
- 建议学习活动
- 参考文献
- 本章回顾

一、本章预览

本章将介绍社会工作教育中所采用的有关学生评估的基本信息，以鼓励你检视和评估自己的工作表现，这样你就可以尽最大可能地利用实习机会来学习。本章也会介绍在社会工作实务中常用的评估类型、实务评估的目的以及最佳实务和评估文化的概念。最后，本章还包括了服务对象成长、社工表现、项目评估和政策分析之间的关联性的讨论。

对服务对象和实务工作者而言，社会工作实务的评估无论在实习情境还是在随后的实务工作中，都是干预的一个重要阶段。服务对象不仅期望且理应遇到具有胜任力的社工，并且合乎伦理的社会工作实务要求应将服务对象的最佳利益放在最关键的位置。一次成功的实习能帮助你胜任实务工作并对此有所担当。作为一个实习生，通过真实的社会工作经历将课堂知识和实习经历结合起来，你的能力会随着时间的推移而不断提升。对你工作表现的持续监督和频繁评估是非常必要的，记录你的学习状况，确定你的优势，并了解哪些工作表现还需要特别注意和加以改进，这可以确定你是否有所进步。你应当理解实习评估的角色，并将之视为你专业成长的工具。在实习伊始你就应思考如何将评估(包括自我评估)纳入你的专业实务工作中。

• • • 二、基本概念与背景资料

每个学校的社会工作教育都会使用某种类型的评定量表或评估工具来监督和评估学生在实习过程中的进展，并判断一个学生的工作表现是否满足初级社会工作从业者的标准。评估过程会将学生的表现与美国社会工作教育委员会（Council on Social Work Education， CSWE）制定的教育政策与学术标准（Educational Policies and Academic Standards， EPAS）进行比较；此外，学生在学习契约中的学习目标、目的和活动等，也是评估对照的内容。（参见第三章“制订学习计划”）

学生实习表现的评估有两种类型：正式评估和非正式评估。非正式评估（Informal Evaluation）由机构督导提供的日常反馈和建议组成。这类评估可能每周甚至每天都会进行，可能是在定期的督导会谈中进行，也可能根据需求在实务情境中进行。正式评估（Formal Evaluation）则是对学生的表现按照既定的实习评价标准和学习目标来做详细的回顾、评价和比较。这通常根据学校政策或特殊情况在每个学期末或更频繁地进行。

正式评估通常基于学校的具体评价标准，并以书面报告的形式呈现。这个报告通常是根据学校的评估工具来对各个项目进行评分，同时针对学生在工作中表现出的特定优势或出现的问题与欠缺之处给予文字描述。这份报告可能还要针对下一次的正式评估提出建议，如学生该如何获取所需的学习经验或需要改善的不足之处等。

有些实习项目或机构督导可能会要求学生为了评估去准备一份作品集，包括描述学生实习活动和取得成果的各种报告及文档，以辅助说明其工作表现的水准。有些学校会要求学生使用学校设计的评估工具来评估自己的工作表现，之后再把他们的自我评定和督导评定进行比较。

也有许多机构会邀请机构中的工作人员，根据他们对于学生专业成长的观察，来对实习生的学习和工作表现进行评价。学校督导也会参与到正式评估中来。在某些情况下，如果其他机构的工作人员在工作中与学生紧密合作，并了解学生的工作表现，那他们也可能被邀请加入评估。

对于实习生的评估，常常与机构对其社工工作表现的评估非常相似。为了确保高质量的工作表现，并减少法律诉讼及员工申诉事件，机构都尽

力让其员工和学生清楚地了解机构对他们的期待，以及尽可能使用客观的个人评估工具(如评定量表等)。在此影响下，学校的社会工作教育也在发展具有信度和效度的评估工具。

实习评估工具在其标准和准则的描述上应该具体而明确，同时也需要具有一定的灵活性，以准确公平地评估复杂且难以直接观察的社会工作实务。评估应当尽可能保持客观，但即使是一个精心设计的考核程序，也仍旧需要实习督导的个人评判。例如，学生的合作程度、动机、适应性和督导的运用等方面都很难测量，除非这些表现以一种极端的形式呈现出来(即有非常高的动机，或者几乎没有任何动机等)。也正是因为这样，有时机构督导和实习生会对正式评估的得分存在不同的意见。

以下情况可以辨别某个实习评估是否可以被认为是公平和相关的：

- 在实习的一开始或是在评估开始阶段就应该让学生了解到评估的规范标准，以及实习机构所期待的实务工作和成果。
- 评估所涉及的工作表现和能力范畴对专业社会工作及机构使命目标而言是真正重要的内容。
- 用来评估学生的标准是清楚而客观的。
- 将学生的工作表现和成文的标准进行比较，而不是与未阐明或隐含性的标准进行比较。
- 学生已经接受过充分的岗前说明和训练。
- 对学生的专业成长给予持续的反馈。
- 在正式评估前，学生已经接受有关其不良表现的持续反馈与告诫。
- 实习工作表现的评判标准是依据学生实际水平来制定的(如：第一学期或是第二学期，本科生或是硕士生)。
- 评估可以引用工作表现的实例，以此作为评分的基础。
- 在评估时，应当对可能影响评估结果但却情有可原的情况给予特殊考虑(如学生缺乏机会去学习或展现某些技能，督导观察学生工作表现的时间有限等)。
- 评估中还需要把分配给学生的工作任务的性质与复杂性纳入考量。
- 评估不仅是确认学生在实习中的成长和良好工作表现，也应当指出这一过程中出现的问题或需求，以有利于学生持续学习。

而在以下的情况中，则可能会存在不准确或有偏误的评估：

- 实习学生不了解机构对自己的期待，或者不了解用于评估的标准。

- 用于评估学生的规则、标准和准则发生了改变，而未事先告知学生。
- 学生在正式评估前没有收到持续性的反馈、指导和建议。
- 没有观察学生的工作表现，且评估没有建立在对学生实际能力的了解之上。
- 学生得到很低的评分，但是没有对这一低评价的相关工作表现给予描述和解释。
- 评估标准和准则过高，或与学生作为社工的工作表现没有关系。
- 几名学生虽然在工作表现上明显不同，却得到基本一致的评价。
- 人际因素的影响，例如在学生和机构督导之间存在性格冲突而影响学生的评估结果。

机构督导和学生都必须明白，当一个人试图去评价别人的工作表现时，会存在某些偏见和陷阱，需要保持警觉：

- 晕轮效应(Halo Effect)——仅观察到部分工作表现，就认为其在所有方面的表现都如此。
- 平均倾向偏误(Attraction of the Average)——趋向于对每一名学生和员工都给予相同的评价或趋于平均的评价，而不顾他们实际工作表现上的差异。
- 宽大偏误(Leniency Bias)——倾向于评价所有的学生或员工都是优秀的，或给出过高的评价，从而避免争议、冲突或伤害受评者的感受。
- 严格偏误(Strictness Bias)——趋向于给所有的学生或员工偏低的评价，因为评估者有不切实际的高期望值，或者他相信低评价可以激励受评者向更高一级的工作表现而努力。

在某些情况下，机构督导或者实习协调老师会认为实习安排对学生、机构督导或者双方来说都是行不通和令人不满意的。这可能是由于机构明显无法满足学生的学习需求，或是因为学生的工作表现不负责任、违背伦理或是远远无法达到期望。下面是一些学生的问题行为或工作表现使得机构督导或者学校考虑终止实习项目的例子：

- 实习生的行为对服务对象、机构员工或机构声誉造成伤害。
- 实习生的行为不负责任和不专业(如上班迟到、错过预约、未能在实习机构付出所要求的时间)。

- 实习生未能充分地进行沟通，无论是口头上还是书面上。
- 实习生对督导有敌视情绪并抗拒学习。
- 实习生因为不适宜的行为或者不能管理自己的情绪而影响工作（如怪异的行为、不能集中注意力、具有攻击性、退缩、不恰当的情绪表达等）。
- 实习生不恰当地和服务对象分享个人观点、经验和问题，而明知道这些是不可被接受的行为。
- 实习生与服务对象之间出现双重关系（如与服务对象约会、向服务对象兜售物品等）。

实习生的一些行为被认为是非常严重的，且可能导致他们立即被实习机构解雇。这些行为包括：

- 明确而严重地违反社会工作伦理守则。
- 明确地多次不服从。
- 盗窃或者明确误用机构的资金、设备或财产。
- 在机构中隐藏、使用或销售非法药物。
- 因为药物成瘾或酒精成瘾而影响工作。
- 因鲁莽或有威胁的行为，使得服务对象和机构工作人员面临严重伤害的危险。
- 故意向督导或者机构员工隐瞒信息，导致机构无法提供适当的服务，并对机构的声誉和诚信造成损害。
- 伪造机构记录和报告。
- 向服务对象索要或接受礼物，以作为优惠服务待遇的交换。
- 和服务对象有性关系或情爱关系。
- 明显违反机构的政策规章。
- 未能纠正或改进工作表现上的不足之处。
- 没有能力处理实务工作中的情绪化和压力的问题。

正如先前提到的那样，实务工作的评估不仅是实习的一部分，同时也是各个领域和层面社会工作实务的必要组成部分。尽管可以理解学生们大都对他们实习表现的评估很感兴趣，但理解社会工作实务评估的目的、类型、过程和使用也是非常重要的。评估旨在保护服务对象，确保他们能得到高质量的服务，测量服务和项目对服务对象功能的影响，向资助方展示服务的有效性，以及为社会工作专业的知识体系做贡献。

为了实现这一目标，社会工作专业致力于证据为本的实践，它强调通过使用各种评估工具和方法来测量服务对象的进展和社会工作的有效性。每一种方法的使用都是为了满足某一特定的评估目标，而每一项评估结果都可以为专业性提供信息并改善实务工作。表 17.1 解释了在社会服务机构中常见的三种评估分类方式，包括概念界定及对应的案例。思考这些方法在你的机构中是如何同时运用于实习评估和机构社会工作者评估的。关注这些分类可以如何帮助你组织如下想法：哪些方面需要被评估？为什么要测量这些需要？这些测量该如何完成？

表 17.1 社会工作考核评估的类型：需要评量的内容与原因

定量评估	定性评估
目的： 用数值的方式来测量干预的结果，可以获得量化结果、分析干预是否成功、说明改变的程度 范例： 前测和后测、标准化测量工具、调查、问卷、外部审查	目的： 用非数据的方式来测量干预的结果，可以用主观的、个体的和非量化的方式来描述结果 范例： 访谈、服务对象满意度工具、叙事性评估工具、自我评估、服务对象/案主系统报告
过程评估	结果评估
目的： 基于准确性、计划性变化的发展阶段、对目标的监督与调整及干预的完成状况，来对干预过程进行测量 范例： 完成率、对干预模式准确性的评估、过程记录	目的： 基于成功的程度、目标达成程度、随着时间流逝而发生的变化，来对干预结果进行测量 范例： 前测和后测、标准化工具、调查、问卷、目标达成评量、逻辑模型、纵贯研究
社会工作绩效评估	服务对象/案主系统进步的评估
目的： 对社会工作者、组织或社会服务项目达成其干预目标的质量与程度进行测量 范例： 督导性反馈、自我评估、质量保证、同行评审、外部评审、机构对标准的遵守程度、项目评估、服务对象满意度工具、咨询委员会的投入	目的： 测量某个服务对象/案主系统的进步质量和程度，这是对干预目标而言所期望达成的改变 范例： 前测和后测、标准化工具、目标实现程度、目标达成评量、服务对象/案主系统的自我评估、观察、功能水平评量

思考什么是实务评估的问题，实际上是假设检验（Testing Hypotheses）的一种方式，正如我们在第八章“实习中的机构议题”中所介绍的。即使是基于以前有效性的实证证据，每一个服务对象的干预情况仍旧可以被看

作一个假设，即某一特定的干预是否会对某一特定的服务对象或案主系统发挥作用。参考表8.1中微观、中观和宏观层面实务工作的假设范例，你可以将之运用于你的机构中。毫无疑问，你的实习机构会对一些服务和项目提出假设，并试图用某些有意义的方式去验证这些假设。思考一下：你在干预中提出了哪些假设？你的评估方法以何种方式以及是否支持了这些假设？

一般而言，在社会工作实务领域中，并不是每一件社会工作者的所为之事都是可测量的；同时，也并非每一位服务对象社会功能的方方面面都能加以测量。事实的确如此，但即使评估有其局限所在，就其重要性而言，评估仍旧是不可低估的。虽然并不是每一件事都可以被量化，但这并不意味着我们就不用去评估我们的实务工作。评估的另一个局限则跟机构的时间和金钱限制有关，机构可能缺乏对评估工作的投入，项目评估技术不足，缺乏严谨的评估工具设计，使用了不合适的评估工具，以及所做的实务研究和真正从事的实务工作之间缺乏联系等。其他一些可能导致评估程序有缺陷的因素包括：目标不够明确，导致结果无法测量；对到底要测量什么没有清晰的判断；对成败是否同社工或服务对象的特质有关产生误解。

目前，有一些机构追求所提供服务的质量，它们发展出评估文化（Culture of Evaluation）。这意味着这些机构把对自身服务进行评估看作和提供服务一样重要。在评估文化的鼓励下，将会发生下列事情：

- 致力于实现机构的使命
- 为评估分配时间和资源
- 为机构员工提供关于评估理念与过程的训练，并运用评估来提升实务工作
- 致力于发展经验知识作为服务的基础
- 致力于在解决当前和新兴社会议题方面进行创新
- 致力于测量的有效性
- 创造性地将评估技术结合进多重方式的测量中
- 达成共识分享评估结果、传播获得的知识，并利用评估结果推动项目的改进与发展

当代社会工作也致力于形成一组建立在提供优质照顾服务的社会工作价值之上的评估概念。表17.2列出并定义了在社会工作机构中一些常用的评估概念。

表 17.2　指导实务的评估概念		
评估概念	定　　义	运　　用
照顾标准	对服务提供和服务质量有广泛认可的最低标准	为服务设定基本的期待水平，且被实务工作者、机构和专业组织所理解
可接受的实务	对提供给服务对象以满足其特定的需要和资源的服务，有广泛认可的实务方法	对有相同需要和资源需求的服务对象，提供惯常、标准化的服务方法
新兴的实务	根据解释性理论和实务模式的发展，建立具有创新性的实务方法，尽管这些方法尚未进行充分的实证评估	促进针对特定群体的服务改进和成效发展，允许对可接受的实务进行调整，并把新兴的知识整合进现有的实务工作中
证据为本的实践	实务方法建立在可接受的解释性理论之上，经过实证的验证与确认，并经过时间检验是有效的	基于实证检验的结果提供标准化和有效的服务，并且对创造性的方法进行持续的验证
最佳实践	被认为是最有效和高质量的实务方法，为个人、机构、社会政策或研究等层面的实务工作提供指引	推动最高要求的服务标准，为干预策略提供标准，以确保各个层面的实务质量

三、重点指引与提示

在你实习及今后从事实务工作的所有阶段，你会被观察、指导、鼓励、分配任务、给予反馈，以及评估你的表现。在实习过程中，你的机构督导会给你提供非正式、持续的意见，让你知道自己每周的工作状况。此外，在学期末你还会接受更为正式和系统性的评估。

当进行正式督导时，你的机构督导通常会使用学校提供的评估工具。这个工具将会根据学校认为哪些方面对你的专业发展是最关键的，来评量你在特定价值、态度、知识以及技巧方面的表现。尽早在实习过程中取得一份这样的评估工具，并依此来制订你实习过程中的学习计划，如此你将有机会在每一个需要被评估的部分获得学习和成长。此外，督导也可能根据你在实习伊始所规划的任务、项目和活动，来评估你的完成情况。定期回顾你实习计划书的学习目标，以确定自己是否取得了令人满意的进步（详细内容请参阅第三章“制订学习计划”）。

你的机构督导和学校督导都会询问你实习的进展情况，同时也乐意聆听你的建议和问题。当你在被评估及继续规划你的学习时，你可能会被问到下列问题：

- 有没有哪些你正在执行的任务或活动和你原先的期待所不同？
- 你认为实习的哪些方面最重要，而哪些部分最不重要？
- 对你在时间上的要求合理吗？
- 你期望在下个月学到什么或者达成什么目标？在实习结束时，你能学到什么或达成什么目标？
- 你有没有获得足够的督导？
- 对你而言，你所实习的社会工作实务内容和实习机构是否适合你呢？
- 在你的实习机构中，哪些方面的实务工作对你最有吸引力，而哪些部分最没有吸引力？
- 你想要或需要获得哪些新的或额外的学习经验？
- 你和机构的其他员工相处得如何？
- 哪些实习任务你完成得最成功或是最不成功？
- 你有没有在实习要求、自己的学业表现以及个人生活和责任之间达成一个平衡？
- 你有没有其他的建议、抱怨、观察或问题？
- 对于未来的实习生，可以用哪些事情来改善他们的学习经验？

当你的机构督导在回顾和思考你在实习中的工作表现时，他也可能会询问自己下列问题：

- 这名学生有没有展现出值得信任及负责任的专业行为？
- 在有压力的情况下，这名学生是否依然可以信赖？
- 这名学生是否能够胜任机构中的社会工作岗位？
- 我是否会雇佣这名学生来作为一名社工？
- 我是否想要这名学生来作为我妈妈、我孩子或我好朋友的社工？
- 我是否愿意为这名学生写一封强有力的推荐信？

以下行为和个人品质能够给机构督导留下深刻印象：主动、可靠、诚实、守时、能够在期限内完成任务、有毅力、能够处理人际冲突、对他人有足够的敏感度、有能力达成目的目标、能够计划和组织工作、能条理清楚地写作、具有努力工作的动机与意愿、接受新的学习内容、能够自我觉察并以开放的心态来检视自己的价值和态度、能够在压力情境下工作、具有成熟的人格、情绪稳定、尊重服务对象和其他实习生、在决策中保持公平以及具有高度的专业精神。

而有些行为和个人品质则会令机构督导怀疑你是否能够成为一名称职的社会工作者，这些行为和前文所列的行为正好相反，特别是不诚实、错过期限、不尊重他人、操控情境并破坏既定的规则与要求、试图享有特权、有问题不向督导汇报、无法处理个人问题以至于干扰到专业任务和活动。

在进行正式的评估之前请做好准备工作，检视你的学习契约以及其中所罗列的目标与活动，同时请参阅学校所使用的实习评估工具。仔细思考你是如何完成各项职责并完成所交付的任务的？准备一份清单，列出你所分配到的任务和职责，将其和你的工作记录及所完成任务的文档放在一起，以便于机构督导审阅。在和机构督导进行正式的评估面谈之前，你可能会被要求先用学校给你的评估工具来做自我评估。你也可以通过本章的作业演练活动为你的实习评估做准备。

把评估看作一个学习历程，它可以帮助你变得更有自我觉察力，富有洞察力和熟练的技能。在评估的过程中，你需要意识到失落的情绪或任何其他情感都可能被激发起来。如果你能够体认自己的感受，具有较强的自我觉察意识，那你将从督导的建议中获益更多。

对于即将到来的正式评估做好心理准备，这样你可以持开放的态度听取针对你工作表现的反馈。当得到你工作表现的反馈时，努力对你所听到的内容保持开放性。在第五章“如何向督导学习”中，我们讨论到实习生对于期末评估的感受和服务对象对于干预进行评估的感受很相似，对于被观察和评估，都充满了一种矛盾的心情。理解这种相似性，可以帮助你在面对服务对象时更富有同理心。虽然真诚的反馈可能有时会让你觉得不舒服，但要避免采取防卫的姿态。应当仔细思考这些反馈，并努力在需要注意的地方加以提升和改进，明白反馈实际上是帮助我们成为一名更好的实务工作者的礼物。

除了建设性的批评之外，你做得好的方面也会收到正向的反馈。记录机构督导对你优点和技能的赞赏之处。如果你想进一步知道自己哪方面做得不错，那就大胆去问。在第一章中我们提到了学生实习优势的自我评估，此时你可以再做一次这个评估来作为后测。通过自我评估的前后对照，来确认你先前所认定的优势是否在工作中得以体现，以及在实习过程中是否展现了你未曾注意到的优点。这项作业可以帮助你看到自己在实习过程中的专业成长。同时，它也强调了一个事实，即在你从事专业实务工作的过程中，你需要不断发展所需的各种优点和长处。在你原有的优势基础上不断累加，因为这些将成为你专业知识和能力的基础。

尽力去理解机构督导在你的实习表现中所观察到以及所反馈给你的结论。寻找工作表现中的任何薄弱环节，请督导给出具体的描述和例子，并征询具体的改进建议。同时也询问督导你在哪些方面比其他人都做得好，反思这些评价并去了解为何你会在执行某些任务和活动时比其他人好。如果你和机构督导对于你的工作表现有所分歧，那么你可以准备好确凿的档案文件来支持你的观点。然而，如果你也认可自己的工作表现不佳，那最好去反思自己的问题而不是进行无意义的争执；因为那只会让你看起来不够真诚并缺乏自觉意识。

要记住，尽管你只是刚刚开始以社工的身份开展实务工作，但你也有很多可以贡献的部分。以你的天赋、特质、价值和技巧为基础，并真正地理解专业成长是自己的职责。持续不断地评估自己的成长，期待自己可以不断学习新知识、展现新技能，并推进实务工作的发展。

最后，反思自己在实习过程中哪些工作表现需要改进，以便将来的干预能够更为成功。思考自己的能力、干预的有效性及结果的成功程度之间的关联性。对于干预的成功程度，我们可以找到许多原因。缺乏对成功的渴望或对干预结果的失望，可能会由很多因素造成，表 17.3 对此进行了描述。

表 17.3　当干预未按计划进行时

实务层面	可能的解释原因	
	服务对象	社工
个体服务对象	● 能力不足 ● 缺乏动机 ● 社会支持不足 ● 缺乏自我效能 ● 多重问题情境	● 缺乏技能 ● 缺乏知识 ● 专业关系不融洽 ● 预估不足 ● 不当的干预
家庭	● 缺乏能力 ● 缺乏动机 ● 缺乏团结 ● 功能失调 ● 多重问题情境	● 缺乏技能 ● 缺乏知识 ● 专业关系不融洽 ● 预估不足 ● 不当的干预

(续表)

实务层面	可能的解释原因	
	服务对象	社工
团体	● 缺乏凝聚力 ● 缺乏参与性 ● 有破坏性的成员 ● 缺乏动机 ● 非自愿的成员	● 缺乏技能 ● 缺乏知识 ● 专业关系不融洽 ● 预估不足 ● 不当的干预
组织	● 缺乏使命 ● 资金不足 ● 政治性因素 ● 服务不具有可及性 ● 文化敏感度不高	● 缺乏技能 ● 缺乏知识 ● 专业关系不融洽 ● 预估不足 ● 不当的干预
社区	● 存在派系斗争 ● 负面的社会指标 ● 缺乏资源 ● 政治性因素 ● 不同的优先级	● 缺乏技能 ● 缺乏知识 ● 专业关系不融洽 ● 预估不足 ● 不当的干预

使用表 17.3 中的信息来帮助你反思，你可以和机构督导或学校督导一起来讨论，你或你的服务对象的成功可以用以上哪些因素来解释。既然你已经了解了有哪些因素会影响干预的成功程度，那请仔细思考一下，这些知识可以如何促使你的工作做得更好、未来的干预如何更有效。

四、作业演练活动：学生实习优势的自我评估(后测)

参见第一章“社会工作实习导论”里学生实习优势之自我评估。你在实习的开始阶段曾做过这个评估，作为你实习优势的前测。现在，你的实习已经完成，请再做一次这个评估，并分析在哪些方面你有了明显的专业成长，而哪些方面你仍需要努力提升。

五、建议学习活动

- 比较你的学校所使用的实习评估工具和机构中用来评估社工工作表

现的评估工具，这将会帮助你明白哪些方面是对社工的期待而不是对实习生的期待。

- 使用学校的评估工具和第三章“制订学习计划”中通才社会工作的学习契约和评估工具范例，来对自己进行评估。
- 确认在评估中你可能会感到担忧的部分，并与你的督导讨论。
- 和其他的实习生一起讨论他们关于评估过程的经验。
- 在学者 Sheafor 和 Horejsi(2012)的著作中，有两节的标题是“发展自我觉察”(427—429)和“社工工作表现评估”(342—343)，仔细阅读这部分内容。

六、参考文献

Baird, Brian N. The Internship, Practicum, and Field Placement Handbook. 5th ed. Upper Saddle River, NJ: Prentice Hall, 2011.

Brun, Carl F. A Practical Guide to Social Service Evaluation. Chicago: Lyceum Books, 2005.

Courneyer, Barry R., and Mary J. Stanley. The Social Work Portfolio: Planning, Assessing and Documenting Lifelong Learning in a Dynamic Profession. Pacific Grove, CA: Brooks/Cole, 2002.

Drake, Robert E., Matthew R. Merrens, and David W. Lynde, eds. Evidence-Based Mental Health Practice: A Textbook. New York: W. W. Norton, 2005.

Ellis, Rodney A., Kimberly Crane, Misty Y. Gould, and Suzanne Shatila. The Macro Practitioner's Workbook: A Step-by-Step Guide to Effectiveness of Organizations and Communities. Florence, KY: Brooks Cole, 2008.

Grinnel, Richard, and Yvonne Unrau. Social Work Research and Evaluation. 9th ed. New York: Oxford University Press, 2011.

Kapp, Stephen, and Gary Anderson. Agency-Based Program Evaluation: Lessons from Practice. Los Angeles: Sage Publications, 2010.

Magnabosco, Jennifer, and Ronald Manderscheid. Outcomes Measurement in the Human Services: Cross-Cultural Issues of Methods in the Era of Health Reform. 2nd ed. Washington, DC: NASW Press, 2011.

National Association of Social Workers. Code of Ethics. Washington, DC: NASW Press, 1999.

Roberts-DeGennaro, Maria, and Sondra Fogel. Using Evidence to Inform Practice for Community and Organizational Change. Chicago: Lyceum Books, 2010.

Rzepnicki, Tina, Stanley McCracken, and Harold Briggs. From Task-Centered Social Work to Evidence-Based and Integrative Practice: Reflections on History and Implementation. Chicago: Lyceum Books, 2012.

Shaw, Ian. Practice and Research: Contemporary Social Work Studies. Williston, VT: Ashgate, 2012.

Sheafor, Bradford, and Charles Horejsi. Techniques and Guidelines for Social Work Practice. 9th ed. Boston: Allyn and Bacon, 2012.

Westerfelt, Alex, and Tracy Dietz. Planning and Conducting Agency-Based Research. 4th ed. Boston: Pearson Education, 2010.

七、本章回顾

实 务 练 习

1. 以下谁的观点对干预是否成功最关键?

A. 资金资助方

B. 机构

C. 社会工作者

D. 服务对象

2. 对于干预的评估往往不能很好进行，其原因是

A. 社会工作者在评估方面没有接受过训练

B. 大部分评估的结果都是不可测量的

C. 时间有限，以及机构并不重视

D. 服务对象没有坚持

3. 尽管对于干预过程进行评估是很重要的，但以下哪一点也同样重要？

A. 评估服务对象的投入

B. 评估结果

C. 评估费用支出

D. 评估机构政策

4. 社会工作研究的方法有很多种，以下关于研究的说法，哪个选项是正确的？

A. 量化研究比质性研究好

B. 质性研究比量化研究好

C. 两者都很重要且都很有用

D. 服务对象倾向于量化研究

5. 美国社会工作专业人员协会(NASW)的伦理守则

A. 没有提及实务工作评估的过程

B. 提供了实务工作评估的具体指引

C. 常常和机构的实务工作评估标准相冲突

D. 为实务工作评估的重要性提供支持

6. 服务对象对干预评估的参与

A. 仅在以服务对象为本的个案工作中是必要的

B. 在所有的干预中都是重要的

C. 是可选择的，由社工进行裁量

D. 只有在服务对象同意的情况下，才是符合伦理的

7. 请描述如何将过程评估和成效评估以及量化评估和质性评估整合在一起，以达到一个全面综合的有效性评估，并说明为何无法通过单一的评估方式来达成这一目标。

第十八章

自我与专业的融合

本章大纲

- 本章预览
- 基本概念与背景资料
- 重点指引与提示
- 作业演练活动：社工的全人自我关怀策略与压力源
- 建议学习活动
- 参考文献
- 本章回顾

一、本章预览

本章将会介绍在社会工作专业中自我和专业部分的融合，这既包括如何有效地使社会工作成为对自我有意义的职业，也包括如何通过有效的自我关怀策略来促进平衡。此外，本章还提供了有关职业倦怠、同情疲劳以及各种创伤的信息，通过提出反思性问题，来激发读者对于以社会工作为职业可能面临的个人挑战进行批判性思考。

你选择将社会工作作为职业，这往往是出于你愿意帮助他人，想助力社会改变，并愿意为社会正义做贡献。希望实习经历能让你巩固自己对于社会工作专业的承诺，并提升你的知识和技能。你愿意致力于保障他人的福祉，让社会变得更美好，追求社会正义的实现，这些都让你选择以社会工作作为自己的职业。思考一下如何能将作为个体的你和作为专业社工的你整合起来，这会帮助你更好地处理这两者的关系。

前几章协助你思考了与社会工作实习相关的各类议题，包括如何学习、人身安全、人际沟通、实习中的不同议题(如机构、社区、社会问题、社会政策)、多元化、专业性、伦理、法律、计划性改变过程、实务评估等。尽管这些主题在课堂上已经被讨论过，且本书也将每一个议题单列一章来进行阐述，但它们彼此关联，你要将它们整合运用于你的实务工作中。在阅读本章的时候，请思考如何更好地对此进行整合。

• • • 二、基本概念与背景资料

我们每一个人都是独特的个体，拥有自己的个性、能力和兴趣，这些引导我们对职业做出选择。此外，每一种职业或专业都有一套特定的要求和必要的技能。如果要成为一名高效且令人满意的社会工作者，我们必须在自我和专业之间有良好的匹配，同时也需要在个人自我和专业自我之间达成良好的平衡。职业生涯的选择是我们人生中重要的决定之一。这个决定会对我们在生活上的基本满足感和工作中的职业满足感，产生深远的意义。如果你能具有自我觉察、忠诚于专业价值并持续在专业上成长，懂得如何把自己作为一项专业的工具，那么你的服务对象将会得到最好的服务。

大多数社会工作者宣称自己是受到了社会工作专业的呼召而从事这一职业的，因为他们委身于此，并有着帮助他人的热情，而且发现社会工作的专业价值与其自身的价值观十分契合。他们想为社区甚至整个世界做出积极的贡献，他们也将社会工作看作达成这一目标的方式。也有一些人被社会工作这一专业所吸引，是因为他们的亲身经历或事件为他们开启了一扇窗，让他们看到了他人的问题与需求。还有一些人被社会工作吸引，是因为他们与生俱来就有专业所需的技巧与能力，他们把社会工作教育看成是获取实力的正式途径，能够借此对社会正义发挥更大的影响。大部分人被社会工作吸引，是因为他们认为这个世界应该是美好的，他们感到有责任去维护他人的利益，并且有坚定的信念要参与到维护社会正义的努力中。

对于那些准备进入社会工作这一兼具挑战性和益处的职业领域的人来说，最重要的是学会合并实务工作中的个人部分和专业部分。他们必须具备高度的自我觉察，这样他们可以在寻找工作类型上做出好的选择，并能实践自我照顾、管理压力以及在个人责任和职业责任间取得平衡。社会工作者必须清楚自己独特的天赋、价值观甚至偏见。要成为专业人员，高度的自我觉察能力非常重要，因为当我们在与服务对象建立关系时，必须有效地运用自我。社工还需要了解自身特殊的互动风格和方式是如何被他人看待和感知的，特别是服务对象的看法。这些打算进入社会工作领域的人

们必须具备健康的情绪功能、良好的沟通技巧、建立和维系关系的能力、应对压力的能力，以及在个人成长和专业发展上有不断学习和进步的意愿。

选择将助人专业作为你的毕生事业，这意味着你非常关心你所服务的人。不过，这种对他人的承诺可能会对你的个人生活造成负担，除非你能学会在个人生活和工作之间达到一种健康的平衡。然而，要把个人生活和工作完全分割是不太可能的事情。我们的工作影响着我们的个人生活，而我们的个人生活也影响着我们的工作。我们的个人经历和生活环境对工作都会有潜在的正面和负面影响，因此，为了服务对象的利益，我们必须学会管理好我们的个人生活。与此同时，我们需要照顾好自己，保证我们的个人生活质量，因为在社会工作实务中我们需要处理服务对象的痛苦经历和社会的不公不义，这些都要求我们付出时间、精力和心力。毫无疑问，这并不是一件轻松的任务，我们需要努力做到专业上有效和个人生活上健康。

找到平衡是非常重要的事情，因为我们很容易过于关心服务对象而忽略了自己。你可能为服务对象担心，替他们承担更多的责任，而不顾自己的身心健康。尽早在职业生涯中在个人自我和专业自我之间设立一条清晰的界线，这会帮助你保有能量、热忱与乐观，同时也能避免失望和倦怠。向你的机构督导寻求建议，请教如何才能做到这一点。

工作满足感和个人整体生活满意度这两者是紧密交织的。那些对自己的工作感到满意、在职业挑战中保持良好状态的人，他们都会表现出各式各样的个人特质、能力与态度。对社会工作者而言，情境因素和机构因素也会影响我们的工作满意度及能否长期任职。最后，对于工作满足感和成就感而言，社会因素也同样是一个非常重要的影响因素。我们将这三种类型的影响因素罗列在表 18.1 中。

表 18.1　职业满足感的影响因素

个人因素
● 知识和能力 ● 价值观与职业目标一致 ● 合作与自主工作方式的平衡 ● 乐观、热忱、自我效能感、相信可能性 ● 具有处理压力的能力 ● 灵活性、开放性，并致力于专业成长

(续表)

组织因素
● 合理的工作负荷和充足的经费 ● 机构的支持和培训 ● 具有专业成长的机会，有创造性 ● 在机构使命和项目开发的范围内 ● 合作、责任分担、赋能 ● 受邀参与到机构的愿景规划中
社会因素
● 政治经济对社会正义给予支持 ● 社会对待服务对象和专业有正向的态度 ● 社会政策的有效性能证明社会工作的努力 ● 社会对预防社会问题的承诺 ● 社会对提升社会正义的承诺 ● 社会对社会工作使命的支持

当你开始在社工领域寻找一个专业职位的时候，把这些因素牢记在心。除了工作本身具有挑战性和回报之外，好的工作环境也会有助于你提升作为一个专业人员的整体幸福感。这是社会工作专业和周遭社会环境随着时间推移彼此影响的例子，它们最终都会影响到服务对象和社会工作者。

三、重点指引与提示

社会工作专业要求专业知识、伦理和自觉意识的整合。仅仅掌握技巧、理论或是模型和技术是不足以了解服务对象的。作为一个人，你需要将自己融入专业，从而成为专业人。要记住世界上所有的知识和技巧都不足以让你成为一名有效能的社会工作者。你需要把你的个人天赋、优势、创造力、激情和承诺带入社会工作专业中去。当你的个人特质和专业教育结合在一起时，你才会真正成为一名富有技巧和符合资格的专业社工。

你是一个什么样的人，和你知道什么、能够做什么一样重要。把你的实习看作个人成长和专业成长的机会，并将你独特的个人特质、专业风格与你所选职业的要求结合起来。假以时日，你的个人和专业两方面会逐渐融合，形成你身为一名社会工作者的独特个人气质。

寻求机会不断提升你的专业成长，如阅读专业书籍和期刊，参加工作坊和在职训练，尝试新的技术与技巧，批判性地思考干预策略，仔细观察机构中其他社工的行为和实务工作，并且花时间与知识和能力皆强的社工聊聊。除此以外，进行批判性的自我反思，询问自己和信任的同事，你还能做些什么来继续成长。保持开放的心态来接受反馈意见，这样你可以从他人的视角来看待自己。相信你一定可以看到自己随着时间而不断成长，这不但会坚定你对社会工作专业的选择，同时也会提醒你，自觉意识是帮助他人的有效工具。

向你的同事、机构督导和服务对象寻求反馈意见。用这些信息来更好地了解自己是一个怎样的人，你可以提供什么样的帮助，以及你需要在哪些方面进行改变，这样你才能成为一名富有技巧和效能的社工。你会看见随着时间的流逝，你的提问会变得更加犀利，你的反思会变得更加精细完备。这些事实都告诉我们一件事情，你正在成长为一名专业人员。你的实习是一项与工作相关的经验，它为你今后的就业及实务工作做好了准备。尽力而为，记住你所发展出的技能，结合来自机构督导的正向评价和建议，这些都将协助你未来在社会工作专业中找到自己的岗位。

观察你实习机构中的社工是怎样处理挑战的，例如高度的工作负荷、不算高的工资收入、缺乏动机和棘手的服务对象、看似无解的社会问题、经费削减，以及在日常生活中因处理复杂情绪和痛苦情境所引起的挫败感等。从现在开始就培养自己处理压力的技巧和习惯，这可以帮助你避免过度的职业压力和职业倦怠。学习如何设置限制；确认并保持个人与工作的界线，这可以使你保持身心健康；为你自己和家庭留出时间；对服务对象和你的工作保持正向的态度。请参看表 18.1 中影响社会工作职业满意度的个人、组织和社会因素。

思考一下，你会如何处理专业社会工作中的压力与挑战。学习如何避免对自己而言是负面的结果，并学习保持乐观向上和相信一切皆有可能的态度。职业倦怠(Burnout)是超负荷工作、缺乏支持、无法平衡工作与生活的结果，你必须找到避免职业倦怠的方式。你还要意识到应避免同情疲劳(Compassion Fatigue)，对那些关心他人福祉的社工而言，如果他们长时间一直牺牲自己的利益来服务他人，那他们最终会陷入困境。最后，确保自己能理解二次或替代性创伤应激的可能性，这是社会工作者见证他人痛苦和遭遇而受到的负面影响。

为了处理这些挑战并维持你个人与专业生活的质量，请参考本章的作业演练活动：全人自我关怀策略与压力源。它介绍了社会工作者在生理、智力、心理、社会、文化和灵性方面所面临的压力源挑战。这项作业为那些在职业生活中经历了种种压力的社工设计了一个全人自我关怀的策略。每一位委身于社会工作的实务工作者也不例外，随着时间的推移都会发展出自己的自我关怀策略，以维持个人和专业的身心健康。

请从现在开始就养成习惯去监测自我的专业成长，常常问自己下列问题：

- 作为一名社会工作者，我的愿景是什么？
- 我是否感受到社会工作专业对我的呼召？
- 在面对职业的压力和挑战时，我该如何保持我的承诺？
- 当我开启职业生涯的时候，社会工作的哪些价值观对我来说是最重要的？
- 在个人方面和专业方面，我是否有所成长？
- 跟上个月或上一年比起来，我是否更加了解自己了？
- 我是否满意我自己以及我所做的事情？
- 我该如何朝向积极的方向继续成长和改变？
- 我是否持续看到服务对象的潜能、希望和优势？
- 我对社会变迁是否持乐观态度？
- 我可以采用哪些自我关怀的活动来保持能量和乐观？
- 在从事这个职业 5 年、10 年或者 15 年以后，我希望自己从事什么类型的社会工作？
- 我会给刚刚开始实习的社工学生什么建议？
- 作为一名社工，我希望自己能做出怎样的影响？

四、作业演练活动：社工的全人自我关怀策略与压力源

这个工具的设计是用来鼓励你思考，身为一名社工，你可能会遭遇到哪些压力源。同时，它也介绍了个性化的策略方式，让你通过参与自我关怀的活动来处理这些领域的压力。

运用这个工具来识别你在实习中的压力源，设计出你自己的自我关怀策略，以帮助你处理压力，并保持新鲜感、乐观和健康。

社工的全人自我关怀策略与压力源						
	策　　略					
压 力 源	生理的自我关怀	智力的自我关怀	心理的自我关怀	社会的自我关怀	文化的自我关怀	灵性的自我关怀
生理压力源：疲倦、超负荷工作、忽视健康和疾病						
智力压力源：需要持续不断地学习新的技术和扩展知识						
心理压力源：担忧、焦虑、压力、内疚、反移情、应对技巧不足						
社会压力源：工作对于关系的影响，和同事、督导的相处						
文化压力源：跨文化工作、对多元化感到不适应						
灵性压力源：工作对个人价值观和信仰系统的影响						

五、建议学习活动

- 采访你实习机构和其他机构的资深社工，询问他们的工作满意度，以及他们的自我关怀策略。
- 和那些取得高学历（社会工作硕士、博士等）的社工谈话，并让他们帮你一起考虑继续深造的可能性。
- 观察你周围的社工是如何进行自我关怀的，学习那些对你有效的方式。
- 当社工在面临自我关怀、压力管理、紧急事件的情绪宣泄等议题时，你的实习机构会给社工们提供哪些支持？
- 在学者 Sheafor 和 Horejsi（2012）的著作中，有一节的标题是“获得社会工作职位”(422—424),仔细阅读这部分内容。

- 研究在本地或区域性报纸、公共机构的公告及 NASW 新闻上刊登的关于社会工作职位空缺的信息(NASW 网站: www.socialworkers.org)。

六、参考文献

Birkenmaier, Julie, and Marla Berg-Weger. The Practicum Companion for Social Work: Integrating Class and Field Work. 3rd ed. Boston: Allyn and Bacon, 2011.

Rothman, Juliet Cassuto. The Self-Awareness Workbook for Social Workers. Boston: Allyn and Bacon, 1999.

Schon, Donald A., and Aleksandr Romanovich Luria. The Reflective Practitioner: How Professionals Think in Action. New York: Basic Books, 1990.

Seden, Janet, Sarah Matthews, Mick McCormick, and Alun Morgan. Professional Development in Social Work: Complex Issues in Practice. Clifton, NJ: Routledge, 2010.

Sheafor, Bradford, and Charles Horejsi. Techniques and Guidelines for Social Work Practice. 9th ed. Boston: Allyn and Bacon, 2012.

Skovholt, Thomas, and Michelle Trotter-Mathison. The Resilient Practitioner: Burnout Prevention and Self-Care Strategies for Counselors, Therapist, Teachers, and Health Professionals. 2nd ed. Clifton, NJ: Routledge, 2010.

七、本章回顾

实务练习

1. 社会工作者的个人价值观

A. 通常为他们的职业选择提供动机

B. 完全区别于他们的职业价值观

C. 总是次于他们所供职机构的价值观

D. 在服务对象的情境中高于职业价值观

2. 自觉意识是社会工作实务中重要的一部分，因为

A. 社会工作者向社会展现了这个专业的形象

B. 社会工作者把自身视为专业工具

C. 可以帮助避免职业倦怠

D. 专业成长是行业所需

3. 当社会工作者和他们的服务对象在价值观上发生冲突时，应该如何解决？

A. 需要有一位协调人在双方之间进行调解

B. 社工要确保其自身的价值观不会对服务对象造成负面影响

C. 由督导来解决

D. 由服务对象来主张

4. 维系专业界线十分重要，因为

A. 社会工作者在面对服务对象的操控时是脆弱的

B. 这会让社会工作者认为自己是不被需要的

C. 社会工作者有义务保护他们自己和服务对象

D. 这是机构的要求

5. 同伴督导的价值在于

A. 成本少于聘请一位训练有素的督导

B. 这对社工来说没有什么威胁

C. 这可以让同事们彼此分享那些在督导面前不会分享的信息

D. 由其他经验丰富的同事提供不同视角

6. 以下哪个选项描述了当社工暴露在痛苦的服务对象体验时，会发生的替代性创伤？

A. 职业倦怠

B. 同情疲倦

C. 二次创伤应激

D. 应激反应

7. 试描述个人成长和职业成长之间的关系。社会服务机构可以做些什么来解决这个关系，并不断促进社会工作的有效性及个人职业的满意度？

第十九章

追求社会正义

本章大纲

- 本章预览
- 基本概念与背景资料
- 重点指引与提示
- 建议学习活动
- 参考文献
- 本章回顾

一、本章预览

现在你的实习已经接近尾声，你已经基本达到获得毕业证书的所有要求。毫无疑问，你现在正对工作中会出现的各种可能性充满期待，并认真思考进入社会工作领域对你而言意味着什么。这是一个转折的时刻，前面的道路会如何呢？你将会在哪里工作？你会被如何期待？你希望成为一名什么样的社工呢？对于他人的福祉和社会工作专业，你可以做些什么贡献吗？或许更重要的是，你想成为一个什么样的人？本章将邀请你一起来思考这些问题。

二、基本概念与背景资料

社会工作的使命总是植根于社会变迁和社会正义，希望你的实习已经帮你强化了这个概念，使之成为你工作的重点和中心。无论你是在微观、中观还是宏观层面开展专业工作，社会正义都处于核心地位。对于社会正义的追求是一项持续且具有挑战性的任务，为了达成这一目标，社会工作者必须接受我们在社会正义中的领袖角色。因为我们对于他人福祉的专业承诺是通过促进社会正义来实现的，所以社会工作实务常常会带来挑战与回报。希望你的社会工作之旅是一种充满意义和目标的专业生活，也希望你能在专业领域中成为领袖。

成为一名社工会让你感到既兴奋，又有些惶恐。社会工作者有大量的问题需要去解决，有无数的服务对象需要被服务。我们必须挑战社会的不公不义，并为之设计或调整许多服务项目。我们有太多的事情要去做，但资源总是显得不足。当你从一个生活在学术殿堂里的实习生转变成一名真实世界的社会工作者，你还有很多东西要学习。

因为你已经完成了社会工作课程的所有要求，学校老师和机构督导认为你已经具备了从事社会工作实务的能力。尽管对于要承担一位社会工作者的全部责任，你会感到焦虑不安，但你的老师和督导都相信你已经掌握了进入社工机构所需的知识和基本技能，并有能力将之运用于实务工作中。你在学校里接受了社会工作的教育，在社会服务机构中接受训练，这使得你接触到很多的社会问题，并尝试用不同的方法去解决它们。不要低估你所学的以及你所能够做的事情。基于你之前所学的以及你在过往实习中表现出的能力和对合乎伦理之实务工作的承诺，你现在已经成为一名专业社会工作者。

尽管你正在从学生的角色转变为专业人员的角色，但很重要的一点是要经常反思过去对于社会工作独特使命的学习，并牢记社会工作对于社会上最易受到伤害和压迫之群体的承诺。不论从历史还是当前的实务工作来看，社会工作都在致力于建构一个能够促进个人与家庭福祉的社区与社会，并确保所有的人都能获得基本的资源与机会，能够有尊严地活着。如果现有的系统和制度结构无法以公平和人道的方式对待每一个人，那你所从事的社会工作专业便会致力于挑战这个不公的制度。如果作为一名社会工作者的你，不愿意挺身为社会或经济的不公而发声或是寻求改善，那你只是一个屈从于现状的工作者。

优秀的通才取向或综融取向的社会工作者不会只把社会工作实务视为在岗位描述和机构使命声明中所列出的目标与活动。他们不仅会努力完成被交付的工作，同时也会承担起额外的责任，为那些无法为自己发声的人主张他们的权利。社会工作者独特的精神就是要能够超越自身的岗位描述，委身对社会正义的承诺，通过把人和资源联结在一起，推动社区、区域乃至国家层面发生必要的变化。事实上，一个真正的领导者能够看到所有的可能性，而不会受限于岗位说明和有限的资源。他能够发展出一个愿景，知道应该做些什么，并将之付诸行动；他拥有所需的知识和技能，把有志于此的同仁聚集在一起合作。

毫无疑问你是在“人在环境中”这样的观点下接受训练的，这是社会工作者如何看待人、评估人们的问题和需要以及设计干预计划的基础。无论是从事微观层面还是宏观层面的实务工作，社会工作者都应当意识到服务对象之生活与问题所处的社会情境、机构及其服务方案的情境以及处理服务对象问题之干预策略的情境。例如，一位在微观层面为贫困者权益进行倡导的社会工作者，也应该去质疑为何贫困的问题会存在，并在宏观层面担当领袖角色，积极参与和推动宏观层面抗击贫困的各项行动。相反，在宏观层面致力于改变社会政策的社会工作者，也需要时刻考虑任何社会政策的改变对于还在贫困中挣扎的个人所带来的重要影响。这是一项广泛且高要求的任务，但也是一个领导者责无旁贷的任务。

在有特定任务和服务项目的机构中工作，现实和实践上的压力往往会限制了你的关怀、兴趣与愿景。我们常会因为工作上的要求而感到十分忙碌，但很重要的一点是，你要超越自己的工作职责范围，持续参与对社会问题的关注。这样做可以帮助你提醒自己，有许多社会工作者也和你一样关心他们的使命，同时这也是你灵感的来源。努力保持广泛的兴趣，参与各种专业活动。不断寻求新的想法，即使它们无法在你的日常工作中被立即应用。

当你进入某个特定的机构工作时，你可能会发现机构在运用你所不熟悉的概念框架和理论来指导其实务工作。当你接触到一个新的实务理论时，要记得从以下几个角度来对该理论进行检视：是否有潜在可能来提高实务工作的有效性，对于特定环境中的特定服务对象是否适用，有关其有效性的研究证据，对于服务对象和改变过程所持有的明显或隐含的假设，它和社会工作价值观的匹配性。

批判性地思考一下为什么你会倾向于偏好某种特定的工作取向。通常情况下，你倾向于某个特定的理论架构，是因为这个理论架构最契合你对人类行为与问题的信念，它用来指导你解决问题的专业方法也令你特别感兴趣。虽然说追求自己的兴趣是很自然的，但我们仍旧需要拓展和加深我们对于实务工作所使用的各种观点、理论、模式的理解。仔细检查每一种取向背后潜在的假设，理解每一种取向的优势与限制。保持开放的态度，努力从不同的实务框架中获得洞察与领悟。

要了解随着时间的推移你是否变得更有效率，那你需要自己或和其他专业人员及机构一起把你的工作记录下来，并检讨实务工作的成效。如果你发现自己的实务工作没有预先设想的那么有效，那应该要有改变工作取向的心理准备。当然，社会工作者所做的大部分事情以及服务对象的经历都很难测量，但是切记不要以此为借口而不去努力评估你的实务工作。如果你不愿意审慎地检视自己的实务工作或是让其他人为你提供建设性的批评，那么你将很难提升自己的实务工作。

尽可能把你的知识体系建立在实证与科学的研究之上，但也要记住还有很多其他有用的知识来源。有些是实证性的知识，而有些则不是。学习在实证主义知识建构论（Positivist View of Knowledge Building）和后现代主义知识建构论（Postmodern View of Knowledge Building）之间取得平衡。前者强调建立在科学方法之上积累的系统理解；而后者强调实践智慧的贡献，这指的是集体的专业经验以及对实务工作者积累的观察。后现代主义知识建构论重视替代性理论、质性研究，以及对假设进行解构的贡献。将这些纳入我们从人文、宗教、古典和现代文学所获得的深刻理解中。最后，当你在聆听服务对象的故事和经验时，向他们学习，并吸取他们的智慧。

当你在运用来自社会科学和行为科学的最新研究发现及理论时，同时也要思考来自社会学家的观点，他们认为知识都是社会建构出来的。我们对于社会及心理现象的知识，或是某个特定人类问题的知识，既受限于当下的情境，也受限于我们与问题之间的相对位置，还受限于我们对此描述所使用的语言。我们的知识和我们所处的文化、历史、经济、政治密切相关。所以，我们所拥有的知识并非完整，它只是暂时性的真实而已。意识到知识是社会建构的结果，能够帮助我们正确地看待我们所拥有的数据与结论，并能够理解我们在实务中运用的种种概念与理论，无论看起来如何周密和深刻，它们都只是人类的创见而已。我们有权利和责任去质疑各种研究发现和主张，无论其来源为何。

具有反思性是社会工作者的职责之一，我们应当对传递给我们的知识进行解构。这意味着你要去检视你所知道的事情，质疑你是如何了解的，质询自己这些观点是否正确或有限制，以及能够对无须知道所有事情而感到泰然。与此类似，我们需要意识到“服务对象”的概念也是人类发明或社会建构的产物，这一概念来自我们的文化对于谁需要帮助、谁弱势而不能自助、而谁又有资格去帮助别人等的看法和假设。我们需要敏锐地看待机构、社工或其他专业人士可能滥用了自己的权威和权力，如给某个人、某个家庭或群体贴上标签认定为困难的且需要特定的服务和干预。还要记住，对于认定某人是服务对象，而另一人是社工，这并不意味着社工就比服务对象更有知识或洞见，也有可能事实正好相反。社会工作者和服务对象之间的区隔虽说有效，但可能是武断的，它会限制我们与他人建立关系的能力。

参加一些专业性组织，它们可以在你的工作上给予支持，在知识上给予挑战，同时也提醒你还有其他的人也在为了创造一个公义的社会而努力奋斗。要记住你被期望致力于专业的持续发展和型塑，社会工作教育者需要听取你的观察和建议，正如服务对象需要你的技能一样。你被期望基于你的观察以及你对将来需求的规划，来表达你对于专业社会工作发展方向的意见。例如，当你发现社会工作专业对于某方面给予过多关注而有损整体使命时，你就要表达出你的意见。

对这个世界秉持信念、质疑问题，并不断学习，这是社会工作者保持生命常青的方式。持续学习和成长的方法有许多，这些不仅可以使你变得更有效能，也可以让你成为更好、更有学问、更有能力的实务工作者。以下是社会工作者在专业成长上被期待的责任：

- 经常阅读专业文献，并参加进阶的培训。
- 参与或组建一个由专业人员组成的团体，持续进行继续教育和朋辈督导。
- 放眼全球，去寻求解决严重的社会问题的方法。
- 向你的服务对象学习，因为他每天在经历生活的艰辛，而你可能只是在一旁观察、听说和想象。
- 确认社会环境与由社会环境产生的社会问题之间的联系。
- 通过训练、研讨会或是邀请讲座的方式，与社会工作院系保持联系。
- 定期与那些和你意见不同的人进行沟通，以保持你开放的心态，并澄清你自己的信念和价值观。
- 寻找一种合适的方式来加深对自己的认识与了解。
- 经常询问自己对于这个世界的愿景是什么，并确定需要学习什么来让自己朝向目标前进。
- 督导实习学生，并回忆自己学生时候的境遇。

确认自己有能力成为变化的催化者(Catalyst for Change)，这一点很重要，这意味着你能够把大家聚合在一起，贡献你的知识和技能，并激发积极的进步或改变；而如果没有你的介入，这些不会发生。请记住，当你走在从事助人工作的道路上，你并不孤独，有许多的社会工作者会给你支持与鼓励。找到他们，并以你的支持作为回馈。无论在个人层面还是专业层面，不断寻找各种更新自己的方法。

你已经知道照顾自己的重要性。在看到这个世界存在问题的同时，也别忘记这个世界的美好；面对或大或小的成就，都可为之庆祝；学习开怀，寻找自己的热忱与优势。借助你的家人、朋友、信仰和核心价值来引导你，为你选择社会工作这个专业而引以为荣。

三、重点指引与提示

作为一个社会工作者，你会遇到很多压迫的环境以及社会和经济的不公正。你也会遇到机构的政策、服务项目、实务工作需要重新修订的情况，这样才能让它们变得更公平有效。你想试图改变这些情况，但是可能很快就发现要促发这些必要和有意义的改变是一个困难和漫长的历程。为了能够带来改变，你必须愿意并承担领导者的角色、任务与责任。预期的改变不会意外发生。相反，它们是被那些坚定信心、保持信念、脚踏实地的领导者所发动的。

尽管可能有些领导者是那种天生型的领导者，但是大部分人需要学习领导能力，就像他们需要学习其他技能一样。有抱负的领导者必须有意识并持续地培养与领导力相关的各种特质、思维方式、态度及人际交往能力。

领导能力并不是仅仅有一套好的理念，仅仅知道该做什么是不够的。领导能力指的是有能力成就某些事情，并激励更多人能一同参与和努力。领导者对于他们想要完成的事情，应当有一个清晰的愿景。同样重要的是，他们要能够对这个愿景详加描述，并能够让他人明白。这个愿景应当可以被转换为具体的行动步骤和服务项目，并且能够鼓舞人心和务实可行。

正是领导者的愿景，给予他目标、方向和自信，使其能够做出艰难的决定。这种决心必须彰显于领导人的所言所行之中。当必须采取行动时，如果领导者犹豫不决或不情愿的话，将会重挫一个领导者能力的信心。对于领导者来说，偶尔做出不正确的决定也好过逃避对重大决策的责任。因此，在必要的时候要果断和大胆，同时也要深思熟虑和未雨绸缪。

有效的领导者会以身作则。追随者们常常因为领导者的热情、决心、胆魄、努力和自我牺牲而受到鼓舞和激励。领导者希望在别人身上看到哪些行为，那他就必须自己先树立榜样。领导者不应该要求别人去做他们自己都不愿意做的事情。领导者必须对下属的期望、价值和能力，表达出尊重及真诚的关心。他们必须要控制好自己的个人偏好和计划，以避免比他们所领导的人走得太快。除非人们愿意选择跟从，不然领导者是不会成为真正的领袖的。

有效的领导者必须以开放和真诚的态度与下属进行沟通。沟通应当聚焦于想要达成的目标，在此过程中，领导者应当考虑到下属在为了这个目标而努力时，因为投入了时间、精力和金钱而产生的担心、害怕与矛盾。好的领导者能够预料下属间可能发生的冲突与意见不一，他会积极采取行动去避免或是化解这些冲突，以免目标无法达成或下属分裂成不同的竞争派系。

领导者必须擅于促进成员与组织间的协作，发挥桥梁的功能。对于成员的合作参与，领导者必须给予正向反馈，并和他们分享成功的荣誉，甚至是那些持不同意见的人。当妥协是通往所追求目标的必要一步时，领导者也要愿意妥协。

领导能力的践行总是发生在充满竞争和冲突的情境中。领导者需要引导和重新定向这些力量，让它们朝着能产生理想效果和预先设定的目标的方向努力。由于领导者必须在不可预测和经常发生改变的情境中发挥作用，因此他们要愿意承担必要的风险，并努力应对模糊与不确定性。

有效的领导者拥有高度的自我觉察意识，他们明白自身的优势与局限，也不断地检视自己的动机和行为。而有些领导者会因为自恃才高或急于寻求他人认同，而主导其决策；还有些领导者则会因为过去的成就而变得傲慢和过度自信；这些行为都会折损领导者的能力。因此，你要下定决心，永远不要让这种事情发生在你身上。

除了前面提到的各项因素，下面列举有关个人品质和特质的要素也对于有效领导能力的训练非常重要。确认下列哪些特点可以形容现在的你，以及哪些是在你今后职业生涯中进入领导岗位时，可以用来形容你的。

- 具有批判性思考的能力，并时常检视自己的决策与行动
- 用人们可以理解的方式，清楚地用口头或书面形式阐明愿景和目标

- 面对困难和失望时，能够坚持不懈
- 有能力进行授权、教导他人，或赋能他人做得更好
- 能够在复杂和动荡的环境中做出艰难的决定
- 愿意为自己的决定和行动承担责任
- 具有个人灵活性、对新想法持开放态度、有能力与不同能力和背景的人合作
- 在与那些为共同目标而努力的人中间，创造归属感和共同体
- 能有效利用各种时间把事情完成
- 愿意以非防御的方式来评估自己的成效，也愿意采纳更为有效的其他方法

社会工作的领导者们常常会发现自己身处公共的辩论、紧张局势、竞争观点以及不同的价值系统中。当代社会的种种争辩都是对领导能力的一种挑战，这要求领导者有能力将不同的观念、价值和取向整合在一起，一同来预防或解决社会问题。例如，社会工作的领导者可能需要通过对下列问题的讨论来带领他们的机构。试想作为一名领导者，你将如何对此对话进行协调以促进社会工作使命的达成。

- 面对社会问题，个人与社会该如何结合才是最有效的应对方式？
- 社会服务是人的权利还是某种特权？
- 有些服务是惠及全民，而有些服务则对服务对象有资格要求，这两者之间该如何保持平衡？
- 个人责任与社会安全网，这两者之间该如何达致平衡？
- 从微观到宏观，在实务工作的哪个层面入手，社会问题会被更好地解决？
- 领导者想要达成某种目标时，是否应该被资源的稀缺所引导和控制？

要努力成为一名变革型领导者（Transformational Leader），即具有人际关系和道德层面的领导风格。变革型领导者通过他们的热情、愿景、坚定的信念和强烈的道德价值来鼓舞他人。因为他们充满热情、精力充沛，得以吸引其他人的加入。他们的正直获得了他人的信任。他们真心想要看到他人的成功，而这也使得他人变得更有热情。这种类型的领导风格激励人们朝着共同的利益一起努力，这与那些仅仅只关注手头任务的领导风格完全不同。作为一名领导者，你要努力在完成工作任务和给予工作伙伴专业

及个人支持之间取得平衡。

显而易见的，要在自己工作的机构或专业领域中成为一名有效的领导者，这绝对是一种挑战。当领导者的目标是要促进社会和经济正义时，这就变得更难以承担。然而，这正是社会工作的核心所在。从最基本的角度而言，正义可以被看作社会互动中的公平性。尽管正义的分类或类型有很多，但社会和经济的正义是社会工作者特别关心的。社会正义（Social Justice）指的是在某个社区或社会中，对人们产生影响的社会配置和制度结构是否符合基本的公平和道德上的正直。经济正义（Economic Justice），也被称为分配公平，指的是某一社区或社会如何分配物资和经济运作。

顾名思义，社会和经济的不公平是嵌入在制度安排和社会政策中的，受到政治、经济、文化等力量的影响，而使得不公正的情况存在。那些寻求改革的人，常常要面对许多想要维持现状的权贵群体。为了获得真正的改变，为社会正义而努力的领导者必须愿意承担很大的风险并做出重大的个人牺牲。

在推动社会变迁的不同阶段需要不同的领导风格，理解催化型领导任务和阻碍型领导任务，将有助于我们明白社会工作管理者在追求社会正义过程中所扮演的角色。催化型领导任务（Facilitating Leadership Tasks）指的是主动、积极、正向的实务策略，以推动社会正义能够有计划地发生。它们建立在现有的变革力量、资源和价值基础之上，并对此加以善用。阻碍型领导任务（Blocking Leadership Tasks）指的是抵抗、批评和重构的实务策略，它们与现状和那些阻碍社会正义的力量做抗争。表 19.1 介绍了在追求社会正义过程中的催化型领导任务，而表 19.2 则介绍了在追求社会正义过程中的阻碍型领导任务。当你进入专业实践领域的时候，将这些表格作为指导你思考的工具。

表 19.1 追求社会正义过程中的催化型领导任务

追求社会正义努力的阶段	催化型领导任务
意识唤起和预估阶段	学习 预见支持和反对变化的力量 识别问题和资源 澄清价值观 生态系统观点的推广使用 审视社会环境 促进社会正义

（续表）

追求社会正义努力的阶段	催化型领导任务
建立联盟阶段	合作 识别共同关心的议题 指导 确定利益相关者 鼓励参与 赋能支持者 聚焦于团结 榜样
计划和组织阶段	设立愿景 建立目的和目标 使利益相关者能参与进来 鼓励创新 员工发展 建立改变的能力 获得政治权力
实施阶段	创建改变的努力 影响目标系统 督导 咨询 支持 保持聚焦 处理对立力量
评估阶段	维持社会变迁 充分利用成功 转移权力 评估有效性 分享所学经验 传播所发现的结果 对知识体系有所贡献 发展最佳实务

表 19.2　追求社会正义过程中的阻碍型领导任务

追求社会正义努力的阶段	阻碍型领导任务
意识唤起和预估阶段	解构神话 挑战简单的答案 挑战表层的改变 提出批判性的问题 抵制现状 挑战反对变革的力量 挑战不公正

（续表）

追求社会正义努力的阶段	阻碍型领导任务
建立联盟阶段	抵制并隔离利益相关者 避免变成条块分割化 挑战特殊利益 辨识阻力所在 阻止努力的碎片化
计划和组织阶段	阻止排除利益相关者的努力 避免权益式的目的和目标 重构单一层面的改变，转变为多层面的改变 驳斥短缺范式 阻止反组织的努力
实施阶段	消除抵制 挑战悲观主义 抵制权力的巩固 组织对改变的削弱 阻止削减经费
评估阶段	评估干预的成效 评估批判力度的强弱 阻止回到现状

要随时了解在社会工作领导中可能出现的新兴问题，这需要远见、创新、批判性思考，以及不断提升自我的意愿。由于社会和全球性的变化，社会工作必须对自己进行改造以顺应这些变化。电子科技在实务工作中的使用，代表了提供服务的方法越来越先进，但这也带来了诸多临床和伦理议题，如服务质量、保密性以及实务取向的修正等。社会服务资金有限，要求机构能够致力于真正的跨学科方法的运用，认识到不同专业观点之间的相互影响、不同专业对于解决社会问题的贡献，以及真正广泛和全面的实践方法。

其他的新兴议题还包括通过项目评估进行知识生产，以及获得实证证据和服务对象所支持的最佳实务（Best Practice）等。未来社会工作实务取向的发展，有赖于领导者创造理论的能力。这些理论既包括解释社会现象的解释性理论，也包括在各个层面指导干预的实务理论与实务模式。这需要社会工作的领导者们不断推动社会工作的专业发展。他们协助社会工作者发展实践智慧和实证证据，鼓励专业人员不断创新，并在组织内发展出学习文化。最后，社会工作领导者需要以一种有创意且高效的方式把对于全球环境和文化多样性的理解结合到工作中去。

在你逐渐认识到自己的领导能力和领导技巧，并开始将上述特质结合到工作中之后，你还要去考虑一些其他能够让你获得所需领导能力的特殊途径。你需要致力于终身的专业学习，这会让你在社会工作界里与时俱进。你需要找到一位适合你的导师，这将帮助你发展技能、扩展人脉并得到指导。如果可能的话，经常参与跨学科的工作，以保持对社会问题和解决方案宽广的视野。你需要成为实务社群中的一分子，这个社群包括了你的导师、同事、知心朋友以及其他的支持人士。这个社群会帮助你不断学习、努力成长、分辨事情的轻重、学会专注，并使你在富有挑战性的情形中依旧保持责任心。

一个好的领导者会记得他曾经参与过的各种活动，并从中吸取教训。我们需要带着批判和感恩的眼光来反思社会工作专业的发展，了解社会工作者们对于追求社会正义和建构社会福利体系所做出的巨大贡献。作为一名社会工作者，我们需要知晓社会工作专业在社会福利领域中的诸多贡献，如社会保障法案、民权运动、童工法案、医疗补助法、失业保险、最低工资、和平运动等。请重视和尊敬那些发展出实务工作理论的专家，那些在学校将学生培养成专业社工的学者，以及无数提供了自己的生活和故事来激发社工服务的服务对象们。

许多社会工作者都曾表示，社会工作并不仅仅是他们所做的事情，而是他们自我的身份认同。他们的个人信仰、价值观和精神力量指引着他们的专业生活；他们相信，成为一名社会工作者使他们得以活出自己的信仰和价值，这些都让他们时刻充满热情。就像在第十八章中所提到的，这一概念意味着一种自我和专业的融合。然而，谨记此时此刻的你和未来的你始终都应该超越你的专业和工作。如果你的整个身份认同是成为一名社会工作者，那你需要拓展你的视野和生命经历。不仅为了服务对象，也为了你自己、你的朋友和你的家人，你要保持一个身心健康的状态。

尝试去用比喻来描述你的实践经历。这是一种对社会工作生动且个人化的思考方式，尤其是对社会工作本身所追求的社会正义而言。在你的工作中常常使用比喻，可以使你的承诺个人化，并让你继续将之视为一种有创意的努力。表 19.3 列出了一些在社会工作实务中常见的比喻，并辅以说明这些比喻是如何对社会正义进行描述的。想象一下哪个比喻会对你跨入社会工作领域有帮助，包括在这个表里的和不在的。

表 19.3　对社会正义实践的比喻	
实 务 比 喻	社会正义的关联性
将实务视为一场旅行	追求社会正义就像是一场旅行，一路上会有路标、弯道、并道、单行道、旅伴以及目的地
将实务视为一块织锦	追求社会正义也是一块织锦，有斑斓的成分、配搭的色彩和纹理、创意的图案和相反的螺纹
将实务视为一个故事	追求社会正义也是一个故事，包含了情节、惊喜、有趣的演员角色、寓意和结局
将实务视为一种艺术	追求社会正义也是一种艺术，结合了色彩、视角、诠释、创造力和混合的手法
将实务视为一种愿景	追求社会正义也是一种愿景，基于价值观、可能性、目的、具有前瞻性的思考以及对改变的承诺
将实务视为一支舞蹈	追求社会正义也是一支舞蹈，包含背景音乐、训练、与观众的沟通和演绎
将实务视为一场战斗	追求社会正义也是一场战斗，包括献身、敌人和盟友、策略、冲突、胜利和挫败
将实务视为一种演变	追求社会正义也是一种演变，包括逐步的变化、转变、进步、持续的发展和变更
将实务视为一个发明	追求社会正义也是一种发明，基于创造力、对渴求的追寻、尝试和错误以及创新

你的实习即将结束，你学校的老师和机构督导会告诉你，你现在已经做好准备去从事专业的社会工作实务了。你通过课堂里的课程学习、实习过程中的亲身体验、对社会工作伦理守则的承诺，以及你所感觉到的来自对社会正义追求的召唤，你已经获得了专业社会工作者的称号。无论你是为个体服务对象提供服务，还是关注于宏大的社会变迁，你已经具备了一名社会工作者所需的各项工具。这些工具包括：你所拥有的知识、你对助人事业的承诺、你的助人技巧等。当你成为一名专业社工以后，这些工具会以一种独特的方式整合起来显现在你身上。事实上，你自己本身就是一个服务他人、追求社会正义的工具。欢迎来到这个主动、进取和具有愿景的社会工作专业来。

四、建议学习活动

- 订阅由专业机构和倡导团体所提供的电子邮件，保持对重要议题的跟进，包括立法及其对社会正义的影响等。

- 搜寻网络资料，以便拓展你对全球社会工作实务标准的认识。例如阅读联合国的人权宣言。
- 阅读 Pablo Freire 的作品，其中描述了教育与政治之间的关系。

五、参考文献

Bertolino, Bob. Advocacy Practice for Social Justice. Boston: Pearson, 2010.

Bondi, Liz, David Carr, Chris Clark, and Cecelia Clegg, eds. Towards Professional Wisdom: Political Deliberation in the People Professions. Williston, VT: Ashgate, 2011.

Chung, Rita Chi-Ying, and Frederic Bemak. Social Justice Counseling: The Next Steps beyond Multiculturalism. Thousand Oaks, CA: Sage Publications Company, 2011.

Dolgoff, Ralph, and Donald Feldstein. Understanding Social Welfare: A Search for Social Justice. 9th ed. Boston: Allyn and Bacon, 2013.

Figueira-McConough, Josefina. The Welfare State and Social Work: Pursuing Social Justice. Thousand Oaks, CA: Sage Publications, 2007.

Finn, Janet, and Maxine Jacobson. Just Practice: A Social Justice Approach to Social Work. 2nd ed. Peosta, IA: Eddie Bowers Publishing, 2008.

Freire, Pablo. Pedagogy of the Oppressed. New York: Seabury, 1973.

Freire, Pablo. Pedagogy of the Heart. New York: Continuum, 1997.

Haynes, Karen S., and James S. Mickelson. Affecting Change: Social Workers in the Political Arena. 6th ed. Boston: Allyn and Bacon, 2006.

Hoefer, Richard. Advocacy Practice for Social Justice. 2nd ed. Chicago: Lyceum Books, 2012.

LaFosto, Frank, and Carl Larson. The Humanitarian Leader in Each of Us: 7 Choices that Shape a Socially Responsible Life. Thousand Oaks, CA: Sage Publications, 2011.

Lieberman, Alice A., and Cheryl B. Lester. Social Work Practice with a Difference: Stories, Essays, Cases, and Commentaries. Boston: McGraw Hill, 2004.

Lum, Doman. Culturally Competent Practice: A Framework for Understanding Diverse Groups and Justice Issues. 3rd ed. Florence, KY: Wadsworth Publishing, 2006.

Schillmeier, Michael. New Technologies and Emerging Spaces of Care. Williston, VT: Ashgate, 2010.

Thomlison, Barbara, and Kevin Corcoran, eds. The Evidence-Based Internship: A Field Manual. New York: Oxford University Press, 2008.

Wronka, Joseph. Human Rights and Social Justice: Social Action and Service for the Helping and Health Professions. Thousand Oaks, CA: Sage Publications, 2008.

六、本章回顾

实务练习

1. 处于领导职位的社会工作者应该通过什么方式来提升社会正义?

A. 取得社工硕士学位

B. 督导和指导社工学生

C. 批判性地挑战社会假设，并创造社会正义的愿景

D. 主要关注宏观层面的实务工作

2. 社会工作者通过经验取得的专业知识被认为是

A. 继续教育

B. 实务智慧

C. 自我觉察

D. 理论建构

3. 批判性反思的社工必须通过什么来检视自身的假设以及新的实务工作的可能性?

A. 解构

B. 自我评估

C. 同辈监督

D. 证据为本的实践

4. 社会工作者想要成为社会改变的催化者，可以

A. 在任何实务层面

B. 仅仅在宏观实务层面

C. 在机构中进行策略规划

D. 对他们自身进行心理咨询

5. 社会工作领导者通过什么方式来赋权他人？

A. 确保服务对象的倡导群体可以获得多数选票

B. 和社会工作者及服务对象分享权力

C. 教导服务对象成为同辈咨询师

D. 使董事会的成员组成更加多样化

6. 以下关于正义的不同形式，哪一个是正确的？

A. 社会和经济正义是相同的

B. 社会和经济正义是相互排斥的

C. 社会和经济正义是不相关的

D. 经济正义是社会正义的一种形式

7. 基于你在不同实务层面进行社会正义实践的经验，请说出你认为对社会工作者而言，在有效实现社会正义的过程中，哪两项领导技能最为重要？基于追求社会正义是社会工作整体使命的一部分，你是如何看待社会工作这个专业的？

附录

通才取向社会工作实习的学习契约与实习评估

根据美国社会工作教育委员会(CSWE)教育政策与学术标准(EPAS)制定(2008, 3－7)

学生姓名：________________　　学校督导：________________

实习机构：________________　　机构督导：________________

指导语：学生的学习目的(能力)将列于最左边一栏。学生和机构督导进行讨论后，列出学习目标(活动)、完成的时间期限、学习成效(实务行为)，这些也会在学期末进行评估。

评估指标：

1 分：优异的学习表现和展现

2 分：超过平均水平的学习表现和展现

3 分：处于平均水平的学习表现和展现

4 分：低于平均水平的学习表现和展现

5 分：糟糕的学习表现和展现

6 分：无法进行评判

学习目的(能力)	学习目标(活动)	时间期限	学习成效(实务行为)	对学习成效的评估(实务行为)
1. 将自己视为社会工作专业人员,并以此作为个人行为举止的准则	A. B. C.	A. B. C.	A. B. C.	A. 1 2 3 4 5 6 B. 1 2 3 4 5 6 C. 1 2 3 4 5 6
2. 能够运用社会工作伦理原则来引导专业实务工作	A. B. C.	A. B. C.	A. B. C.	A. 1 2 3 4 5 6 B. 1 2 3 4 5 6 C. 1 2 3 4 5 6
3. 能够运用批判性思维的方式来表达和沟通各种专业判断	A. B. C.	A. B. C.	A. B. C.	A. 1 2 3 4 5 6 B. 1 2 3 4 5 6 C. 1 2 3 4 5 6
4. 在实务工作中能够体认并顾及多元化	A. B. C.	A. B. C.	A. B. C.	A. 1 2 3 4 5 6 B. 1 2 3 4 5 6 C. 1 2 3 4 5 6
5. 能够提升人们的各项权益以及社会与经济的公平正义	A. B. C.	A. B. C.	A. B. C.	A. 1 2 3 4 5 6 B. 1 2 3 4 5 6 C. 1 2 3 4 5 6

(续表)

学习目的(能力)	学习目标(活动)	时间期限	学习成效(实务行为)	对学习成效的评估(实务行为)
6. 能够参与研究为本的实务工作和实务为本的研究工作	A. B. C.	A. B. C.	A. B. C.	A. 1 2 3 4 5 6 B. 1 2 3 4 5 6 C. 1 2 3 4 5 6
7. 能够运用人类行为与社会环境之相关知识	A. B. C.	A. B. C.	A. B. C.	A. 1 2 3 4 5 6 B. 1 2 3 4 5 6 C. 1 2 3 4 5 6
8. 能够参与并从事与政策相关的实务工作,借此提升社会和经济福利,并提供有效的社会工作服务	A. B. C.	A. B. C.	A. B. C.	A. 1 2 3 4 5 6 B. 1 2 3 4 5 6 C. 1 2 3 4 5 6
9. 对于影响实务工作的各种情境能够有所回应	A. B. C.	A. B. C.	A. B. C.	A. 1 2 3 4 5 6 B. 1 2 3 4 5 6 C. 1 2 3 4 5 6
10. 接案、预估、介入、评估	A. B. C.	A. B. C.	A. B. C.	A. 1 2 3 4 5 6 B. 1 2 3 4 5 6 C. 1 2 3 4 5 6

总体评价：____

____

____

____

总体得分：____

（总分＝________　各选项平均分＝________）

学生签名/日期：________________

机构督导签名/日期：________________

学校督导签名/日期：________________

• • • 微观层面的社会工作实务案例：针对个体

（根据概念架构来设计干预计划）

案主为一名17岁的男性，在他向家人表明自己是同志之后被赶出家门。他露宿街头成为一名青少年游民，社会工作者在进行外展工作时碰到了他。

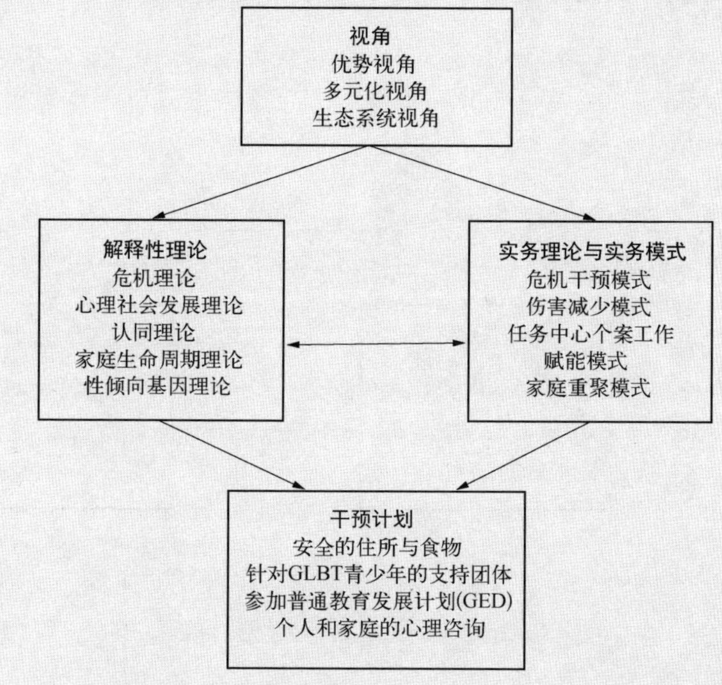

• • • 微观层面的社会工作实务案例：针对家庭

（根据概念架构来设计干预计划）

家庭中有一位85岁高龄的丧偶老父亲，由于他的健康问题和痴呆状况，家人无法再继续提供适当的照顾。他们正考虑将老人安置在护理之家，并正在与护理之家的社工讨论接下来的安排。

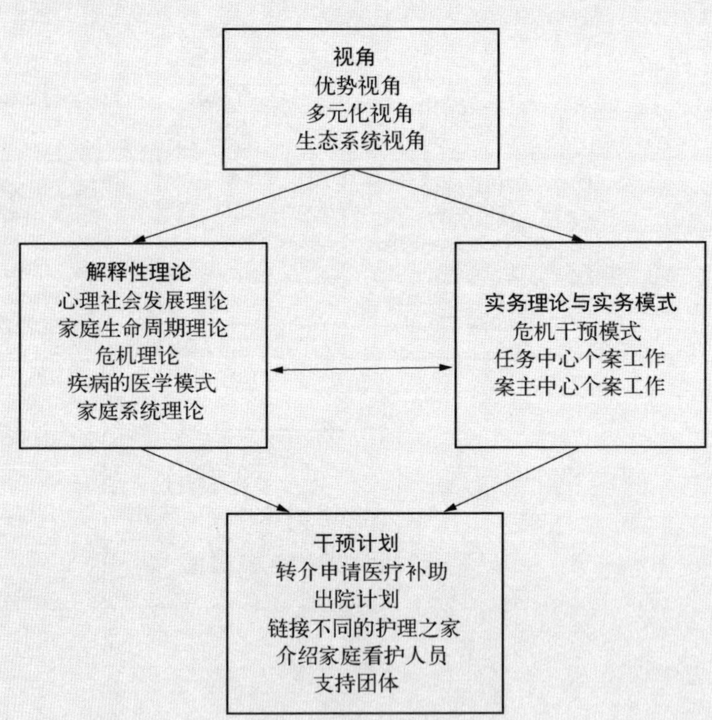

• • • 中观层面的社会工作实务案例：针对团体

（根据概念架构来设计干预计划）

基督教青年会（YWCA）开办了一个性侵害幸存者的团体。

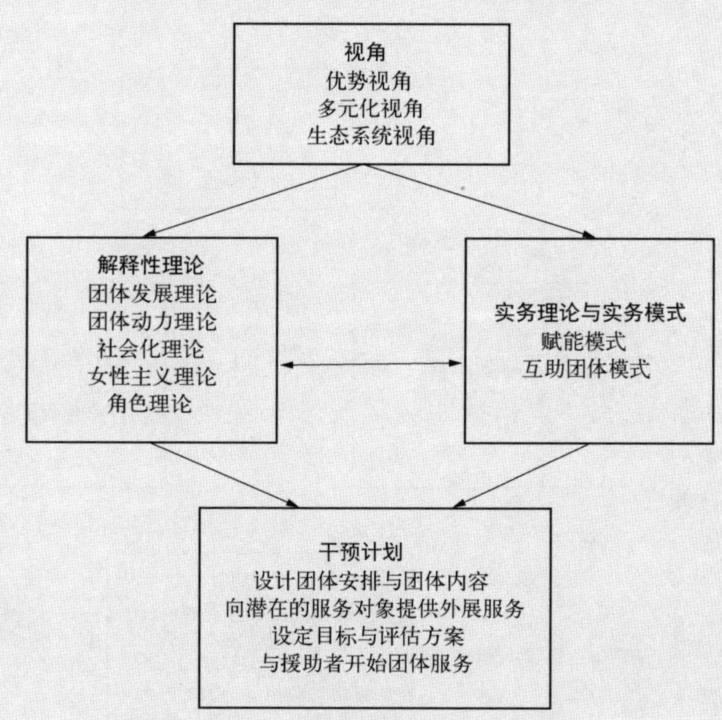

• • • 中观层面的社会工作实务案例：针对组织

（根据概念架构来设计干预计划）

两个有相同宗旨的家庭心理咨询机构正在考虑合并，但它们仍想保留各自所提供的独特服务项目。

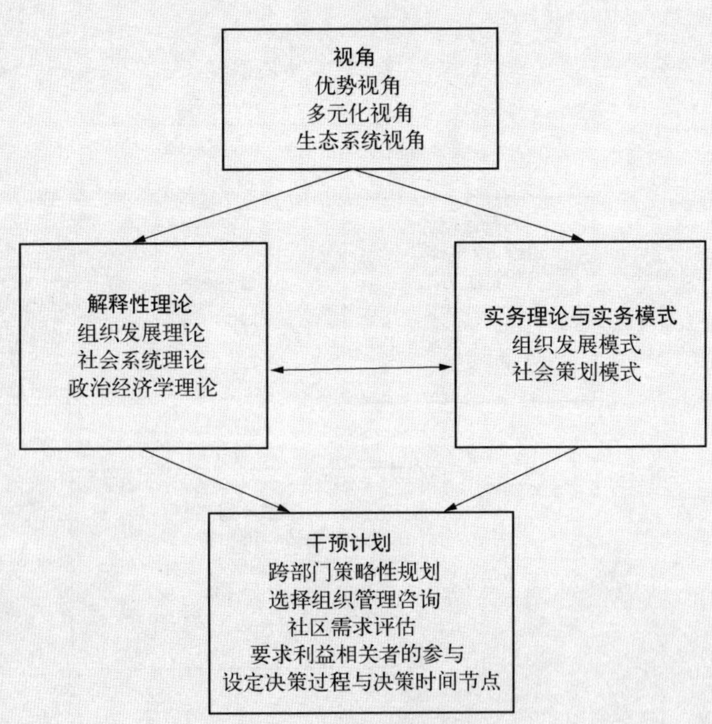

• • • 宏观层面的社会工作实务案例：针对社区

（根据概念架构来设计干预计划）

一家雇有 800 名员工的工厂面临关门的威胁，工厂的工人将面临失业。工厂所在的社区并没有太多的就业机会，且失业率很高。工厂老板认为正是由于社区的反商业化经营取向，使得工厂面临倒闭的境遇。一个社区组织正在试图解决矛盾，想要将工厂保留在社区内。

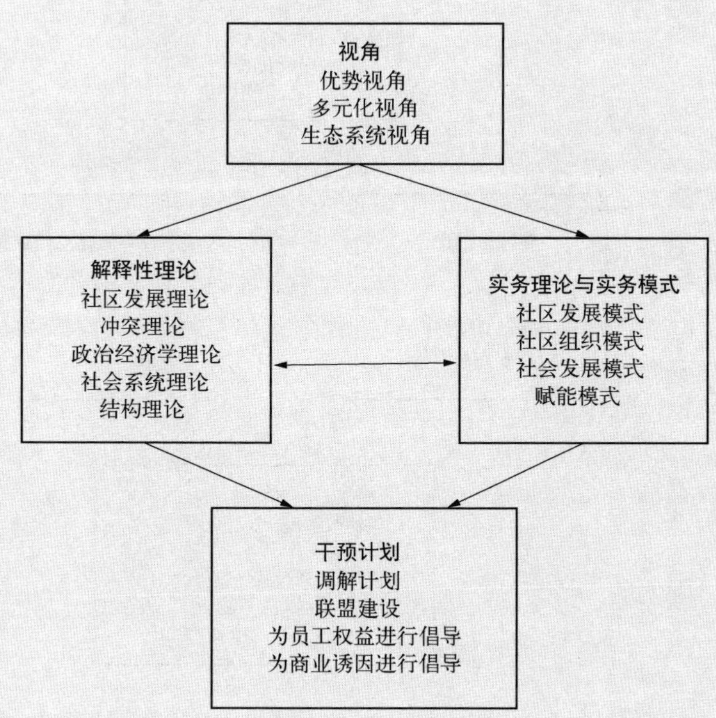

• • • 宏观层面的社会工作实务案例：针对社会政策

（根据概念架构来设计干预计划）

一个提供精神健康照顾的州立联盟，正在发起关于改善个体处遇的立法。对象是涉及犯罪且有心理疾病的服务对象，包括病人的运送、精神健康法庭及监禁期间的处遇。

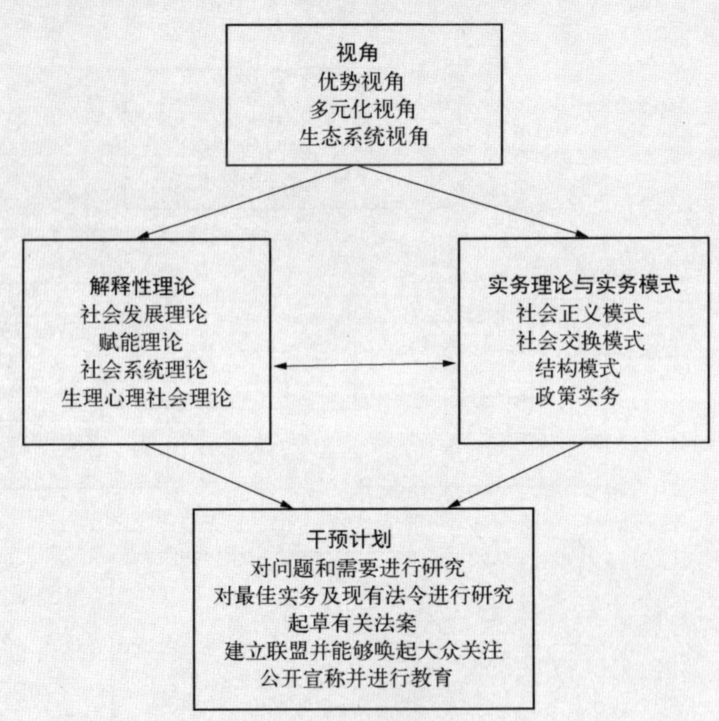

译后记

从无限想象到具体实践，从摇摆动荡到新的平衡，从全盘接受到学习思考。这是我实习告一段落时为自己下的批注，如果说我有任何的学习，我想那就是在这样的实习过程中让我学会对话与思考，与自己对话思考也与自身所处的环境对话思考；如果说我有任何的学习，那就是我意识到实务现场是一种“流动”，而我必须在这样的流动中，学习保持平衡的技巧，达到与人的平衡以及与自身所处环境的平衡(吕静淑，2014)。

上文是摘录自社会工作实习总报告中的一段文字，它让我们看到一名社会工作专业学生在实习过程中的心路历程。“摇摆动荡”是每位学生都会在实习中遇到的境遇，而“平衡”则是我们期待通过实习教育而达成的目标。实习是一种体验教育。学生在实习场域中，透过实习机构督导安排适当的学习机会，让学生在此情境中完成在“做中学”(曾华源，2014)。然而，经验未必就一定能带来预期的学习效果。经验学习能否整合社会工作知识的内在结构和实务原则，有赖于教学者的引导与实习生的自觉。Garthwait 教授撰写的本书便是将课堂教学和实践教学结合在一起，将教学者和实习生联结在一起的经典之作。

在我自己还是一名硕士生的时候，我接触到了本书的第二版，一翻开目录便爱不释手；果然，它带领我从实习的摇摆动荡过渡到了专业的平衡。直到我成为社会工作专业的教师，我依旧乐于在实习中使用本书。2014 年春天，当看到此书的最新版本时，我顿感亲切和兴奋。我以为，倘若这本书的中文译本能出版，将会造福难以计数的社会工作专业学生。最终我得偿所愿。

Garthwait 教授是 Montata 大学社会工作学院的资深教授，主要致力于推动社会工作实习与老年社会工作的研究。本书第一版自 1998 年问世以来便深受社工教育界的一致好评，目前呈现在读者面前的是最新修订的第六版。本书的最大特点如下：

其一，本书涵盖了社会工作实习的核心议题。全书以清晰而有逻辑性的架构，引导实习生发展实务工作所必需的知识与技能。本书的主要内容包括实习目的、实习计划、督导运用、人身安全、沟通技巧、机构议题、社区议题、社会问题议题、社会政策议题、伦理议题、法律议题、多元化议题、实习评估等；这些都是社会工作实习过程中需要理解并进行实践的重要内容。

其二，本书提供了极佳的实习教育自学指引。全书每章都设计了丰富的作业演练活动，使得本书成为将课堂教学和实践教学结合在一起的工具，并创造了一个学生自主学习、灵活运用概念、全面整合社会工作教育知识的机会。

本书的翻译工作由两岸社工同仁共同完成，初稿由吕静淑、何其多、王笛翻译完成，我对全书进行了细致的校对与修订。具体分工如下：吕静淑（台湾东吴大学社会工作学系讲师）翻译第一至七章和第十四章。何其多（台湾大学社会工作学硕士）翻译第八至十三章。王笛（台湾东海大学社会学硕士）翻译前言和第十五至十九章。沈黎（上海师范大学社会工作系）翻译附录并校阅全书。中国台湾学者高迪理和尤幸玲翻译过本书第二版，他们的译文为本书第六版的翻译提供了很好的范例。无奈后学能力有限，难免存在差错，还请社工界同仁不吝赐教、批评指正。本书亦是上海市专业学位研究生示范性实践基地建设项目“上海师范大学社会工作专业硕士实践基地”的阶段性成果。

感谢所有为本书翻译提供支持的友人。华东理工大学社会与公共管理学院的何雪松教授和华东理工大学出版社的刘军先生对“社会工作流派译库”项目的推动，此番辛苦，对中国社会工作的发展意义深远。张曙教授和曾华源教授是社会工作实习领域的专家，他们引领我进入社会工作的大门，并一路给我指点与教诲。

期盼本书的出版，能为更多社会工作专业的学生提供指引，为助人者提供更多装备。唯愿我们在助人工作的道路上谦卑前行，以至于我们终有一天可以说：“那美好的仗我已经打过了，该跑的路我已经跑尽了，所信的道我已经守住了。”

沈　黎

2014 年 12 月于台湾东海大学研究室

内容提要

实习是社会工作教育的核心所在。本书是社会工作实习的经典著作，由美国蒙大拿大学社会工作学院的 Cynthia L. Garthwait 教授编写。本书第一版自 1998 年问世以来便深受社工教育界的一致好评，目前呈现在读者面前的是最新修订的第六版。

本书以清晰而有逻辑性的架构，引导实习生发展实务工作所必需的知识与技能。本书的主要内容包括社会工作实习的核心议题：实习目的、实习计划、督导运用、人身安全、沟通技巧、机构议题、社区议题、社会问题议题、社会政策议题、伦理议题、法律议题、多元化议题、实习评估等，这些都是社会工作实习过程中需要理解并进行实践的重要内容。

本书适用于社会工作专业的本科生和研究生教育。全书最大的特点之一便是每章都设计了丰富的作业演练活动，使得本书成为将课堂教学与实践教学结合在一起的工具，并创造了一个学生自主学习、灵活运用概念、全面整合社会工作教育知识的机会。这是一本理论与实践完美结合的佳作，值得广大社工学子用心研读。